普通高等教育"十三五"规划教材
经济数学应用教程

经济计算技术

张从军　伍家凤
万树文　赵中华　编

科学出版社
北京

内 容 简 介

本书是"经济数学应用教程"之一. 主要内容包括线性方程组求解技术、非线性方程求根技术、矩阵特征值与特征向量的计算技术、多项式插值与函数逼近技术、积分与微分的数值计算技术、常微分方程的数值求解技术. 此外, 书后还附有信息时代的数学技术、计算技术的若干基本问题、近代一些新的计算技术介绍3个附录.

本书适合作为财经类各专业高年级学生和研究生的教材使用, 可供数学专业及其相关专业学生作为教材和参考书使用, 也可供有关教师和经济工作者参考.

图书在版编目(CIP)数据

经济计算技术/张从军等编. —北京: 科学出版社, 2020.3

普通高等教育"十三五"规划教材·经济数学应用教程

ISBN 978-7-03-064185-4

Ⅰ. ①经··· Ⅱ. ①张··· Ⅲ. ①经济数学-计算技术-高等学校-教材 Ⅳ. ①F224.0

中国版本图书馆CIP数据核字(2020)第010214号

责任编辑: 张中兴 梁 清 龙嫚嫚 / 责任校对: 杨聪敏
责任印制: 张 伟 / 封面设计: 迷底书装

科学出版社出版
北京东黄城根北街16号
邮政编码: 100717
http://www.sciencep.com

北京捷迅佳彩印刷有限公司 印刷
科学出版社发行 各地新华书店经销

*

2020年3月第 一 版 开本: 720×1000 1/16
2020年3月第一次印刷 印张: 12 1/4
字数: 247 000

定价: 42.00元
(如有印装质量问题, 我社负责调换)

前　言

高科技的出现把现代社会推进到数学技术的新时代,数学技术在人类生活中发生了革命性的变化.数学学科实现了从科学到技术的转变,给工业化和信息化的社会带来了重大的效益,推动了经济的发展与社会的进步.21世纪的今天,数学已不仅仅是科学,数学正在从科学走向技术.

计算机是对20世纪科学、工程技术和人类社会生活影响最深刻的高新技术之一.然而,计算机对科学技术最深刻的影响,莫过于它使得科学计算并列于理论分析和实验研究,成为人类探索未知科学领域和进行大型工程设计的第三种方法和手段.科学计算作为当今科学研究的三种基本手段之一,是数学将触角伸向其他学科的桥梁.它在创新性研究中具有突出的作用,因此它的发展受到广泛关注.

计算机与数学的有机结合形成了"科学计算"的研究方法,它的核心内容是以现代化的计算机及数学软件为工具,以数学模型为基础进行模拟研究.根据数学模型提出的问题,建立求解问题的数值计算方法并对方法进行理论分析,直到编制出算法程序上机计算得到数值结果,以及对结果进行经济分析,这一过程就是本书介绍的主要对象和内容.

经济计算技术着重考虑面向计算机的、能解决实际经济问题的数值计算方法.具体地说,首先要构造可求解各种经济问题的数值计算方法,分析方法的可靠性,即按此方法计算得到的解是否可靠,以确保计算解的有效性;其次,要分析方法的效率,分析比较求解同一问题的各种方法的计算量和存储量,以便使用者根据各自的情况采用高效率的方法,节省人力、物力和时间.

目前,经济问题的数值计算方法与计算机技术相结合已相当深入,计算机上使用的数值计算方法也浩如烟海.在实际的经济研究中,所计算的问题往往是大型的、复杂的和综合的,但是有一些最基础、最常用的数值计算方法,它们不仅可以直接应用于实际计算,同时这些方法及其分析的基础也适用于其他数值计算问题.

对于经济管理类各专业学生而言,首先需要了解的就是这些基础的数值计算方法以及它们的分析,其内容包括线性代数问题(方程组和特征值问题)及非线性方程的数值解法、函数的插值和逼近、数值积分以及常微分方程的数值解法等.作为引论性的课程,这里涉及的算法都是很经典的.学习这门课程的目的,不仅是学会算法的方法本身和算法分析的细节,而且要把握算法背后的思想和基本原理.通过本课程的学习,获得经济计算的基本技术、数值分析的基本概念和思想,掌握适用于电子计算机的常用算法,建立选择算法的思想和意识,具备基本的经济分析和实际计算能力.

随着现代经济学的教育和研究在中国迅速发展和深入,越来越多的人感到数学在经济学中的重要性.但面对数学纷繁复杂的类目,高等学校财经类各专业培养的人才,数学应该学什么?换句话说,怎样使经济数学课程体系更趋符合财经专业培养的目标体系?怎样兼顾经济数学课程的理论性与应用性、思想性与工具性?怎样实现经济数学课程在经管类专业的作用?作为我们主持承担的全国高等教育科学"十五"规划重点研究课题、中国高等教育学会"十一五"教育科学研究规划课题、教育部高等理工教育数学教学研究与改革课题、江苏省高等教育教改立项研究课题的研究内容之一,结合一线教学实践,多年来我们一直进行着探索,现在这本《经济计算技术》就是我们当年所做的又一尝试.

配合我们的教学观念更新、教学改革实践、教学项目研究,我们曾编写了经济数学基础教程——《微积分》《线性代数》《概率论与数理统计》.作为上述工作的继续和深入,我们继而编写了经济数学应用教程,本书就是其中之一,并于 2010 年 5 月在复旦大学出版社出版了第一版.

该书自 2010 年出版以来,得到了许多院系、教师和广大学生的充分肯定.经过多年使用,我们陆续收到了许多读者特别是一些一线任课教师的宝贵意见.作为江苏省重点教材《微积分》的系列配套教材,我们将修订后的教材交由科学出版社于 2019 年纳入"十三五"规划教材新版.

本书由张从军教授提出编写思想和编写提纲、列出章节目录、编写附录部分,最后对全书进行修改补充、统稿、定稿.伍家凤副教授编写了第一、二章,万树文教授编写了第三、四章,赵中华老师编写了第五、六章.

值此新版之际,我们希望再次表达我们的谢意.感谢使用该教材的教师和读者给我们提出的宝贵意见,感谢相关院系对我们的支持和帮助,感谢关心该教材不断完善的有关校领导和教务部门,感谢审定该教材的相关专家,感谢复旦大学出版社特别是范仁梅总监为该教材第一版所做的一切有益工作.

本书在编写过程中,参考了大量的相关教材和资料,选用了其中的有关内容和例题、习题,在此谨向有关编者、作者一并表示我们的谢意.

最后,我们还要特别感谢科学出版社对该教材出版给予的大力支持.

期望有关专家、学者不吝赐教,期望使用该教材的教师和同学们,提出并反馈宝贵意见.

联系邮箱:yysxx@njue.edu.cn.

编者

于南京财经大学

2019 年 6 月 16 日

目 录

前言
第1章 线性方程组求解技术 ··· 1
  1.1 Gauss 消去法 ··· 2
    1.1.1 从一个经济问题谈起 ·· 2
    1.1.2 Gauss 消去法 ··· 3
    1.1.3 收敛性分析 ·· 5
    1.1.4 误差分析 ··· 5
    1.1.5 上机实现 ··· 5
    1.1.6 方法评价 ··· 5
  1.2 直接三角分解法 ··· 6
    1.2.1 从一个经济问题谈起 ·· 6
    1.2.2 直接三角分解法 ·· 7
    1.2.3 收敛性分析 ·· 9
    1.2.4 误差分析 ··· 9
    1.2.5 上机实现 ··· 9
    1.2.6 方法评价 ·· 10
  1.3 Jacobi 迭代法 ·· 11
    1.3.1 从一个经济问题谈起 ··· 11
    1.3.2 Jacobi 迭代法 ·· 11
    1.3.3 收敛性分析 ··· 12
    1.3.4 上机实现 ·· 12
  1.4 Gauss-Seidel 迭代法 ··· 13
    1.4.1 从一个经济问题谈起 ··· 14
    1.4.2 Gauss-Seidel 迭代法 ··· 14
    1.4.3 收敛性分析 ··· 15
    1.4.4 上机实现 ·· 15
  1.5 逐次超松弛迭代法 ·· 16
    1.5.1 从一个经济问题谈起 ··· 16
    1.5.2 逐次超松弛迭代法 ·· 17
    1.5.3 收敛性分析 ··· 17

1.5.4　上机实现 ··· 18

第2章　非线性方程求根技术 ··· 20

2.1　二分法 ··· 20
　　2.1.1　从一个经济问题谈起 ··· 20
　　2.1.2　二分法 ··· 21
　　2.1.3　收敛性及误差分析 ··· 22
　　2.1.4　上机实现 ··· 23
　　2.1.5　方法评价 ··· 23

2.2　试位法 ··· 24
　　2.2.1　从一个经济问题谈起 ··· 24
　　2.2.2　试位法 ··· 24
　　2.2.3　上机实现 ··· 26
　　2.2.4　方法评价 ··· 26

2.3　逐次迭代法 ·· 27
　　2.3.1　从一个经济问题谈起 ··· 27
　　2.3.2　逐次迭代法 ·· 27
　　2.3.3　收敛性及误差分析 ··· 28
　　2.3.4　上机实现 ··· 33
　　2.3.5　方法评价 ··· 34

2.4　牛顿迭代法 ·· 34
　　2.4.1　从一个经济问题谈起 ··· 34
　　2.4.2　牛顿迭代法 ·· 34
　　2.4.3　收敛性及误差分析 ··· 35
　　2.4.4　上机实现 ··· 37
　　2.4.5　方法评价 ··· 38

第3章　矩阵特征值与特征向量的计算技术 ······························· 41

3.1　从一个企业经济效益评价的实例谈起 ································· 41
3.2　乘幂法 ··· 43
3.3　乘幂法的加速 ··· 46
　　3.3.1　Aitken加速法 ·· 46
　　3.3.2　原点平移法 ·· 47
　　3.3.3　Rayleigh商加速法 ·· 48
3.4　反幂法 ··· 49
3.5　Jacobi法 ·· 50
3.6　计算技术的上机实现 ·· 54

  3.6.1 乘幂法 ········· 55
  3.6.2 反幂法 ········· 55
  3.6.3 Jacobi 法 ········· 57
 3.7 企业经济效益评价问题的解决 ········· 58

第4章 多项式插值与函数逼近技术 ········· 61
 4.1 从经济学中的零息收益曲线的构造谈起 ········· 61
 4.2 Lagrange 插值技术 ········· 62
  4.2.1 线性插值(一次插值) ········· 63
  4.2.2 二次插值 ········· 64
  4.2.3 n 次插值多项式及误差 ········· 65
 4.3 Newton 插值技术 ········· 67
  4.3.1 差商及其计算 ········· 68
  4.3.2 Newton 插值公式 ········· 69
 4.4 Hermite 插值技术 ········· 71
  4.4.1 两点 Hermite 插值问题 ········· 71
  4.4.2 $n+1$ 个节点的 Hermite 插值多项式 ········· 73
 4.5 分段插值技术 ········· 74
  4.5.1 分段插值的 Runge 现象 ········· 74
  4.5.2 分段线性插值 ········· 75
 4.6 三次样条插值技术 ········· 76
  4.6.1 三次样条插值函数 ········· 76
  4.6.2 三次样条插值函数的求法 ········· 77
 4.7 最佳均方逼近技术 ········· 79
  4.7.1 最佳均方逼近多项式 ········· 80
  4.7.2 用正交多项式求最佳均方逼近多项式 ········· 81
 4.8 数据拟合技术 ········· 83
  4.8.1 线性拟合 ········· 84
  4.8.2 二次拟合 ········· 86
  4.8.3 可转化为线性拟合的数据拟合问题 ········· 87
 4.9 计算技术的上机实现 ········· 88
  4.9.1 Lagrange 插值技术 ········· 88
  4.9.2 Newton 插值技术 ········· 89
  4.9.3 分段线性插值技术 ········· 90
  4.9.4 三次样条插值技术 ········· 91
  4.9.5 函数拟合技术 ········· 92

    4.10　零息收益曲线构造问题的解决 …………………………………… 93
第5章　积分与微分的数值计算技术 ………………………………………… 96
  5.1　Newton-Cotes 求积技术 ……………………………………………… 96
    5.1.1　从一个投资问题谈起 …………………………………………… 96
    5.1.2　插值型求积公式 ………………………………………………… 97
    5.1.3　Newton-Cotes 求积技术的余项和数值稳定性 ………………… 100
    5.1.4　软件介绍 ………………………………………………………… 103
  5.2　复化求积技术 ………………………………………………………… 105
    5.2.1　从一个人口增长模型谈起 ……………………………………… 105
    5.2.2　复化的求积技术 ………………………………………………… 105
    5.2.3　复化的求积技术的余项和数值稳定性 ………………………… 108
    5.2.4　软件介绍 ………………………………………………………… 109
  5.3　Romberg 求积技术 …………………………………………………… 112
    5.3.1　从一个人口统计问题谈起 ……………………………………… 112
    5.3.2　Romberg 求积技术 ……………………………………………… 112
    5.3.3　软件介绍 ………………………………………………………… 119
  5.4　数值微分技术 ………………………………………………………… 122
    5.4.1　从人口增长率的问题谈起 ……………………………………… 122
    5.4.2　差商型数值微分 ………………………………………………… 122
    5.4.3　插值型数值微分 ………………………………………………… 123
    5.4.4　软件介绍 ………………………………………………………… 126
第6章　常微分方程的数值求解技术 ………………………………………… 129
  6.1　Euler 方法 ……………………………………………………………… 130
    6.1.1　从一个人口增长(Malthus)模型谈起 …………………………… 130
    6.1.2　Euler 方法推导 …………………………………………………… 130
    6.1.3　Euler 方法的收敛性与稳定性 …………………………………… 134
    6.1.4　软件介绍 ………………………………………………………… 138
  6.2　Taylor 展开方法 ……………………………………………………… 143
    6.2.1　从一个新产品的推销与广告模型谈起 ………………………… 143
    6.2.2　Taylor 展开方法 ………………………………………………… 144
    6.2.3　新产品的推销与广告模型的题解的计算格式 ………………… 145
  6.3　Runge-Kutta 方法 ……………………………………………………… 145
    6.3.1　从一个阻滞增长(Logistic)模型谈起 …………………………… 145
    6.3.2　Runge-Kutta 方法推导 …………………………………………… 146
    6.3.3　Runge-Kutta 方法的稳定性分析 ………………………………… 152

　　　　6.3.4 软件介绍 ··· 152
　6.4 线性多步法 ··· 156
　　　　6.4.1 从一个市场动态均衡价格模型谈起 ······················ 156
　　　　6.4.2 线性多步法的一般公式 ······································ 157
　　　　6.4.3 Adams方法 ·· 159
　　　　6.4.4 线性多步法的稳定性分析 ···································· 163
　　　　6.4.5 软件介绍 ··· 163
附录1 信息时代的数学技术 ··· 168
附录2 计算技术的若干基本问题 ··· 172
附录3 近代一些新的计算技术介绍 ·· 178
参考文献 ·· 183

第 1 章 线性方程组求解技术

在许多经济和管理问题中,经常需要求解含 n 个未知量 $x_1, x_2, \cdots, x_n$ 的 n 个方程构成的线性方程组

$$\begin{cases} a_{11}x_1 + a_{12}x_2 + \cdots + a_{1n}x_n = b_1, \\ a_{21}x_1 + a_{22}x_2 + \cdots + a_{2n}x_n = b_2, \\ \quad \cdots \cdots \\ a_{n1}x_1 + a_{n2}x_2 + \cdots + a_{nn}x_n = b_n, \end{cases}$$

其中,$a_{ij}(i, j = 1, 2, \cdots, n)$ 称为方程组的系数,$b_i(i = 1, 2, \cdots, n)$ 称为方程组的右端. 上述方程组的矩阵形式可写成为 $\boldsymbol{A}\boldsymbol{x} = \boldsymbol{b}$,其中

$$\boldsymbol{A} = \begin{pmatrix} a_{11} & a_{12} & \cdots & a_{1n} \\ a_{21} & a_{22} & \cdots & a_{2n} \\ \vdots & \vdots & & \vdots \\ a_{n1} & a_{n2} & \cdots & a_{nn} \end{pmatrix}, \quad \boldsymbol{x} = \begin{pmatrix} x_1 \\ x_2 \\ \vdots \\ x_n \end{pmatrix}, \quad \boldsymbol{b} = \begin{pmatrix} b_1 \\ b_2 \\ \vdots \\ b_n \end{pmatrix}.$$

若系数矩阵 $\boldsymbol{A}$ 非奇异,即行列式 $\det(\boldsymbol{A}) \neq 0$,则方程组有唯一解

$$\boldsymbol{x} = (x_1, x_2, \cdots, x_n)^{\mathrm{T}}.$$

根据 Cramer(克拉默)法则,方程组的解可表示为

$$x_j = \frac{D_j}{D}, \quad j = 1, 2, \cdots, n.$$

其中,行列式 $D = \det(\boldsymbol{A})$,D_j 是把 D 的第 j 列用右端向量 $\boldsymbol{b}$ 替换所得到的行列式. 用 Cramer 法则求解方程组时,要计算大量的行列式,所需乘法大约为 $N = (n^2 - 1)n!$. 当 n 较大时,这个计算量是惊人的. 可见 Cramer 法则不是一种方便直接应用的方法.

本章讨论求解线性方程组的数值方法. 数值求解线性方程组,依其特点分为直接法和迭代法两大类.

直接法就是将线性方程组化成与之等价的上三角形式,然后求出其解,假设计算中没有舍入误差,经过有限次算术运算就能给出方程组的精确解. 直接法的特点是,如果不考虑计算过程中的舍入误差,运算此类方法经过有限次算术运算就能求出线性方程组的精确解. 需要指出,由于实际计算中舍入误差的存在,用直接法一般也只能求得方程组的近似解.

而迭代法则是给定初始解向量,反复使用迭代公式得出一列解向量,在一定的条件下,此解向量数列收敛于线性方程组的精确解. 与直接法不同,即使在计算过

程中无舍入误差,迭代法也难以获得精确解.所以,迭代法是一类逐次近似的方法.迭代法的特点是,算法简便,程序易于实现,特别适用于求解大型稀疏线性方程组.

1.1 Gauss 消去法

1.1.1 从一个经济问题谈起

设某工厂有三个车间,各车间互相提供产品,已知 2008 年三个车间出厂产值及对其他车间的消耗如表 1-1.

表 1-1

消耗系数 车间	1	2	3	出厂产值/万元
1	0.1	0.3	0.4	2
2	0.2	0	0.1	7
3	0.3	0.2	0.1	4

第一列消耗系数 0.1,0.2,0.3 表示第 1 车间生产 1 万元的产品需分别消耗第 1,2,3 车间 0.1 万元,0.2 万元,0.3 万元的产品,第二、三列类同,求全年各车间的总产值.

设全年三个车间的总产值分别为 x_1,x_2,x_3,则由已知可得下列线性方程组

$$\begin{cases} 0.1x_1+0.3x_2+0.4x_3=x_1-2, \\ 0.2x_1\quad\quad\quad +0.1x_3=x_2-7, \\ 0.3x_1+0.2x_2+0.1x_3=x_3-4, \end{cases}$$

整理得

$$\begin{cases} 0.9x_1-0.3x_2-0.4x_3=2, \\ -0.2x_1+\quad x_2-0.1x_3=7, \\ -0.3x_1-0.2x_2+0.9x_3=4, \end{cases}$$

化简得

$$\begin{cases} 9x_1-3x_2-4x_3=20, \\ -2x_1+10x_2-x_3=70, \\ -3x_1-2x_2+9x_3=40. \end{cases} \quad (1.1)$$

由此可见,解决此经济问题转化为解上述线性方程组(1.1)的问题.

下面介绍用 Gauss 消去法求解此线性方程组. Gauss 消去法是一种规则化的加减消元法. 基本思想是:通过逐次消元计算把需求解的线性方程组转化成上三角形方程组,也就是把线性方程组的系数矩阵转化为上三角矩阵,从而使一般线性方程组的求解转化为等价(同解)的上三角形方程组的求解.

1.1.2　Gauss 消去法

给定方程组
$$A_{n\times n}X_{n\times 1}=b_{n\times 1},$$
其中
$$A=(a_{ij})_{n\times n},\quad X=(x_i)_{n\times 1},\quad b=(b_i)_{n\times 1},$$
若 A 的 k 阶顺序主子式
$$|A_k|=\begin{vmatrix} a_{11} & a_{12} & \cdots & a_{1k} \\ a_{21} & a_{22} & \cdots & a_{2k} \\ \vdots & \vdots & & \vdots \\ a_{k1} & a_{k2} & \cdots & a_{kk} \end{vmatrix}\neq 0\quad(k=1,2,\cdots,n),$$
则将方程组用初等行变换自上而下消去未知量,使得未知量逐渐减少,形成行阶梯形方程组,再逐渐自下而上回代未知量的值,得到行最简形方程组,从而得到方程组的唯一解.

算法如下:

给定
$$A=(a_{ij}^{(1)})_{n\times n},\quad b=(b_i^{(1)})_{n\times 1},$$
满足
$$|A_k^{(1)}|\neq 0\quad(k=1,2,\cdots,n),$$
$k=1,2,\cdots,n-1$
　$i=k+1,k+2,\cdots,n$
　　$c_i^{(k)}=-\dfrac{a_{ik}^{(k)}}{a_{kk}^{(k)}}$
　　$j=i,i+1,\cdots,n$
　　　$a_{ij}^{(k+1)}=a_{ij}^{(k)}+a_{kj}^{(k)}\cdot c_i^{(k)}$
　　　$b_i^{(k+1)}=b_i^{(k)}+b_k^{(k)}\cdot c_i^{(k)}$
$x_n=b_n^{(n)}/a_{nn}^{(n)}$
　$i=n-1,n-2,\cdots,1$
　　$x_i=\left(b_i^{(i)}-\sum\limits_{j=i+1}^{n}a_{ij}^{(i)}\cdot x_j\right)/a_{ii}^{(i)}$

以下利用所介绍的 Gauss 消去法解线性方程组(1.1).

$$AX=b,$$

其中

$$X=\begin{pmatrix} x_1 \\ x_2 \\ x_3 \end{pmatrix}, \quad A=(a_{ij}^{(1)})_{3\times 3}=\begin{pmatrix} 9 & -3 & -4 \\ -2 & 10 & -1 \\ -3 & -2 & 9 \end{pmatrix}, \quad b=(b_i^{(1)})_{3\times 1}=\begin{pmatrix} 20 \\ 70 \\ 40 \end{pmatrix},$$

$c_2^{(1)}=-\dfrac{a_{21}^{(1)}}{a_{11}^{(1)}}=\dfrac{2}{9},$

$a_{21}^{(2)}=0,$

$a_{22}^{(2)}=a_{22}^{(1)}+a_{12}^{(1)} \cdot c_2^{(1)}=10+(-3) \cdot \dfrac{2}{9}=\dfrac{28}{3},$

$a_{23}^{(2)}=a_{23}^{(1)}+a_{13}^{(1)} \cdot c_2^{(1)}=-1+(-4) \cdot \dfrac{2}{9}=-\dfrac{17}{9},$

$c_3^{(1)}=-\dfrac{a_{31}^{(1)}}{a_{11}^{(1)}}=\dfrac{3}{9}=\dfrac{1}{3},$

$a_{31}^{(2)}=0,$

$a_{32}^{(2)}=a_{32}^{(1)}+a_{12}^{(1)} \cdot c_3^{(1)}=-2+(-3) \cdot \dfrac{1}{3}=-3,$

$a_{33}^{(2)}=a_{33}^{(1)}+a_{13}^{(1)} \cdot c_3^{(1)}=9+(-4) \cdot \dfrac{1}{3}=\dfrac{23}{3},$

$b_2^{(2)}=b_2^{(1)}+b_1^{(1)} \cdot c_2^{(1)}=70+20 \cdot \dfrac{2}{9}=\dfrac{670}{9},$

$b_3^{(2)}=b_3^{(1)}+b_1^{(1)} \cdot c_3^{(1)}=40+20 \cdot \dfrac{1}{3}=\dfrac{140}{3},$

$c_3^{(2)}=-\dfrac{a_{32}^{(2)}}{a_{22}^{(2)}}=-\dfrac{-3}{\dfrac{28}{3}}=\dfrac{9}{28},$

$a_{32}^{(3)}=0,$

$a_{33}^{(3)}=a_{33}^{(2)}+a_{23}^{(2)} \cdot c_3^{(2)}=\dfrac{23}{3}+\left(-\dfrac{17}{9}\right) \cdot \dfrac{9}{28}=\dfrac{593}{84},$

$b_3^{(3)}=b_3^{(2)}+b_2^{(2)} \cdot c_3^{(2)}=\dfrac{140}{3}+\dfrac{670}{9} \cdot \dfrac{9}{28}=\dfrac{2965}{42},$

$x_3=b_3^{(3)}/a_{33}^{(3)}=\dfrac{\dfrac{2965}{42}}{\dfrac{593}{84}}=10,$

$x_2=(b_2^{(2)}-a_{23}^{(2)} \cdot x_3)/a_{22}^{(2)}=\left[\dfrac{670}{9}-\left(-\dfrac{17}{9}\right) \cdot 10\right]/\dfrac{28}{3}=10,$

$x_1 = (b_1^{(1)} - a_{12}^{(1)} \cdot x_2 - a_{13}^{(1)} \cdot x_3)/a_{11}^{(1)} = [20-(-3) \cdot 10-(-4) \cdot 10]/9 = 10$,
此时得到线性方程组(1.1)的唯一解为
$$x_1 = 10, \quad x_2 = 10, \quad x_3 = 10,$$
即全年各车间的总产值均为 10 万元.

1.1.3 收敛性分析

对于
$$\boldsymbol{A}_{n \times n} \boldsymbol{X}_{n \times 1} = \boldsymbol{b}_{n \times 1},$$
由于
$$|\boldsymbol{A}_k| \neq 0 \quad (k=1,2,\cdots,n),$$
可证明按上述 Gauss 消去法计算,计算过程中若
$$a_{kk} \neq 0,$$
则方程组的解必唯一.

1.1.4 误差分析

不计舍入误差应该得到精确解.

1.1.5 上机实现

使用 Mathematica 软件,输入
$$A = \begin{pmatrix} 9 & -3 & -4 \\ -2 & 10 & -1 \\ -3 & -2 & 9 \end{pmatrix}; \quad b = \begin{pmatrix} 20 \\ 70 \\ 40 \end{pmatrix}; \quad \texttt{LinearSolve[A,b]},$$
运行结果为
$$\{\{10\},\{10\},\{10\}\}.$$
线性方程组(1.1)的唯一解就是
$$x_1 = 10, \quad x_2 = 10, \quad x_3 = 10.$$

读者若有兴趣,可以按算法输入具体的语句从而得出 $c_2^{(1)}, \cdots, x_1$ 的所有数据.

1.1.6 方法评价

Gauss 消去法方法简单,易得方程组的解,但是条件减弱后算法会变复杂.

对于
$$\boldsymbol{A}_{n \times n} \boldsymbol{X}_{n \times 1} = \boldsymbol{b}_{n \times 1},$$
若
$$|\boldsymbol{A}| \neq 0,$$

当出现
$$a_{kk}=0$$
时,则需经方程组的交换,使得第 k 行第 k 列元素不为零,仍然可得方程组的唯一解;否则若
$$|\boldsymbol{A}|=0$$
可得方程组的无穷多解的表达式或判断出无解,而无解时,对于实际问题可改用最小二乘法求出其唯一解或无穷多解.

对于
$$\boldsymbol{A}_{m\times n}\boldsymbol{X}_{n\times 1}=\boldsymbol{b}_{m\times 1},$$
类似可得唯一解,或无穷多解的表达式,或判断出无解.

除 Gauss 消去法外,还有类似的列主元消去法,行主元消去法,全主元消去法,按比例列主元消去以及 Gauss-Jordan 消去法. 在此不一一叙述.

1.2 直接三角分解法

1.2.1 从一个经济问题谈起

已知三家公司 X,Y,Z 具有如图 1-1 所示的股份关系,即 X 公司掌握 Z 公司 50% 的股份,Z 公司掌握 X 公司 30% 的股份,而 X 公司 70% 的股份不受另两家公司控制等等.

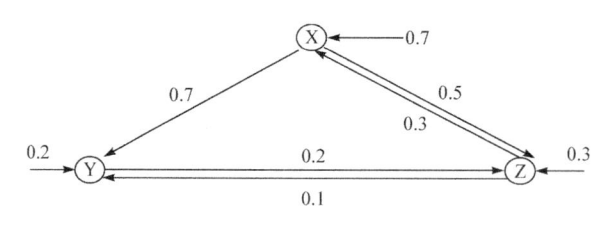

图 1-1

现设 X,Y 和 Z 公司各自的营业净收入分别是 12 万元,10 万元和 8 万元,每家公司的联合收入是其净收入加上在其他公司的股份按比例的提成收入. 试确定各公司的联合收入及实际收入.

若设 X,Y,Z 三公司的联合收入分别为 x,y,z,则由已知可得
$$\begin{cases} x=120000+0.7y+0.5z, \\ y=100000+0.2z, \\ z=80000+0.3x+0.1y, \end{cases}$$

整理得

$$\begin{cases} x-0.7y-0.5z=120000, \\ y-0.2z=100000, \\ -0.3x-0.1y+z=80000. \end{cases} \quad (1.2)$$

下面介绍用直接三角分解法求解上述线性方程组.

1.2.2 直接三角分解法

对于

$$\boldsymbol{A}_{n\times n}\boldsymbol{X}_{n\times 1}=\boldsymbol{b}_{n\times 1}, \quad |\boldsymbol{A}_k|=\begin{vmatrix} a_{11} & a_{12} & \cdots & a_{1k} \\ a_{21} & a_{22} & \cdots & a_{2k} \\ \vdots & \vdots & & \vdots \\ a_{k1} & a_{k2} & \cdots & a_{kk} \end{vmatrix}\neq 0 \quad (k=1,2,\cdots,n)$$

可进行各种三角分解,如 $\boldsymbol{A}=\boldsymbol{LU}$,其中 $\boldsymbol{L}$ 为单位下三角矩阵,$\boldsymbol{U}$ 为上三角矩阵,

$$\boldsymbol{A}=\begin{pmatrix} a_{11} & a_{12} & \cdots & a_{1n} \\ a_{21} & a_{22} & \cdots & a_{2n} \\ \vdots & \vdots & & \vdots \\ a_{n1} & a_{n2} & \cdots & a_{nn} \end{pmatrix}=\begin{pmatrix} 1 & & & \\ l_{21} & 1 & & \\ \vdots & \vdots & \ddots & \\ l_{n1} & l_{n2} & \cdots & 1 \end{pmatrix}\cdot\begin{pmatrix} u_{11} & u_{12} & \cdots & u_{1n} \\ & u_{22} & \cdots & u_{2n} \\ & & \ddots & \vdots \\ & & & u_{nn} \end{pmatrix}=\boldsymbol{LU},$$

于是解

$$\boldsymbol{A}_{n\times n}\boldsymbol{X}_{n\times 1}=\boldsymbol{b}_{n\times 1},$$

就变为求解

$$\boldsymbol{LUX}=\boldsymbol{b},$$

即先求解

$$\boldsymbol{LY}=\boldsymbol{b},$$

其中

$$\boldsymbol{Y}=\begin{pmatrix} y_1 \\ y_2 \\ \vdots \\ y_n \end{pmatrix},$$

再求解

$$\boldsymbol{UX}=\boldsymbol{Y}.$$

算法如下:

(1) $\boldsymbol{A}=\boldsymbol{LU}$ 分解.

$j=1,2,\cdots,n$

$\quad u_{1j}=a_{1j}$

$i=2,3,\cdots,n$

$\quad l_{i1}=a_{i1}/u_{11}$

$k=2,3,\cdots,n-1$

$\quad j=k,k+1,\cdots,n$

$$u_{kj} = a_{kj} - \sum_{t=1}^{k-1} l_{kt} a_{tj}$$

$\quad i=k+1,k+2,\cdots,n$

$$l_{ik} = \left(a_{ik} - \sum_{t=1}^{k-1} l_{it} u_{tk}\right)/u_{kk}$$

$u_{nn}=a_{nn}$

(2) 求解 **LY=b**.

$y_1=b_1$

$i=2,3,\cdots,n$

$$y_i = b_i - \sum_{j=1}^{i-1} l_{ij} y_j$$

(3) 求解 **UX=Y**.

$x_n=y_n/u_{nn}$

$\quad i=n-1,n-2,\cdots,1$

$$x_i = \left(y_i - \sum_{j=i+1}^{n} u_{ij} x_j\right)/u_{ii}$$

下面具体介绍使用 **A=LU** 分解法求解线性方程组(1.2)的过程.

在线性方程组(1.2)中，

$$\boldsymbol{A} = \begin{pmatrix} 1 & -0.7 & -0.5 \\ 0 & 1 & -0.2 \\ -0.3 & -0.1 & 1 \end{pmatrix} = \begin{pmatrix} 1 & & \\ 0 & 1 & \\ -0.3 & -0.31 & 1 \end{pmatrix} \begin{pmatrix} 1 & -0.7 & -0.5 \\ & 1 & -0.2 \\ & & 0.788 \end{pmatrix} = \boldsymbol{LU}.$$

求解

$$\boldsymbol{LY}=\boldsymbol{b}=\begin{pmatrix} 120000 \\ 100000 \\ 80000 \end{pmatrix},$$

得

$$\boldsymbol{Y}=\begin{pmatrix} 120000 \\ 100000 \\ 147000 \end{pmatrix},$$

再求解

$$\boldsymbol{UX}=\boldsymbol{Y},$$

得
$$X = \begin{pmatrix} 309391 \\ 137310 \\ 186548 \end{pmatrix}.$$

可得方程组(1.2)的唯一解为
$$\begin{cases} x = 309391, \\ y = 137310, \\ z = 186548. \end{cases}$$

X,Y,Z 三公司的联合收入分别为 309391 元,137310 元,186548 元. 实际收入分别为 216573.60 元,27461.93 元,55964.47 元.

1.2.3 收敛性分析

对于
$$A_{n \times n} X_{n \times 1} = b_{n \times 1},$$
由于
$$|A_k| \neq 0 \quad (k = 1, 2, \cdots, n),$$
可证
$$A = LU$$
的分解式唯一,且方程组
$$LY = b \quad \text{和} \quad UX = Y$$
的解都是唯一的.

1.2.4 误差分析

不计舍入误差应该得到精确解.

1.2.5 上机实现

1. 使用 Mathematica 软件

输入
$$A = \begin{pmatrix} 1 & -0.7 & -0.5 \\ 0 & 1 & -0.2 \\ -0.3 & -0.1 & 1 \end{pmatrix}; b = \begin{pmatrix} 120000 \\ 100000 \\ 80000 \end{pmatrix}; \text{LinearSolve}[A, b],$$

运行结果为
$$\{\{309391\}, \{137310\}, \{186548\}\}.$$
方程组(1.2)的唯一解就是

$$x=309391, \quad y=137310, \quad z=186548.$$

读者若有兴趣,可以按算法输入上述具体的语句从而得出相应的有关数据
$u_{11}, u_{12}, u_{13}, l_{21}, l_{31}, u_{22}, u_{23}, l_{32}, u_{33}, y_1, y_2, y_3, x_3, x_2, x_1.$

2. 使用 Matlab 软件

先输入矩阵 A,b,数据同上,再输入 lu(A) 可得 A 的 LU 分解,求解 $LY=b$ 只需输入 Y=b/L,求解 $UX=Y$ 则需输入 X=Y/U.

1.2.6 方法评价

对于
$$\boldsymbol{A}_{n \times n} \boldsymbol{X}_{n \times 1} = \boldsymbol{b}_{n \times 1}, \quad |\boldsymbol{A}_k| \neq 0 \quad (k=1, 2, \cdots, n),$$

$\boldsymbol{A}=\boldsymbol{L}\boldsymbol{U}$ 分解法简单易行,且分解式是唯一的,计算量较 Gauss 消去法小.

类似还有不少三角分解法,如

(1) $\boldsymbol{A}$ 中 $|\boldsymbol{A}_k| \neq 0 (k=1,2,\cdots,n)$,

$\boldsymbol{A}=\boldsymbol{L}\boldsymbol{U}$,其中 $\boldsymbol{L}$ 为下三角阵,$\boldsymbol{U}$ 为单位上三角阵;

$\boldsymbol{A}=\boldsymbol{L}\boldsymbol{D}\boldsymbol{U}$,其中 $\boldsymbol{L}$ 为单位下三角阵,$\boldsymbol{D}$ 为对角阵,$\boldsymbol{U}$ 为单位上三角阵.

(2) 对称正定阵 $\boldsymbol{A}=\boldsymbol{L}\boldsymbol{L}^{\mathrm{T}}$,其中 $\boldsymbol{L}$ 为主对角元均为正数的下三角阵.

(3) 三对角严格对角占优矩阵

$$\boldsymbol{A} = \begin{pmatrix} a_{11} & a_{12} & & & \\ a_{21} & a_{22} & a_{23} & & \\ & a_{32} & a_{33} & \ddots & \\ & & \ddots & \ddots & a_{n-1,n} \\ & & & a_{n,n-1} & a_{nn} \end{pmatrix} = \boldsymbol{L}\boldsymbol{U},$$

其中
$$\boldsymbol{L} = \begin{pmatrix} 1 & & & \\ l_{21} & 1 & & \\ & \ddots & \ddots & \\ & & l_{n,n-1} & 1 \end{pmatrix}, \quad \boldsymbol{U} = \begin{pmatrix} u_{11} & u_{12} & & \\ & u_{22} & \ddots & \\ & & \ddots & u_{n-1,n} \\ & & & u_{nn} \end{pmatrix}.$$

(4) $\boldsymbol{A}=\boldsymbol{Q}\boldsymbol{R}$,其中 $\boldsymbol{Q}$ 为正交矩阵,$\boldsymbol{R}$ 为上三角阵.

前面介绍了直接法中 Gauss 消去法和 $\boldsymbol{L}\boldsymbol{U}$ 三角分解法求解 $\boldsymbol{A}_{n \times n}\boldsymbol{X}_{n \times 1}=\boldsymbol{b}_{n \times 1}$,下面三节将介绍三种迭代法求解此方程组.

如果 $\boldsymbol{A}\boldsymbol{X}=\boldsymbol{b}$ 等价于 $\boldsymbol{X}=\boldsymbol{B}\boldsymbol{X}+\boldsymbol{g}$,通常可以给定 $\boldsymbol{X}^{(0)}=\boldsymbol{0}_{n \times 1}$,由迭代公式 $\boldsymbol{X}^{(k+1)}=\boldsymbol{B}\boldsymbol{X}^{(k)}+\boldsymbol{g}$ 可得数列 $\{\boldsymbol{X}^{(k)}\}_{k=0}^{\infty}$. 若 $\lim_{k \to \infty}\boldsymbol{X}^{(k)}$ 存在,则称数列收敛.

如果 $\boldsymbol{B}$ 的特征值中的模(或实特征值中的绝对值)最大的特征值为 $\rho(\boldsymbol{B})<1$,

则可以证明 $\lim_{k\to\infty} X^{(k)}$ 一定存在, $X^{(k)}$ 收敛于 $AX=b$ 的解 X.

给定精度 $\varepsilon>0$, 如果 $\|X^{(k+1)}-X^{(k)}\|=\max\limits_{1\leqslant i\leqslant n}\{|x_i^{(k+1)}-x_i^{(k)}|\}<\varepsilon$, 则 $A_{n\times n}X_{n\times 1}=b_{n\times 1}$ 的近似解 X 可取作 $X^{(k+1)}$.

根据 A 的分解形式不同得到不同的迭代法.

下面三节将分别介绍雅可比(Jacobi)迭代法、高斯-塞德尔(Gauss-Seidel)迭代法和逐次超松弛(SOR)迭代法.

1.3 Jacobi 迭代法

1.3.1 从一个经济问题谈起

一个城市有三个重要的企业: 一个煤矿、一个发电厂和一条地方铁路. 开采一元钱的煤, 煤矿必须支付 0.25 元的运输费. 而生产一元钱的电力, 发电厂需支付 0.65 元的煤作燃料, 自己亦需支付 0.05 元的电费来驱动辅助设备及支付 0.05 元的运输费. 而提供一元钱的运输费, 铁路需支付 0.55 元的煤作燃料, 0.10 元的电费驱动它的辅助设备. 某个星期内, 煤矿从外面接到 50 000 元煤的订货, 发电厂从外面接到 25 000 元钱电力的订货, 外界对地方铁路没有要求. 问这三个企业在那一个星期内生产总值多少时才能精确地满足它们本身的要求和外界的要求?

对于一个星期的周期, x_1 表示煤矿的总产值, x_2 表示电厂的总产值, x_3 表示铁路的总产值. 根据题意建立方程组

$$\begin{pmatrix} 1 & -0.65 & -0.55 \\ -0.25 & 1-0.05 & -0.10 \\ -0.25 & -0.05 & 1 \end{pmatrix} \begin{pmatrix} x_1 \\ x_2 \\ x_3 \end{pmatrix} = \begin{pmatrix} 50000 \\ 25000 \\ 0 \end{pmatrix}. \tag{1.3}$$

为了求解上述方程组, 下面介绍 Jacobi 迭代法.

1.3.2 Jacobi 迭代法

给定

$$A_{n\times n}X_{n\times 1}=b_{n\times 1}.$$

若

$$|A|\neq 0,$$

且

$$a_{ii}\neq 0 \quad (i=1,2,\cdots,n),$$

令

$$A=L+D+U,$$

其中 L 为下三角阵，D 为对角阵，U 为上三角阵，则
$$AX=b$$
变为
$$DX=-(L+U)X+b.$$
由于
$$a_{ii}\neq 0 \quad (i=1,2,\cdots,n),$$
则 D 可逆，
$$X=D^{-1}[-(L+U)X+b].$$
迭代公式记作
$$X^{(k+1)}=D^{-1}[-(L+U)X^{(k)}+b] \quad (k=0,1,\cdots),$$
分量形式为
$$x_i^{(k+1)}=\left(b_i-\sum_{j=1}^{i-1}a_{ij}x_j^{(k)}-\sum_{j=i+1}^{n}a_{ij}x_j^{(k)}\right)\bigg/a_{ii} \quad (i=1,2,\cdots,n;k=0,1,\cdots).$$

1.3.3 收敛性分析

由于
$$A=L+D+U,$$
则 Jacobi 迭代法得
$$B=-D^{-1}(L+U).$$
若
$$\rho(B)<1,$$
则可证 $\{X^{(k+1)}\}$ 收敛．

1.3.4 上机实现

线性方程组(1.3)的 Jacobi 迭代公式为
$$X^{(k+1)}=BX^{(k)}+g, \quad B=\begin{pmatrix}0 & 0.65 & 0.55 \\ 0.263158 & 0 & 0.105263 \\ 0.25 & 0.05 & 0\end{pmatrix}, \quad g=\begin{pmatrix}50000 \\ 26315.8 \\ 0\end{pmatrix}.$$
给定
$$X^{(0)}=\begin{pmatrix}0 \\ 0 \\ 0\end{pmatrix},$$
则
$$X^{(1)}=\begin{pmatrix}50000 \\ 26315.8 \\ 0\end{pmatrix},$$

$$\boldsymbol{X}^{(2)} = \begin{pmatrix} 67105.2 \\ 39473.7 \\ 13815.8 \end{pmatrix},$$

……

$$\boldsymbol{X}^{(25)} = \begin{pmatrix} 102087 \\ 56162.9 \\ 28329.9 \end{pmatrix},$$

$$\boldsymbol{X}^{(26)} = \begin{pmatrix} 102087 \\ 56163 \\ 28330 \end{pmatrix},$$

$$\boldsymbol{X}^{(27)} = \begin{pmatrix} 102087 \\ 56163 \\ 28330 \end{pmatrix}.$$

使用 Mathematica 软件具体操作如下：

输入

$$B = \begin{pmatrix} 0 & 0.65 & 0.55 \\ 0.263158 & 0 & 0.105263 \\ 0.25 & 0.05 & 0 \end{pmatrix}; \quad g = \begin{pmatrix} 50000 \\ 26315.8 \\ 0 \end{pmatrix}; \quad X = \begin{pmatrix} 0 \\ 0 \\ 0 \end{pmatrix};$$

$$X = BX + g,$$

运行得

$$\{\{50000\}, \{26315.8\}, \{0\}\}.$$

复制

$$X = BX + g,$$

运行得

$$\{\{67105.2\}, \{39473.7\}, \{13815.8\}\}.$$

依此类推.

1.4　Gauss-Seidel 迭代法

为了加快迭代速度，可以将迭代公式改写为

$$(\boldsymbol{D} + \boldsymbol{L})\boldsymbol{X}^{(k+1)} = -\boldsymbol{U}\boldsymbol{X}^{(k)} + \boldsymbol{b},$$

即

$$\boldsymbol{X}^{(k+1)} = \boldsymbol{D}^{-1}(-\boldsymbol{L}\boldsymbol{X}^{(k+1)} - \boldsymbol{U}\boldsymbol{X}^{(k)} + \boldsymbol{b}) \quad (k = 0, 1, \cdots).$$

这就是 Gauss-Seidel 迭代法.

1.4.1 从一个经济问题谈起

一个幼儿园的营养师安排幼儿的食谱由 3 种食物 A,B,C 构成.幼儿的食谱要求包含 40 单位的钙,25 单位的维生素 A,20 单位的铁.表 1-2 给出的是每 100g 食物 A,B,C 所含有的钙、维生素 A、铁的量.

表 1-2

食物	钙	维生素 A	铁
A	20	5	5
B	10	15	5
C	10	5	10

写出幼儿食谱中所含食物 A,B,C 的重量.

设幼儿食谱中所含食物 A,B,C 的重量分别为 x_1,x_2,x_3,则

$$\begin{cases} 20x_1+10x_2+10x_3=40, \\ 5x_1+15x_2+5x_3=25, \\ 5x_1+5x_2+10x_3=20, \end{cases}$$

化简得

$$\begin{cases} 2x_1+x_2+x_3=4, \\ x_1+3x_2+x_3=5, \\ x_1+x_2+2x_3=4. \end{cases} \tag{1.4}$$

为了求解上述方程组,下面介绍 Gauss-Seidel 迭代法.

1.4.2 Gauss-Seidel 迭代法

给定

$$\boldsymbol{A}_{n\times n}\boldsymbol{X}_{n\times 1}=\boldsymbol{b}_{n\times 1},$$

若

$$|\boldsymbol{A}|\neq 0,$$

且

$$a_{ii}\neq 0 \quad (i=1,2,\cdots,n),$$

令

$$\boldsymbol{A}=\boldsymbol{L}+\boldsymbol{D}+\boldsymbol{U},$$

其中 $\boldsymbol{L}$ 为下三角阵,$\boldsymbol{D}$ 为对角阵,$\boldsymbol{U}$ 为上三角阵,于是

$$\boldsymbol{AX}=\boldsymbol{b}$$

变为

$$(\boldsymbol{D}+\boldsymbol{L})\boldsymbol{X}=-\boldsymbol{UX}+\boldsymbol{b}.$$

1.4 Gauss-Seidel 迭代法

迭代公式记作
$$(D+L)X^{(k+1)} = -UX^{(k)} + b,$$
即
$$X^{(k+1)} = D^{-1}[-LX^{(k+1)} - UX^{(k)} + b] \quad (k=0,1,\cdots),$$
分量形式为
$$x_i^{(k+1)} = \left(b_i - \sum_{j=1}^{i-1} a_{ij}x_j^{(k+1)} - \sum_{j=i+1}^{n} a_{ij}x_j^{(k)}\right)\bigg/a_{ii} \quad (i=1,2,\cdots,n; k=0,1,\cdots),$$
还可以改写为
$$X^{(k+1)} = -(D+L)^{-1}UX^{(k)} + (D+L)^{-1}b,$$
$$X^{(k+1)} = BX^{(k)} + g,$$
其中
$$B = -(D+L)^{-1}U, \quad g = (D+L)^{-1}b.$$

1.4.3 收敛性分析

在 Gauss-Seidel 迭代法中,
$$B = -(D+L)^{-1}U,$$
若
$$\rho(B) < 1,$$
则可证 $\{X^{(k+1)}\}$ 收敛.

1.4.4 上机实现

线性方程组(1.4)的 Gauss-Seidel 迭代公式为
$$\begin{pmatrix} x_1^{(k+1)} \\ x_2^{(k+1)} \\ x_3^{(k+1)} \end{pmatrix} = \begin{pmatrix} (4 - x_2^{(k)} - x_3^{(k)})/2 \\ (5 - x_1^{(k+1)} - x_3^{(k)})/3 \\ (4 - x_1^{(k+1)} - x_2^{(k+1)})/2 \end{pmatrix},$$
整理得
$$X^{(k+1)} = \begin{pmatrix} 0 & -1/2 & -1/2 \\ 0 & 1/6 & -1/6 \\ 0 & 1/3 & 1/6 \end{pmatrix} X^{(k)} + \begin{pmatrix} 2 \\ 1 \\ 1/2 \end{pmatrix} \quad (k=0,1,2,\cdots).$$
给定
$$X^{(0)} = \begin{pmatrix} 0 \\ 0 \\ 0 \end{pmatrix},$$
则

$$\boldsymbol{X}^{(1)} = \begin{pmatrix} 2 \\ 1 \\ 0.5 \end{pmatrix}, \cdots, \boldsymbol{X}^{(26)} = \begin{pmatrix} 1 \\ 1 \\ 1 \end{pmatrix}, \boldsymbol{X}^{(27)} = \begin{pmatrix} 1 \\ 1 \\ 1 \end{pmatrix}.$$

使用 Mathematica 软件具体操作如下:

输入

$$B = \begin{pmatrix} 0 & -1/2 & -1/2 \\ 0 & 1/6 & -1/6 \\ 0 & 1/3 & 1/6 \end{pmatrix}; \quad g = \begin{pmatrix} 2 \\ 1 \\ 1/2 \end{pmatrix}; \quad X = \begin{pmatrix} 0 \\ 0 \\ 0 \end{pmatrix};$$

$$X = BX + g,$$

运行得

$$\{\{2\},\{1\},\{0.5\}\},$$

反复复制

$$X = BX + g,$$

运行,直到两次得到

$$\{\{1\},\{1\},\{1\}\}$$

为止.

线性方程组(1.4)的唯一解为

$$x_1 = 1, \quad x_2 = 1, \quad x_3 = 1,$$

幼儿食谱中所含食物 A,B,C 均需 100 克.

1.5 逐次超松弛迭代法

1.5.1 从一个经济问题谈起

调味品问题:

已知三种调味品分别为 A,B,C,每一包含甲、乙、丙三种成分的数量分别为

$$3,1,1;1,3,1;1,1,3.$$

而调味品 D,每一包含甲、乙、丙三种成分的数量分别为 5,5,5. 问调味品 D 能否由调味品 A,B,C 调制而成？若能,一包调味品 D 分别由几包调味品 A,B,C 调制而成？

设一包调味品 D 分别由 x_1,x_2,x_3 包的调味品 A,B,C 调制而成,则由已知可得

$$\begin{cases} 3x_1+x_2+x_3=5, \\ x_1+3x_2+x_3=5, \\ x_1+x_2+3x_3=5. \end{cases} \tag{1.5}$$

为了求解上述方程组,下面介绍逐次超松弛迭代法,即 SOR 法.

1.5.2 逐次超松弛迭代法

为了提高收敛速度,可以增加松弛因子 ω,将迭代公式改写为含 ω 的式子.

$$\widetilde{x}_i^{(k+1)} = \left(b_i - \sum_{j=1}^{i-1} a_{ij}x_j^{(k+1)} - \sum_{j=i+1}^{n} a_{ij}x_j^{(k)}\right)\Big/a_{ii},$$

$$x_i^{(k+1)} = x_i^{(k)} + \omega(\widetilde{x}_i^{(k+1)} - x_i^{(k)}),$$

$\omega>1$ 时称为逐次超松弛迭代法.

给定

$$\boldsymbol{A}_{n\times n}\boldsymbol{X}_{n\times 1}=\boldsymbol{b}_{n\times 1},$$

若

$$|\boldsymbol{A}|\neq 0,$$

且

$$a_{ii}\neq 0 \quad (i=1,2,\cdots,n),$$

上述迭代公式等价于

$$x_i^{(k+1)} = (1-\omega)x_i^{(k)} + \omega\left(b_i - \sum_{j=1}^{i-1} a_{ij}x_j^{(k+1)} - \sum_{j=i+1}^{n} a_{ij}x_j^{(k)}\right)\Big/a_{ii} \quad (i=1,2,\cdots,n).$$

$\omega=1$ 时称为 Gauss-Seidel 迭代法,$\omega>1$ 时就是逐次超松弛迭代法(又称为 SOR 法).

1.5.3 收敛性分析

由于

$$\boldsymbol{A}=\boldsymbol{L}+\boldsymbol{D}+\boldsymbol{U},$$

上述分量形式等价于

$$(\boldsymbol{D}+\omega\boldsymbol{L})\boldsymbol{X}^{(k+1)}=[(1-\omega)\boldsymbol{D}-\omega\boldsymbol{U}]\boldsymbol{X}^{(k)}+\omega\boldsymbol{b},$$

则运用逐次超松弛迭代法得

$$\boldsymbol{B}=(\boldsymbol{D}+\omega\boldsymbol{L})^{-1}[(1-\omega)\boldsymbol{D}-\omega\boldsymbol{U}].$$

若

$$\rho(\boldsymbol{B})<1,$$

则可证$\{X^{(k+1)}\}$收敛.

还可以证明逐次超松弛迭代法收敛的必要条件为$0<\omega<2$.

A为对称正定矩阵且$0<\omega<2$时,逐次超松弛迭代法收敛；

A为对角占优矩阵且$1<\omega<2$时,逐次超松弛迭代法也收敛.

1.5.4 上机实现

在求解调味品问题中的方程组(1.5)中,令

$$\omega=\frac{3}{2},$$

可建立 SOR 迭代公式如下：

$$\begin{pmatrix}x_1^{(k+1)}\\x_2^{(k+1)}\\x_3^{(k+1)}\end{pmatrix}=\frac{1}{2}\begin{pmatrix}5-x_1^{(k)}-x_2^{(k)}-x_3^{(k)}\\5-x_1^{(k+1)}-x_2^{(k)}-x_3^{(k)}\\5-x_1^{(k+1)}-x_2^{(k+1)}-x_3^{(k)}\end{pmatrix}.$$

使用 Mathematica 软件,具体操作如下：

直接输入

```
x1k=0;   x2k=0;   x3k=0;
x1k1=(5-x1k-x2k-x3k)/2;
x2k1=(5-x1k1-x2k-x3k)/2;
x3k1=(5-x1k1-x2k1-x3k)/2.
```

第一次得

```
x1k1=2.5,  x2k1=1.25,  x3k1=0.625.
```

再输入

```
x1k=x1k1;   x2k=x2k1;   x3k=x3k1;
x1k1=(5-x1k-x2k-x3k)/2;
x2k1=(5-x1k1-x2k-x3k)/2;
x3k1=(5-x1k1-x2k1-x3k)/2.
```

第二次得

```
x1k1=0.3125,  x2k1=1.40625,  x3k1=1.32813.
```

依次类推反复使用上面四条语句,直到两次结果几乎相等为止,

......

第十三次得

    1.0009, 0.999622, 0.999315.

第十四次得

1.5 逐次超松弛迭代法

$$1.00008, \quad 1.00049, \quad 1.00006.$$

为了达到所要的精度,例如精确到小数点后三位,可使得最后两次的三个未知量的差的绝对值的最大值小于

$$\varepsilon = 0.001,$$

即

$$\text{Max}\{|1.00008-1.0009|, |1.00049-0.999622|,$$
$$|1.00006-0.999315|\} = 0.000868 < \varepsilon = 0.001.$$

其他两种迭代法也可类似地迭代到满足上述的精度为止.

第 2 章 非线性方程求根技术

在计算经济应用问题的数学模型中,经常需要解方程
$$f(x)=0,$$
其中 $x\in \mathbf{R}, f(x)\in C[a,b]$.

如果是线性方程易得其解.对于非线性方程,就要根据背景资料能够粗略地判断出方程解的大致范围,并需要寻找满足一定精度要求的近似解.

本章讨论非线性方程 $f(x)=0$ 的求根问题,其中 $f(x)$ 是非线性函数.我们已知,高于四次的多项式方程没有解析形式的求根公式,而超越方程更难求出其精确解,所以对非线性方程的根没有直接法可言.求解非线性方程常用的方法为迭代法.但各种不同的迭代法都有一定的条件和适用范围,应根据问题的实际要求,择优选取求根的有效方法.

本章针对各种类型函数的均衡价格经济问题的数学模型,依次介绍二分法、试位法、逐次迭代法以及牛顿迭代法求解此类非线性方程的根.

2.1 二 分 法

2.1.1 从一个经济问题谈起

设某商品的需求函数为
$$Q=Q(P)=-2P+1.875,$$
供给函数为
$$Q=Q(P)=P^3-3P,$$
市场价格运行规律达到需求量与供给量相等时的价格为均衡价格 P,要求准确到小数点后的第 1 位.

P 满足
$$-2P+1.875=P^3-3P,$$
等价于非线性方程
$$P^3-P-1.875=0. \tag{2.1}$$
设
$$f(P)=P^3-P-1.875,$$
则

2.1 二分法

$$f(1)=-1.875<0, \quad f(2)=4.125>0,$$

可证在区间$[1,2]$内至少有一个实根,

$$f'(P)=3P^2-1>0 \quad (P\in[1,2]),$$

$f(P)$在区间$[1,2]$上单调增加,在区间$[1,2]$内只有一个实根.

为了求解此非线性方程(2.1)的实根,引入二分法.设$[a,b]$为方程$f(x)=0$的有根区间,所谓二分法就是对有根区间$[a,b]$逐次分半,使有根区间长度逐次缩小,从而得到根的近似值.二分法的步骤如下:

记$a_0=a,b_0=b$,计算$x_1=\dfrac{a_0+b_0}{2}$,若$f(a_0)f(x_1)<0$,取$a_1=a_0,b_1=x_1$;若$f(a_0)f(x_1)>0$,取$a_1=x_1,b_1=b_0$,则得新的有限区间$[a_1,b_1]$,其区间长度恰好是区间$[a_0,b_0]$长度的一半.再对有限区间$[a_1,b_1]$重复上面运算:计算$x_2=\dfrac{a_1+b_1}{2}$,若$f(a_1)f(x_2)<0$,取$a_2=a_1,b_2=x_2$;若$f(a_1)f(x_2)>0$,取$a_2=x_2,b_2=b_1$,则得到新的有限区间$[a_2,b_2]$.而且区间$[a_2,b_2]$的长度是区间$[a_1,b_1]$长度的一半.依次进行下去,直到求出有限有根区间$[a_k,b_k]$.此时有

$$|x_k-\alpha|\leqslant b_k-a_k=\dfrac{b_{k-1}-a_{k-1}}{2}=\cdots=\dfrac{b_0-a_0}{2^k}=\dfrac{b-a}{2^k}.$$

可取近似根$x_k\approx\alpha$.

在实际计算过程中,若出现

$$|f(x_k)|<\varepsilon \quad 或 \quad b_k-a_k<\varepsilon(其中\varepsilon是事先给定的精度的要求),$$

则可取x_k作为方程$f(x)=0$的近似根,终止运算.

2.1.2 二分法

设有方程

$$f(x)=0,$$

其中$f(x)\in C[a,b]$,且$f(a)f(b)<0$,由连续函数的零点定理可知,方程在(a,b)内,至少有一个实根,称(a,b)为方程的有根区间.

二分法是一个把有根区间不断缩短,使有根区间中点成为一个满足误差要求的近似解的方法.

算法如下:

Step1 计算$f(x)$在有根区间$[a,b]$端点处的值$f(a),f(b)$.

Step2 计算$f(x)$在区间中点$\dfrac{a+b}{2}$处的函数值$f\left(\dfrac{a+b}{2}\right)$.

Step3 若$f\left(\dfrac{a+b}{2}\right)=0$,则$\dfrac{a+b}{2}$即是根,计算过程结束;否则检验:

若 $f\left(\dfrac{a+b}{2}\right)$ 与 $f(a)$ 异号,则根位于区间 $\left[a,\dfrac{a+b}{2}\right]$,令 $\dfrac{a+b}{2}$ 代替 b;

若 $f\left(\dfrac{a+b}{2}\right)$ 与 $f(a)$ 同号,则根位于区间 $\left[\dfrac{a+b}{2},b\right]$,令 $\dfrac{a+b}{2}$ 代替 a.

反复执行 Step2 和 Step3,直到区间 $[a,b]$ 长度缩小到允许误差 ε 范围之内,此时区间中点 $\dfrac{a+b}{2}$ 即可作为所求的根.

2.1.3 收敛性及误差分析

具体过程描述如下:

记 $a_0=a,b_0=b$. 将 $[a,b]$ 分半,$x_0=\dfrac{1}{2}(a_0+b_0)$,计算 $f(x_0)$.

如果 $f(x_0)=0$,则得到根 $x^*=x_0$;否则

如果 $f(x_0)f(a_0)<0$,则令 $a_1=a_0,b_1=x_0$;

如果 $f(x_0)f(b_0)<0$,则令 $a_1=x_0,b_1=b_0$.

这样得到长度缩短一半的有根区间 $[a_1,b_1]$,如图 2-1 所示,每次区间长度减半,$x_1=\dfrac{1}{2}(a_1+b_1)$,$f(x_1)f(b_1)<0,a_2=x_1,b_2=b_1$.

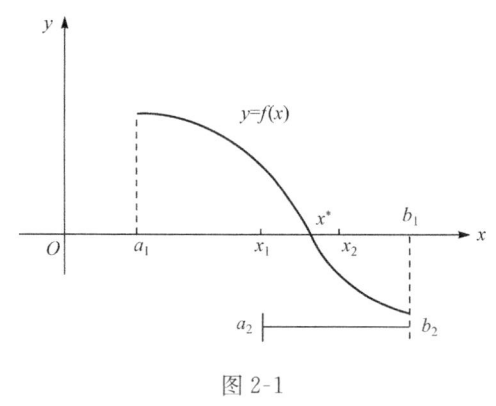

图 2-1

对 $[a_1,b_1]$ 施行同样的手续,又可得到新的有根区间 $[a_2,b_2]$,其长度是 $[a_1,b_1]$ 的一半. 如此反复二分下去,得到一系列有根区间
$$[a_1,b_1] \supset [a_2,b_2] \supset \cdots \supset [a_k,b_k] \supset \cdots,$$
其中每个区间的长度都是前一个的一半,因此 $[a_k,b_k]$ 的长度
$$b_k-a_k=(b-a)/2^k,$$
当 $k\to\infty$ 时趋于零,就是说,如果二分过程无限地继续下去,这些区间最终必收缩于一点 x^*,该点显然就是所求的根.

每次二分后,取有根区间 $[a_k,b_k]$ 的中点

2.1 二 分 法

$$x_k=(a_k+b_k)/2$$

作为根的近似值,则在二分过程中可以获得一个近似根的序列

$$x_0,x_1,x_2,\cdots,x_k,\cdots,$$

该序列必以根 x^* 为极限.

不过在实际计算时,我们不可能完成这个无限过程,其实也没有这种必要,因为数值分析的结果允许带有一定的误差.

由于

$$|x^*-x_k|\leqslant(b_k-a_k)/2=(b-a)/2^{k+1} \quad (k=0,1,2,\cdots),$$

只要二分足够多次,即

$$k>[\ln(b-a)-\ln\varepsilon]/\ln2,$$

便有

$$|x^*-x_k|<\varepsilon,$$

其中 ε 为给定的精度.

2.1.4 上机实现

求解非线性方程(2.1).

在 Mathematica 软件中输入一句,运行一次,显示如下结果:

```
In[1]:=f[p_]=p^3-p-1.875
Out[1]=-1.875-p+p^3
In[2]:=a=1
Out[2]=1
In[3]:=b=2
Out[3]=2
In[4]:=fa=f[a]
Out[4]=-1.875
In[5]:=fb=f[b]
Out[5]=4.125
In[6]:=fa* fb
Out[6]=-7.73438
In[7]:=p=(a+ b)/2
Out[7]=1.5
In[8]:=fp=f[p]
Out[8]=0
```

满足 $f(P)=0$ 的 $P=1.5$ 即为非线性方程(2.1)的近似根 P^*.

2.1.5 方法评价

二分法的优点是算法简单,而且收敛性总能得到保证. 对于函数 $f(x)$ 性质的

要求不高,只要连续即可.缺点是二分法不能用于求复根和偶数重根,有时迭代次数较多才能达到精度要求.

2.2 试 位 法

2.2.1 从一个经济问题谈起

设某商品的需求函数为
$$Q=Q(P)=-P+e,$$
供给函数为
$$Q=Q(P)=\ln P-1,$$
求市场价格运行规律达到需求量与供给量相等时的均衡价格 P.

P 满足
$$-P+e=\ln P-1.$$
等价于非线性方程
$$\ln P+P-1-e=0. \tag{2.2}$$
设
$$f(P)=\ln P+P-1-e,$$
则
$$f(2)=\ln 2+2-1-e<0, \quad f(3)=\ln 3+3-1-e>0,$$
可证在区间 $[2,3]$ 内至少有一个实根,$f'(P)=\dfrac{1}{P}+1>0 (P\in[2,3])$,$f(P)$ 在区间 $[2,3]$ 上单调增加,在区间 $[2,3]$ 内只有一个实根 P.

为了求解此非线性方程的实根,引入试位法.

2.2.2 试位法

对于 $f(x)=0$ 在区间 $[a,b]$ 内的解,二分法给出的近似解为区间的终点 $x=(a+b)/2$,并没有利用 $f(a),f(b)$ 所提供的信息.

如图 2-2 所示,假设函数 $y=f(x)$ 在区间 $[a,b]$ 上连续,且 $f(a)$ 与 $f(b)$ 异号,求方程 $f(x)=0$ 在区间 (a,b) 内的根 x.试位法就是过平面上的 $(a,f(a))$,$(b,f(b))$ 这两点作一条直线,此直线的两点式方程为
$$y-f(b)=[f(b)-f(a)]/(b-a)\cdot(x-b).$$

2.2 试位法

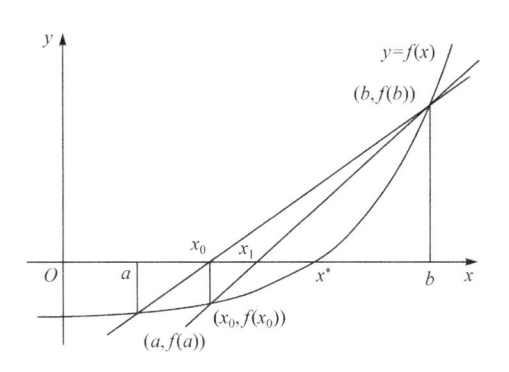

图 2-2

令 $y=0$,得该直线与 x 轴的交点为 $x_0=b-f(b)/p$,其中 $p=[f(b)-f(a)]/(b-a)$,接下来与二分法类似,根据 $f(x_0)$ 的符号决定用 x_0 替代 a 还是替代 b,从而形成一个算法. 利用上式得到的 x_0 替代二分法中的 $x_0=(a+b)/2$,所以只要在二分法的算法框架中做这么一点修改,就可以形成一个新的算法,即试位法. 如图 2-3 所示,试位法所得到的下一个近似解 x_0 的几何位置把区间 $[a,b]$ 划分成的两条线段之比正好等于 $|f(a)|$ 与 $|f(b)|$ 之比,所以试位法又称为比例法. 因为 x_0 连接曲线上两点弦与 x 轴的交点,所以也称弦线法. 显然试位法是对二分法的改进.

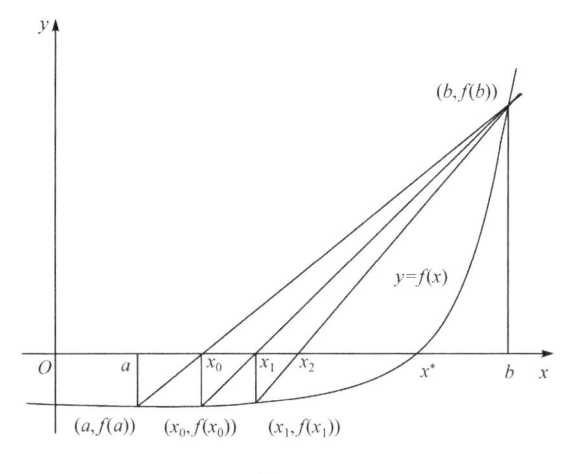

图 2-3

依此类推,如图 2-3,如果 $f(x_0)f(b)<0$,则 $a_1=x_0$,$b_1=b$,过平面上的两点 $(a_1,f(a_1))$,$(b_1,f(b_1))$ 作一条直线,再次与 x 轴交于点 x_1,类似得 $x_2,x_3,\cdots$.

算法如下:

Step1　计算 $f(x)$ 在有根区间 $[a,b]$ 端点处的值 $f(a),f(b)$.

Step2 计算 $d=[f(b)-f(a)]/(b-a)$, $x_0=b-f(b)/d$, $f(x_0)$.

Step3 若 $f(x_0)=0$,则 x_0 即是根,计算过程结束；否则检验：

若 $f(x_0)$ 与 $f(a)$ 异号,则根位于 $[a,x_0]$,令 x_0 代替 b；

若 $f(x_0)$ 与 $f(a)$ 同号,则根位于 $[x_0,b]$,令 x_0 代替 a.

反复执行 Step2 和 Step3,直到区间 $[a,b]$ 长度缩小到允许误差 ε 范围之内,此时 x_0 即可作为所求的根.

2.2.3 上机实现

求解非线性方程(2.2).

在 Mathematica 数学软件中输入一句,运行一次,显示如下结果：

```
In[1]:=f[p_]=Log[p]+p-1-e//N
Out[1]=-3.71828+p+Log[p]
In[2]:=a=2
Out[2]=2
In[3]:=b=3
Out[3]=3
In[4]:=fa=f[a]
Out[4]=-1.02513
In[5]:=fb=f[b]
Out[5]=0.38033
In[6]:=d=(fb-fa)/(b-a)
Out[6]=1.40547
In[7]:=x0=b-fb/d
Out[7]=2.72939
In[8]:=fx0=f[x0]
Out[8]=0.0151887
```

满足 $f(P)=0$ 的 $P=2.7$ 即为所求的非线性方程(2.2)的近似根 P^*.

2.2.4 方法评价

如果 $f(x)$ 在 $[a,b]$ 上的图像非常接近一条直线,可以预期试位法的效果会明显优于二分法. 然而实际情况并非总是如此,有时候也会不尽人意. 如图 2-3,如果区间 $[a,b]$ 的长度比较大,曲线 $y=f(x)$ 在 $[a,b]$ 内拐弯比较大(一阶导数值突然急剧增长),在这种情况下,试位法的效果会变得非常糟糕,反而不如二分法. 可以对上述试位法加以改进,在此不一一介绍了.

2.3 逐次迭代法

2.3.1 从一个经济问题谈起

设某商品的需求函数为
$$Q=Q(P)=-P+\cos P,$$
供给函数为
$$Q=Q(P)=P.$$
求市场价格运行规律达到需求量与供给量相等时的均衡价格 P.

P 满足
$$-P+\cos P=P,$$
等价于非线性方程
$$2P-\cos P=0. \tag{2.3}$$

设 $f(P)=2P-\cos P$,则 $f(0)=-1<0$, $f\left(\dfrac{\pi}{2}\right)=\pi>0$,可证在区间 $\left[0,\dfrac{\pi}{2}\right]$ 内至少有一个实根,$f'(P)=2+\sin P>0\left(P\in\left[0,\dfrac{\pi}{2}\right]\right)$,$f(P)$ 在区间 $\left[0,\dfrac{\pi}{2}\right]$ 上单调增加,在区间 $\left[0,\dfrac{\pi}{2}\right]$ 内只有一个实根.

为了求解此非线性方程的实根,引入逐次迭代法.

2.3.2 逐次迭代法

逐次迭代法是一种逐次逼近法,这种方法使用某个固定公式,反复校正根的近似值,使之逐步精确化,最后得到满足精度要求的结果.

为了用逐次迭代法求非线性方程 $f(x)=0$ 的近似解,首先需将此方程转化为等价的方程(称之为不动点方程)
$$x=\varphi(x),$$
式中 $\varphi(x)$ 称为迭代函数. 由于它是隐式方程,其右端含有未知的 x,因而不能直接求解.

如果给出根的某个猜测值 x_0,将其代入不动点方程的右端,即转化为显式的计算公式
$$x_1=\varphi(x_0),$$
再取 x_1 为新的猜测值,又有
$$x_2=\varphi(x_1),$$

如此反复计算,迭代公式为
$$x_{k+1}=\varphi(x_k) \quad (k=0,1,2,\cdots).$$

如果 $\{x_k\}$ 有极限,则称迭代收敛,这时极限值 $x^* = \lim\limits_{x\to\infty} x_k$ 显然就是不动点方程的根 $x^*=\varphi(x^*)$. 我们称 x^* 为函数 $\varphi(x)$ 的不动点,它也是原方程 $f(x)=0$ 的根.

2.3.3 收敛性及误差分析

可以证明下列收敛的充分条件.

定理 2.1 设迭代函数 $\varphi(x)$ 在 $[a,b]$ 上具有连续导数,且满足

(1) 对任意 $x\in[a,b]$,有 $\varphi(x)\in[a,b]$;

(2) 存在常数 L,$0<L<1$,使对任意 $x\in[a,b]$,有 $|\varphi'(x)|\leqslant L$,

则

(1) $\varphi(x)$ 在 $[a,b]$ 上一定有不动点,且不动点是唯一的;

(2) 对任意初值 $x_0\in[a,b]$,迭代格式 $x_{k+1}=\varphi(x_k)$ 产生的序列 $\{x_k\}$ 均收敛于 $\varphi(x)$ 的不动点 x^*;

(3) $\{x_k\}$ 有以下误差估计式

$$|x^*-x_k|\leqslant\frac{1}{1-L}|x_{k+1}-x_k| \quad (k=0,1,2,\cdots),$$

和

$$|x^*-x_k|\leqslant\frac{L^k}{1-L}|x_1-x_0| \quad (k=0,1,2,\cdots).$$

非线性方程(2.3)中
$$P=\frac{1}{2}\cos P,$$

迭代函数
$$\varphi(P)=\frac{1}{2}\cos P, \quad \varphi'(P)=-\frac{1}{2}\sin P,$$

有
$$|\varphi'(P)|\leqslant\frac{1}{2}<1,$$

并且
$$0\leqslant\varphi(P)\leqslant\frac{1}{2}<\frac{\pi}{2},$$

因此 $\varphi(P)$ 满足定理 2.1 的条件.

2.3 逐次迭代法

现取 $P_0 = 0$,那么由迭代格式 $P_{k+1} = \frac{1}{2}\cos P_k$ 生成的序列 $\{P_k\}$ 必收敛于根 P^*.

以下使用一些例题介绍迭代格式及初值的选取对非线性方程的收敛性的影响.

对非线性方程 $f(x) = 0$,一般可以等价几种形式不同的不动点方程.

例 2.1 设 $f(x) = x^2 - 3 = 0$,我们可以选取以下几种形式的迭代格式:

(1) $x_{k+1} = x_k^2 + x_k - 3$,这里,$\varphi(x) = x^2 + x - 3$;

(2) $x_{k+1} = 3/x_k$,这里,$\varphi(x) = 3/x$;

(3) $x_{k+1} = \frac{1}{2}\left(x_k + \frac{3}{x_k}\right)$,这里,$\varphi(x) = \frac{1}{2}\left(x + \frac{3}{x}\right)$.

取迭代初值 $x_0 = 2$,上述三种迭代格式的计算结果列表如下(表 2-1):

表 2-1

k \ x_k	格式(1)	格式(2)	格式(3)
0	2	2	2
1	3	1.5	1.75
2	9	2	1.732142857
3	87	1.5	1.732050810
4	7653	2	1.732050808
⋮	⋮	⋮	⋮

可以看出,前两种迭代格式产生的序列不收敛于根 $x^* = \sqrt{3}$,只有格式(3)收敛于根 $x^* = \sqrt{3}$. 由此可见,不同的迭代格式有不同的收敛性,应该选择收敛的迭代格式.

下面的例子告诉我们,在迭代法中,初值 x_0 的选取也十分重要.

例 2.2 设 $f(x) = x^2 + 2x - 3 = 0$,选取迭代函数 $\varphi(x) = x + \frac{x^2 + 2x - 3}{x^2 - 5}$,构造相应的迭代格式

$$x_{k+1} = x_k + \frac{x_k^2 + 2x_k - 3}{x_k^2 - 5}.$$

显然,如果我们知道根的大致位置,那么自然可以选取初值靠近这个位置. 现假定我们对根的位置一无所知,随意选取初值. 表 2-2 给出分别取初值 $x_0 = -5$, 0, 1.5, 5 时迭代计算的结果.

表 2-2

k	x_k			
0	-5	0	1.5	5
1	-4.4000	0.6000	0.6818	6.6000
2	-3.8734	0.9103	0.9401	7.9942
3	-3.4480	0.9944	0.9974	9.2996
4	-3.1587	1.0000	1.0000	10.552
⋮	⋮			⋮
8	-3.0000			15.2864

可以看出，当取 $x_0=-5,0,1.5$ 时，相应的迭代序列收敛于根 -3 和 1. 因此，这三个初值的选取是合适的. 当取 $x_0=5$ 时，迭代序列 $\{x_k\}$ 发散，因而选取 $x_0=5$ 是不合适的.

为了进一步理解迭代法的基本思想，我们来讨论一下它的几何意义.

方程 $x=\varphi(x)$ 的求根问题在几何上就是确定曲线 $y=\varphi(x)$ 与直线 $y=x$ 的交点的横坐标. 现在我们通过图 2-4 所示图形直观地考察迭代法的计算过程. 首先从初始点 $P_0(x_0,\varphi(x_0))$ 出发，作 x 轴的平行线交直线 $y=x$ 于点 Q_1，再过 Q_1 作 y 轴的平行线交曲线 $y=\varphi(x)$ 于点 P_1，显然 P_1 的坐标为 $(\varphi(x_0),\varphi(x_1))$；再从 P_1 出发，重复以上步骤，可得 $P_2,P_3,\cdots$，它们的横坐标即为 $\{x_k\}$.

例 2.3 证明方程 $f(x)=\mathrm{e}^{-x}-x=0$ 在 $x=0.5$ 附近存在一个实根，讨论迭代格式
$$x_{k+1}=\varphi(x_k)=\mathrm{e}^{-x_k}$$
的局部收敛性，并用它求出近似根，要求精度 $\varepsilon=10^{-5}$.

解 由于 $f'(x)=-\mathrm{e}^{-x}-1<0$，且 $f(0.4)>0,f(0.7)<0$，故 $f(x)$ 在 $(0.4,0.7)$ 内有唯一实根.

当 $x\in[0.4,0.7]$ 时，$\varphi(x)=\mathrm{e}^{-x}\in[0.4,0.7]$，且 $|\varphi'(x)|=\mathrm{e}^{-x}\leqslant \mathrm{e}^{-0.4}<1$. 由定理可知，迭代格式 $x_{k+1}=\varphi(x_k)=\mathrm{e}^{-x_k}$ 具有局部收敛性.

表 2-3 记录了迭代的结果. 比较相邻的两次迭代值，迭代 18 次得所求的根为 0.56714.

表 2-3

k	x_k	k	x_k	k	x_k
0	0.5	7	0.5684380	14	0.5671188
1	0.6065306	8	0.5664094	15	0.5671571
2	0.5452392	9	0.5675596	16	0.5671354
3	0.5797031	10	0.5669072	17	0.5671477
4	0.5600646	11	0.5672772	18	0.5671407
5	0.5711721	12	0.5670673		
6	0.5648629	13	0.5671863		

2.3 逐次迭代法

(a)

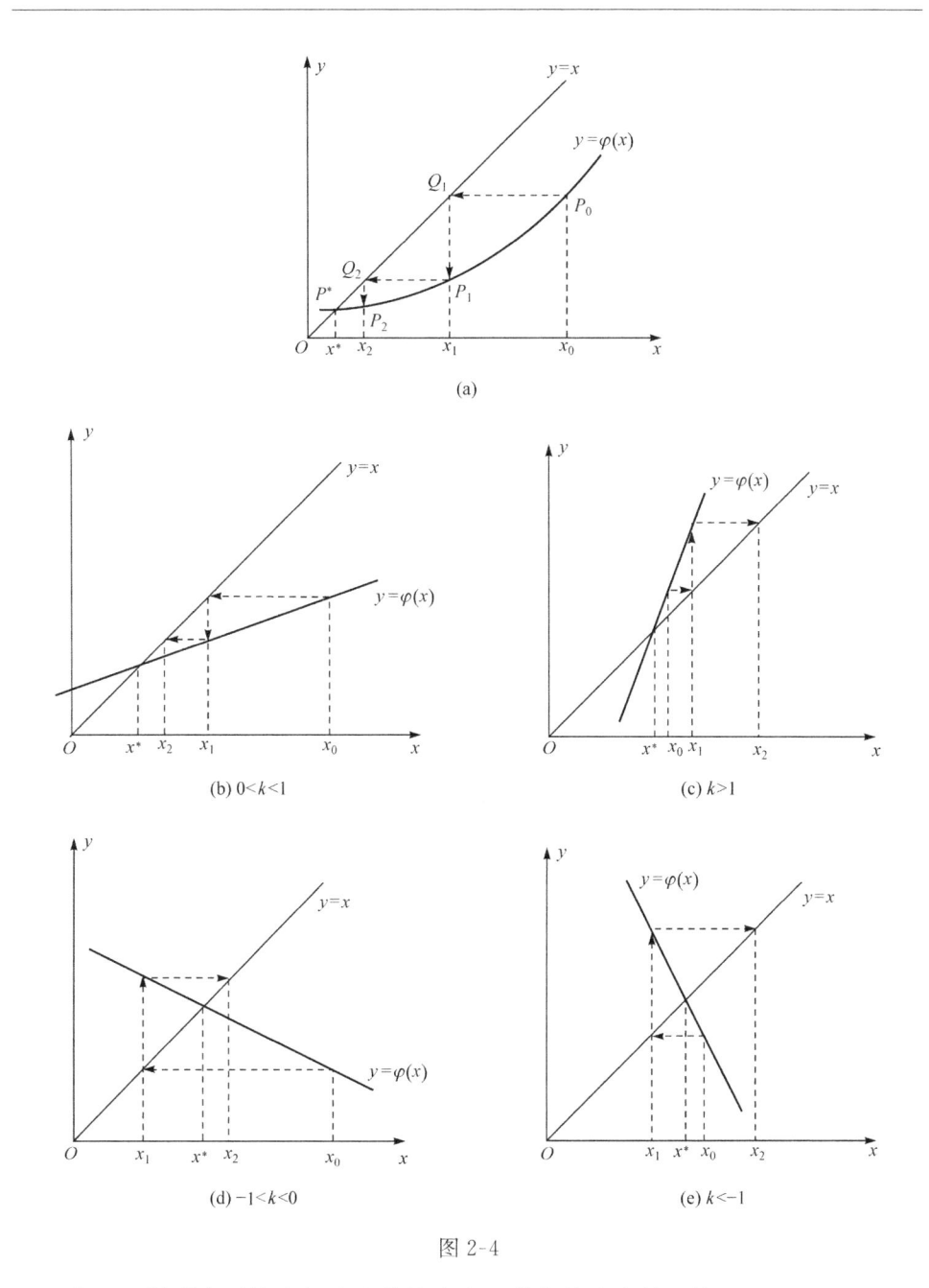

(b) $0<k<1$

(c) $k>1$

(d) $-1<k<0$

(e) $k<-1$

图 2-4

表 2-3 说明有时按牛顿法迭代格式发现其收敛速度并不快.

下面引入迭代法的阶,用于度量迭代法收敛速度.

定义 2.1 设 x^* 是方程 $x=\varphi(x)$ 的根,迭代序列 $\{x_k\}$ 收敛于 x^*. 记 $e_k = x_k - x^*$,若存在实数 $p \geq 1$ 及常数 $c > 0$,使

$$\lim_{k\to\infty}\frac{|e_{k+1}|}{|e_k|^p}=c,$$

则称迭代序列 $\{x_k\}$ 在 x^* 处是 p **阶收敛**的. 当 $p=1$ 时,称**线性收敛**；$p>1$ 时称**超线性收敛**；$p=2$ 时称**平方收敛**.

对于在根 x^* 邻近收敛的迭代格式 $x_{k+1}=\varphi(x_k)$,由于

$$x_{k+1}-x^*=\varphi'(\xi)(x_k-x^*),$$

其中 ξ 介于 x_k 和 x^* 之间,由 $\varphi'(x)$ 的连续性,可知

$$\frac{e_{k+1}}{e_k}\to\varphi'(x^*)\quad (k\to\infty).$$

因此,若 $\varphi'(x^*)\neq 0$,则该迭代过程仅为线性收敛.

如果 $\varphi'(x^*)=0$,将 $\varphi(x_k)$ 在 x^* 处 Taylor 展开,

$$\varphi(x_k)=\varphi(x^*)+\frac{\varphi''(\xi)}{2}(x_k-x^*)^2,$$

注意到 $\varphi(x_k)=x_{k+1},\varphi(x^*)=x^*$,由上式知

$$\frac{e_{k+1}}{e_k^2}\to\frac{\varphi''(x^*)}{2}\quad (k\to\infty).$$

这表明当 $\varphi'(x^*)=0,\varphi''(x^*)\neq 0$ 时,迭代过程为平方收敛. 一般地,有以下定理.

定理 2.2 设迭代函数 $\varphi(x)$ 的高阶导数 $\varphi^{(p)}(x)(p>1)$ 在不动点 x^* 的邻域内连续,则迭代格式 $x_{k+1}=\varphi(x_k)$ 是 p 阶收敛的充要条件是

$$\varphi(x^*)=x^*,\quad \varphi'(x^*)=\varphi''(x^*)=\cdots=\varphi^{(p-1)}(x^*)=0,\quad \varphi^{(p)}(x^*)\neq 0$$

且有

$$\lim_{k\to\infty}\frac{e_{k+1}}{e_k^p}=\frac{1}{p!}\varphi^{(p)}(x^*)\neq 0.$$

证略.

对于收敛的迭代过程,只要迭代足够多次,就可以使结果达到任意的精度,但当线性收敛时迭代过程收敛缓慢,从而使计算量变得很大,因此迭代过程的加速是个重要的课题.

设 x_0 是根 x^* 的某个预测值,用迭代公式校正一次得

$$x_1=\varphi(x_0),$$

而由微分中值定理,有

$$x_1-x^*=\varphi'(\xi)(x_0-x^*),$$

其中 ξ 在 x^* 与 x_0 之间.

假定 $\varphi'(x)$ 改变不大,近似地取某个近似值 L,则由

$$x_1-x^*\approx L(x_0-x^*)$$

得
$$x^* \approx \frac{1}{1-L}x_1 - \frac{L}{1-L}x_0,$$

我们可以期望,按上式右端求得的
$$x_2 = \frac{1}{1-L}x_1 - \frac{L}{1-L}x_0 = x_1 + \frac{L}{1-L}(x_1 - x_0)$$

是比 x_1 更好的近似值.

我们将每得到一次改进值算作一步,并用 $\bar{x}_k$ 和 x_k 分别表示第 k 步的校正值和改进值,则加速迭代计算方案可表述如下:

校正　　　　　　　　$\bar{x}_{k+1} = \varphi(x_k);$

改进　　　　　　　　$x_{k+1} = \bar{x}_{k+1} + \dfrac{L}{1-L}(\bar{x}_{k+1} - x_k)$

例 2.3 已经解出方程
$$x = e^{-x}$$

的根,但是次数较多,迭代 18 次得到精度 10^{-5} 的结果为 $x^* \approx 0.567$.

由于在 $x_0 = 0.5$ 附近,
$$(e^{-x})' \approx -0.6,$$

故使用上述加速迭代,其计算公式的具体形式是
$$\begin{cases} \bar{x}_{k+1} = e^{-x_k}, \\ x_{k+1} = \bar{x}_{k+1} - \dfrac{0.6}{1.6}(\bar{x}_{k+1} - x_k). \end{cases}$$

下面列出计算结果(表 2-4):

表 2-4

k	$\bar{x}_k$	x_k
0		0.5
1	0.60653	0.56658
2	0.56746	0.56713
3	0.56715	0.56714

采用加速迭代只需 3 次,同样得出结果 $x^* \approx 0.567$,加速的效果是相当显著的.

然而上述加速方案有个缺点,由于其中含有导数 $\varphi'(x)$ 的有关信息 L,在实际使用中可能不方便.

2.3.4 上机实现

求解非线性方程(2.3).

在 Mathematica 软件中输入第一句赋值语句 P=0,运行一次显示如下结果:
```
In[1]:=P=0
Out[1]=0
```
然后反复复制语句 2P=Cos[P]//N,运行得到相应的数列

0.5, 0.438791, 0.452633,
0.449649, 0.4503, 0.450158,
0.450189, 0.450184, 0.450184.

满足 $f(P)=0$ 的 $P=0.450184$ 即为所求的非线性方程(2.3)的近似根 P^*。

2.3.5 方法评价

迭代法的一个突出优点是算法的逻辑结构简单,但收敛性取决于迭代格式和初值,收敛速度较慢时可使用一些加速公式.

2.4 牛顿迭代法

2.4.1 从一个经济问题谈起

设某商品的需求函数为
$$Q=Q(P)=e^{-P},$$
供给函数为
$$Q=Q(P)=P.$$
求市场价格运行规律达到需求量与供给量相等时的均衡价格 P。

P 满足
$$e^{-P}=P,$$
等价于非线性方程
$$Pe^P-1=0. \tag{2.4}$$
为了求解此非线性方程的实根,引入牛顿迭代法.

2.4.2 牛顿迭代法

考虑非线性方程
$$f(x)=0,$$
其中,设 $f(x)$ 在 $[a,b]$ 上连续可微,且 $f(a) \cdot f(b)<0$;又设 x_0 是 $f(x)$ 的一个零点 $x^* \in (a,b)$ 的近似值,并设 $f'(x_0) \neq 0$. 现考虑用过曲线 $y=f(x)$ 上的点 $P_0(x_0, f(x_0))$ 的切线近似代替 $f(x)$,即用线性函数
$$y=f(x_0)+f'(x_0)(x-x_0)$$

代替 $f(x)$,且将它的零点 x_1 作为方程的近似值,即

$$x_1 = x_0 - \frac{f(x_0)}{f'(x_0)}.$$

一般地,若已求得 x_k,重复上述过程,得

$$x_{k+1} = x_k - \frac{f(x_k)}{f'(x_k)}.$$

此即所谓**牛顿迭代法**,也称切线法,如图 2-5 所示.

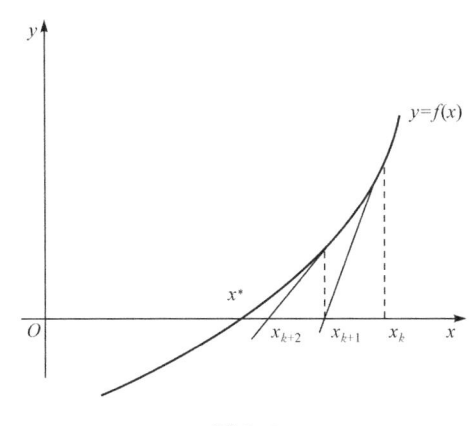

图 2-5

牛顿迭代法的算法如下:
Step1　输入 $\{x_0, \varepsilon_1, \varepsilon_2, N\}$.
Step2　对 $k=0,1,\cdots,N$,

(1) $f_0 \leftarrow f(x_0)$;

(2) 如果 $|f_0| \leqslant \varepsilon_2$,则输出 $\{x_0, "f(x)$ 是小的"$\}$,stop;

(3) $f'_0 \leftarrow f'(x_0)$;

(4) 如果 $f'_0 = 0$,则输出 $\{x_0, "f'_0 = 0"\}$,stop;

(5) $x_1 \leftarrow x_0 - \dfrac{f_0}{f'_0}$;

(6) 如果 $|x_1 - x_0| \leqslant \varepsilon_1$,则输出 $\{x_1, "|x_k - x_{k-1}|$ 是小的"$\}$,stop;

(7) $x_0 \leftarrow x_1$.

Step3　输出 $\{"迭代 N 次后不收敛"\}$,stop.

2.4.3　收敛性及误差分析

牛顿迭代法的迭代函数为

$$\varphi(x) = x - \frac{f(x)}{f'(x)} \quad (设 f'(x) \neq 0).$$

定理 2.3(牛顿迭代法局部收敛定理) 设 $f(x)$ 在根 x^* 邻域二阶连续可微,且 $f'(x^*) \neq 0$,则存在 x^* 的 δ 邻域 S,使对任意初值 $x_0 \in S$,由牛顿迭代法产生的迭代序列 $\{x_k\}$ 收敛于 x^*,且有

$$\lim_{k \to \infty} \frac{x^* - x_{k+1}}{(x^* - x_k)^2} = -\frac{f''(x^*)}{2f'(x^*)}.$$

证明 由于迭代函数 $\varphi(x) = x - \frac{f(x)}{f'(x)}$,于是有

$$\varphi'(x) = 1 - \frac{[f'(x)]^2 - f(x)f''(x)}{[f'(x)]^2} = \frac{ff''}{f'^2},$$

由于 x^* 是 $f(x) = 0$ 的根,所以 $\varphi'(x^*) = 0$,由 2.3 节内容可知,牛顿迭代法局部收敛且平方收敛.

将 $f(x)$ 在 x_k 处 Taylor 展开(设 $f(x)$ 二阶连续可微)

$$f(x) = f(x_k) + f'(x_k)(x - x_k) + \frac{f''(\xi)}{2}(x - x_k)^2,$$

其中 ξ 在 x 与 x_k 之间. 于是

$$f(x^*) = f(x_k) + f'(x_k)(x^* - x_k) + \frac{f''(\xi)}{2}(x^* - x_k)^2,$$

而 $f(x^*) = 0$,上式两边除以 $f'(x_k)$(设 $f'(x_k) \neq 0$),于是有

$$x^* = x_k - \frac{f(x_k)}{f'(x_k)} - \frac{f''(\xi)}{2f'(x_k)}(x^* - x_k)^2,$$

而

$$x_{k+1} = x_k - \frac{f(x_k)}{f'(x_k)},$$

又有

$$x^* - x_{k+1} = -\frac{f''(\xi)}{2f'(x_k)}(x^* - x_k)^2.$$

令 $k \to \infty$,由于 $f(x)$ 二阶连续可微,得到

$$\lim_{k \to \infty} \frac{x^* - x_{k+1}}{(x^* - x_k)^2} = -\frac{f''(x^*)}{2f'(x^*)}. \qquad \Box$$

定理 2.4(牛顿迭代法非局部收敛定理) 设 $f(x) \in C^2[a,b]$,且满足以下条件:

(1) $f(a)f(b) < 0$;

(2) $f'(x) \neq 0, \forall x \in [a,b]$;

(3) $f''(x)$ 在 $[a,b]$ 上不变号;

(4) 在 $[a,b]$ 上任意选取满足条件 $f(x_0)f''(x_0) > 0$ 的初始近似值 x_0,

2.4 牛顿迭代法

则由牛顿迭代法产生的序列$\{x_k\}$单调二阶收敛于方程$f(x)=0$在$[a,b]$上的唯一根.

上面定理中,要求$f'(x^*)\neq 0$,即x^*是$f(x)=0$的单根.下面介绍重根情形的牛顿迭代法.

假设x^*是$f(x)=0$的$m(m>1)$重根,设$f(x)=(x-x^*)^m g(x)$,则$g(x^*)\neq 0$,于是有

$$x-\frac{f(x)}{f'(x)}=x-\frac{(x-x^*)^m g(x)}{m(x-x^*)^{m-1}g(x)+(x-x^*)^m g'(x)}$$
$$=x-\frac{x-x^*}{m+(x-x^*)g'(x)/g(x)},$$

所以

$$\frac{x-\dfrac{f(x)}{f'(x)}-x^*}{x-x^*}=\frac{x-\dfrac{x-x^*}{m+(x-x^*)g'(x)/g(x)}-x^*}{x-x^*}$$
$$\to 1-\frac{1}{m},\text{当}\ x\to x^*,$$

由简单迭代收敛定理可知,重根处牛顿迭代法是局部线性收敛的,且重数m越大,收敛速度越慢.

若取迭代函数$\varphi(x)=x-m\dfrac{f(x)}{f'(x)}$,此时牛顿迭代法是平方收敛的,但实际上事先很难知道根的重数m,因此此法很难应用.

提高牛顿迭代法重根收敛速度的方法是,令

$$h(x)=\frac{f(x)}{f'(x)},$$

则x^*是$h(x)$的单重零点.对$h(x)$用牛顿迭代法得

$$x_{k+1}=x_k-\frac{h(x_k)}{h'(x_k)}=x_k-\frac{f(x_k)f'(x_k)}{[f'(x_k)]^2-f(x_k)f''(x_k)},$$

则迭代式仍然是二阶收敛的,但缺点是要用到二阶导数,计算量大.

2.4.4 上机实现

非线性方程(2.4)

$$P=e^{-P}$$

等价于

$$xe^x-1=0.$$

其牛顿迭代公式为

$$x_{k+1}=x_k-\frac{x_k-\mathrm{e}^{-x_k}}{1+x_k}.$$

取迭代初值

$$x_0=0.5,$$

迭代结果如表 2-5.

表 2-5

k	x_k
0	0.5
1	0.57102
2	0.56716
3	0.56714

若精度要求只需保留小数点后三位有效数字,迭代三次即可.
在 Mathematica 软件中输入第一句赋值语句 P=0.5,运行一次显示如下结果:
In[1]:=P=0.5
Out[1]=0.5
然后反复复制语句 P=P-(P-Exp[-P])(1+P),运行得到相应的数列
0.57103,
0.56716,
0.56714
满足 $f(P)=0$ 的 $P\approx 0.567$ 即为所求的非线性方程(2.4)的近似根 P^*.

2.4.5 方法评价

牛顿迭代法具有局部收敛性,当收敛单根时是 2 阶收敛,收敛速度快.除上述的牛顿迭代法之外,还有牛顿下山法等.

为了更好地介绍牛顿迭代法,下面再举若干例题.

例 2.4 应用牛顿迭代公式求方程

$$f(x)=x^6-x-1=0$$

的最大实根.(要求 $|f(x_k)|<10^{-8}$)

解 容易验证,

$$f(x)=0$$

在 $[1,2]$ 内有唯一的实根 x^*,且当 $x>1$ 时,

$$f'(x)>0,$$

2.4 牛顿迭代法

因而 x^* 便是 $f(x)=0$ 的最大实根. 分别取初值

$$x_0=1 \quad 与 \quad x_0=2,$$

应用牛顿迭代公式

$$x_{k+1}=x_k-\frac{x_k^6-x_k-1}{6x_k^5-1}$$

可得到如下满足所示精度的结果：

$x_0=1$ 时, $x_5=1.134724138$, $f(x_5)=-4.17\times 10^{-9}$;

$x_0=2$ 时, $x_7=1.134724139$, $f(x_7)=6.11\times 10^{-9}$.

例 2.5 设 $c>0$, 试用牛顿迭代法建立计算 $x=\sqrt{c}$ 的公式.

解 开方问题即为求解方程 $f(x)=x^2-c=0$ 的正根. 应用牛顿迭代法可得计算公式为

$$x_{k+1}=\frac{1}{2}\left(x_k+\frac{c}{x_k}\right) \quad (k=0,1,2,\cdots),$$

其中 $x_0>0$.

设 x_k 为 $\sqrt{c}$ 的近似值, 则 c/x_k 也是一个近似值, 上式表明, 它们的平均值将是更好的近似值.

下面证明, 上述迭代过程对任意初值 $x_0>0$ 都是收敛的.

实际上, 有

$$x_{k+1}-\sqrt{c}=\frac{1}{2x_k}(x_k-\sqrt{c})^2$$

及

$$x_{k+1}+\sqrt{c}=\frac{1}{2x_k}(x_k+\sqrt{c})^2,$$

两式相除得

$$\frac{x_{k+1}-\sqrt{c}}{x_{k+1}+\sqrt{c}}=\left(\frac{x_k-\sqrt{c}}{x_k+\sqrt{c}}\right)^2,$$

据此反复递推有

$$\frac{x_k-\sqrt{c}}{x_k+\sqrt{c}}=\left(\frac{x_0-\sqrt{c}}{x_0+\sqrt{c}}\right)^{2^k},$$

令 $q=\frac{x_0-\sqrt{c}}{x_0+\sqrt{c}}$, 则

$$x_k=\frac{1-q^{2^k}}{1+q^{2^k}}\sqrt{c}.$$

对任意 $x_0>0$,总有 $|q|<1$,故有 $x_k \to \sqrt{c}$ $(k\to\infty)$,可知,

$$\frac{x_{k+1}-\sqrt{c}}{(x_k-\sqrt{c})^2} \to \frac{1}{2\sqrt{c}} \quad (k\to\infty).$$

故该迭代过程为平方收敛.

顺便指出,许多计算机子程序确实应用这个技巧计算平方根.

第3章 矩阵特征值与特征向量的计算技术

在经济与统计学中,许多实际问题都遇到矩阵的特征值和特征向量的计算. 设 A 是 n 阶矩阵,x 是非零列向量,如果数 λ 使得 $Ax=\lambda x$,则称 λ 是矩阵 A 的特征值,x 是矩阵 A 关于特征值 λ 的特征向量. 计算矩阵 A 的特征值就是求特征方程

$$|A-\lambda I|=0,$$

即

$$\lambda^n+p_1\lambda^{n-1}+p_2\lambda^{n-2}+\cdots+p_n=0$$

的根. 对于阶数较大的矩阵来说,这种通过解高次方程的求解方法十分困难,而且精度不高,因此求矩阵的特征值和特征向量,常通过其他的数值方法进行. 对某个特征值,可以用一些针对性的方法来求其近似值. 若要求所有的特征值,则可以对 A 做一系列的相似变换,使其变成或近似成对角矩阵或上(下)三角矩阵,从而求得所有特征值的近似. 本章将介绍一些具有代表性的计算技术:乘幂法及其加速技术、反幂法以及 Jacobi 法.

3.1 从一个企业经济效益评价的实例谈起

在企业经济效益的评价中,涉及的指标往往很多. 为了简化系统结构,提炼出经济效益评价中的最主要的实用指标,我们可通过由调查获得的原始数据矩阵求出主要成分. 在对我国部分省市和自治区的独立核算的工业企业的经济效益评价的研究中,调查了9项指标:X_i,$i=1,2,\cdots,9$. 其中 X_1 代表100元固定资产原值实现的产值(%),X_2 代表100元固定资产原值实现的利税(%),X_3 代表100元资金实现的利税(%),X_4 代表100元工业总产值实现的利税(%),X_5 代表100元销售收入实现的利税(%),X_6 代表每吨标准煤实现的工业产值(元),X_7 代表每吨千瓦时电力实现的工业产值(元),X_8 代表全员劳动生产率(元/人·年),X_9 代表100元流动资金实现的产值(元). 研究共调查了 28 个省市和自治区,得到的企业经济效益评价原始数据见表 3-1.

表 3-1 企业经济效益评价原始数据表

	X_1	X_2	X_3	X_4	X_5	X_6	X_7	X_8	X_9
1	119.29	30.98	29.92	25.97	15.48	2178	3.41	21006	296.7
2	143.98	31.59	30.21	21.94	12.29	2852	4.29	20254	363.1

续表

	X_1	X_2	X_3	X_4	X_5	X_6	X_7	X_8	X_9
3	94.80	17.20	17.95	18.14	9.37	1167	2.03	12607	322.2
4	65.80	11.08	11.06	12.15	16.84	882	1.65	10166	284.7
5	54.79	9.24	9.54	16.86	6.27	894	1.80	7564	225.4
6	94.51	21.12	22.83	22.35	11.28	1416	2.36	13386	311.7
7	80.49	13.36	13.76	16.6	7.14	1306	2.07	9400	274.1
8	75.86	15.82	16.67	20.86	10.37	1267	2.26	9830	267
9	187.79	45.9	39.77	24.44	15.09	4346	4.11	31246	418.6
10	205.96	27.65	22.58	13.42	7.81	3202	4.69	23377	407.2
11	207.46	33.06	25.78	15.94	9.28	3811	4.19	22054	385.5
12	110.78	20.7	20.12	18.69	6.6	1468	2.23	12578	341.1
13	122.76	22.52	19.93	18.34	8.35	2200	2.63	12164	301.2
14	94.94	14.7	14.18	15.49	6.69	1669	2.24	10463	274.4
15	117.58	21.93	20.89	18.65	9.1	1820	2.8	17829	331.1
16	85.98	17.3	17.18	20.12	7.67	1306	1.89	11247	276.5
17	103.96	19.5	18.48	18.77	9.16	1829	2.75	15745	308.9
18	104.03	21.47	21.28	20.63	8.72	1272	1.98	13161	309
19	136.44	23.64	20.83	17.33	7.85	2959	3.71	16259	334
20	100.72	22.04	20.9	21.88	9.67	1732	2.13	12441	196.4
21	84.73	14.35	14.17	16.93	7.96	1310	2.34	11703	242.5
22	59.05	14.48	14.35	24.53	8.09	1068	1.32	9710	206.7
23	73.72	21.91	22.7	29.72	9.38	1447	1.94	12517	295.8
24	78.02	13.13	12.57	16.83	9.19	1731	2.08	11369	220.3
25	59.62	14.07	16.24	23.59	11.34	926	1.13	13084	246.8
26	51.66	8.32	8.26	16.11	7.05	1055	1.31	9246	176.49
27	52.95	8.25	8.82	15.57	6.58	834	1.12	10406	245.4
28	60.29	11.26	13.14	18.68	8.39	1041	2.9	10983	266

从原始数据可以看出,每个指标都在不同程度上反映了所研究问题的一些信息,而且指标之间彼此有一定的相关性,所以在反映的信息上有一定的重叠.在经济统计中,我们希望通过对原始变量相关矩阵内部结构关系的研究,找出几个综合指标,使每个综合指标成为原来变量的线性组合;而且这几个综合指标将保留原始变量的主要信息,彼此之间又不相关,从而便于我们解释和把握经济现象.为此,首先将原始数据进行标准化处理;为了方便,标准化后的数据仍用 X 表示.然后我们

求得各个指标变量之间得相关系数矩阵,相应的统计计算公式为
$$r_{ij} = \frac{1}{28-1}\sum_{t=1}^{28} X_{ti}X_{tj} \quad (i,j=1,2,\cdots,9). \tag{3.1}$$
利用(3.1)式计算得相关矩阵为

$$\boldsymbol{R} = \begin{pmatrix} 1.000 & 0.869 & 0.770 & -0.094 & 0.351 & 0.936 & 0.900 & 0.873 & 0.896 \\ 0.869 & 1.000 & 0.978 & 0.364 & 0.683 & 0.896 & 0.803 & 0.926 & 0.849 \\ 0.770 & 0.970 & 1.000 & 0.502 & 0.770 & 0.798 & 0.734 & 0.882 & 0.814 \\ -0.094 & 0.364 & 0.502 & 1.000 & 0.649 & 0.020 & -0.068 & 0.190 & 0.046 \\ 0.351 & 0.683 & 0.770 & 0.649 & 1.000 & 0.451 & 0.413 & 0.655 & 0.394 \\ 0.936 & 0.896 & 0.798 & 0.020 & 0.451 & 1.000 & 0.890 & 0.898 & 0.799 \\ 0.900 & 0.803 & 0.734 & -0.068 & 0.413 & 0.890 & 1.000 & 0.835 & 0.819 \\ 0.873 & 0.926 & 0.882 & 0.190 & 0.655 & 0.898 & 0.835 & 1.000 & 0.827 \\ 0.896 & 0.849 & 0.814 & 0.046 & 0.394 & 0.799 & 0.819 & 0.827 & 1.000 \end{pmatrix}.$$

由相关矩阵可看出9个指标彼此之间存在较强的相关性.接下来,我们要求出相关矩阵 $\boldsymbol{R}$ 的所有特征值和特征向量,根据特征值和特征向量来确定出少量的(如在本题中两个或三个)、综合的指标,这些指标就能够帮助我们有效地评价企业的经济效益. $\boldsymbol{R}$ 是一个9阶实对称矩阵,要求出矩阵的特征值和特征向量,就涉及本章要研究的矩阵的特征值和特征向量的计算技术.接下来,我们将介绍有关的技术,并加以应用以解决该节提出的企业经济效益评价问题.

3.2 乘 幂 法

乘幂法是计算矩阵的主特征值(即模最大的特征值)和相应特征向量的迭代方法.乘幂法是最经典的方法,它的优点是算法简单,容易在计算机上实现,特别适合大型的稀疏矩阵主特征值及特征向量的计算,但它有时也有收敛速度慢的缺憾.

乘幂法要求 n 阶矩阵 $\boldsymbol{A}$ 有 n 个线性无关的特征向量.在实际研究中,常遇到的实对称矩阵或者是特征值互不相同的矩阵就有这种性质.设 $\boldsymbol{A} \in \boldsymbol{R}^{n \times n}$,其特征值 $\lambda_i (i=1,2,\cdots,n)$ 按模的下降次序排列为
$$|\lambda_1| \geqslant |\lambda_2| \geqslant |\lambda_3| \geqslant \cdots \geqslant |\lambda_n|,$$
且对应的特征向量为 $v_1, v_2, \cdots, v_n$.

用乘幂法求 λ_1 和 v_1 的基本思想如下:任取一个非零向量 $x^{(0)}$,逐次左乘矩阵 $\boldsymbol{A}$ 得到向量序列 $\{x^{(k)}\}$,即
$$x^{(k)} = \boldsymbol{A}x^{k-1} = \boldsymbol{A}^k x^{(0)}.$$
由于 $v_1, v_2, \cdots, v_n$ 线性无关,所以初始向量 $x^{(0)}$ 可唯一表示成

$$x^{(0)} = \alpha_1 v_1 + \alpha_2 v_2 + \cdots + \alpha_n v_n = \sum_{j=1}^{n} \alpha_j v_j,$$

于是

$$x^{(k)} = A^k \sum_{j=1}^{n} \alpha_j v_j = \sum_{j=1}^{n} \alpha_j (A^k v_j) = \sum_{j=1}^{n} \alpha_j \lambda_j^k v_j.$$

现在分两种情况讨论：

(1) 如果矩阵 A 有唯一的主特征值，即 $|\lambda_1| > |\lambda_2| \geq |\lambda_3| \geq \cdots \geq |\lambda_n|$，则有

$$x^{(k)} = \lambda_1^k \left(\alpha_1 v_1 + \sum_{j=2}^{n} \alpha_j \left(\frac{\lambda_j}{\lambda_1} \right)^k v_j \right).$$

由于 $|\lambda_j/\lambda_1| < 1 (j=2,3,\cdots,n)$，故当 k 充分大时，有

$$x^{(k)} \approx \lambda_1^k (\alpha_1 v_1), \quad x^{(k+1)} \approx \lambda_1^{k+1} (\alpha_1 v_1),$$

所以，$x^{(k)}$，$x^{(k+1)}$ 仅差一个常数 λ_1，λ_1 和 v_1 由下式给出：

$$\lambda_1 \approx x^{(k+1)}/x^{(k)}, \quad v_1 \approx x^{(k)}.$$

(2) 如果矩阵 A 有互为相反数的两个主特征值，即 $|\lambda_1| = |\lambda_2| > |\lambda_3| \geq \cdots \geq |\lambda_n|$，$\lambda_1 = -\lambda_2$ 时，有

$$x^{(k)} = \lambda_1^k \left(\alpha_1 v_1 + \alpha_2 (-1)^k v_2 + \sum_{j=3}^{n} \alpha_j \left(\frac{\lambda_j}{\lambda_1} \right)^k v_j \right).$$

则当 k 充分大时，有

$$x^{(k)} = \lambda_1^k (\alpha_1 v_1 + \alpha_2 (-1)^k v_2),$$

所以

$$x^{(k+2)}/x^{(k)} \approx \lambda_1^2.$$

此时可通过计算 $x^{(k+2)}/x^{(k)}$ 的平方根，可得 A 的两个主特征值 λ_1，$\lambda_2 = -\lambda_1$。为计算相应的特征向量，我们有

$$x^{(k+1)} + \lambda_1 x^{(k)} \approx 2\lambda_1^{k+1} \alpha_1 v_1 = C_1 v_1,$$

$$x^{(k+1)} - \lambda_1 x^{(k)} \approx (-1)^{k+1} 2\lambda_1^{k+1} \alpha_2 v_2 = C_2 v_2,$$

C_1，C_2 为某个常数，因此 $x^{(k+1)} + \lambda_1 x^{(k)}$ 和 $x^{(k+1)} \lambda_1 x^{(k)}$ 便可作为相应于特征值 λ_1，λ_2 的特征向量。

综上所述，我们得出求主特征值和主特征向量的算法：

(1) 设定初值 $x^{(0)}$，计算序列 $x^{(k+1)} = A x^{(k)}$；

(2) 若序列表现为相邻两个向量的各个分量比趋向于常数，则

$$\lambda_1 = x^{(k+1)}/x^{(k)}, \quad v_1 = x^{(k)};$$

(3) 若序列表现为，相隔一位的向量的各个分量比趋向于常数，则

$$\lambda_1 = \sqrt{x^{(k+2)}/x^{(k)}}, \quad \lambda_2 = -\lambda_1, \quad v_1 = x^{(k+1)} + \lambda_1 x^{(k)}, \quad v_2 = x^{(k+1)} - \lambda_1 x^{(k)};$$

(4) 若序列表现为其他，则退出。

这种由已知非零向量 $x^{(0)}$ 及矩阵 A 的乘幂 A^k 构造向量序列 $\{x^{(k)}\}$ 来计算 A 的主特征值和特征向量的方法称为乘幂法。从其计算过程来看，乘幂法的收敛速度取

3.2 乘幂法

决于比值$|\lambda_2/\lambda_1|$的大小,当$|\lambda_2/\lambda_1|$远小于1时,收敛速度快,当比值$|\lambda_2/\lambda_1|$接近1时收敛速度较慢.

在乘幂法的计算中,当k充分大时,若A的主特征值较大时,则$x^{(k)}$的某些分量会迅速增大,有可能会超过计算机实数的值域,以至于造成溢出;而当A的主特征值较小时,$x^{(k)}$的某些分量会迅速缩小,或许会被计算机当作零处理,造成精度的丧失.因此在实际计算中,通常采用规范化运算,即对$x^{(k)}$的每个元素除以其分量的绝对值最大者$\max\limits_{1\leqslant i\leqslant n}|x_i^{(k)}|=\|x^{(k)}\|_\infty$.

规范化运算可按下面的公式进行:

$$\begin{cases} x^{(k+1)}=Ay^{(k)}, \\ y^{(k+1)}=x^{(k+1)}/\|x^{(k+1)}\|_\infty, \end{cases}$$

初值为$y^{(0)}=x^{(0)}/\|x^{(0)}\|_\infty$,则

$$\begin{cases} y^{(k)}=Ay^{k-1}/\|x^{(k)}\|_\infty=\cdots=A^ky^{(0)}/(\|x^{(k)}\|_\infty\cdots\|x^{(0)}\|_\infty), \\ \|y^{(k)}\|_\infty=1, \end{cases}$$

所以有$y^{(k)}=A^ky^{(0)s}/\|A^ky^{(0)}\|_\infty$,即

$$y^{(k)}=\frac{\lambda_1^k\left(\alpha_1 v_1+\alpha_2\left(\dfrac{\lambda_2}{\lambda_1}\right)^k v_2+\cdots+\alpha_n\left(\dfrac{\lambda_n}{\lambda_1}\right)^k v_n\right)}{|\lambda_1^k|\,\|\alpha_1 v_1+\alpha_2\left(\dfrac{\lambda_2}{\lambda_1}\right)^k v_2+\cdots+\alpha_n\left(\dfrac{\lambda_n}{\lambda_1}\right)^k v_n\|_\infty}. \tag{3.2}$$

此时,与非规范化运算一样要分情况讨论.

(1) 当$|\lambda_1|>|\lambda_2|\geqslant|\lambda_3|\geqslant\cdots\geqslant|\lambda_n|$时,由(3.2)式得

$$x^{(k+1)}=Ay^k=\frac{\lambda_1^{k+1}\left(\alpha_1 v_1+\alpha_2\left(\dfrac{\lambda_2}{\lambda_1}\right)^{k+1} v_2+\cdots+\alpha_n\left(\dfrac{\lambda_n}{\lambda_1}\right)^{k+1} v_n\right)}{|\lambda_1^k|\,\|\alpha_1 v_1+\alpha_2\left(\dfrac{\lambda_2}{\lambda_1}\right)^k v_2+\cdots+\alpha_n\left(\dfrac{\lambda_n}{\lambda_1}\right)^k v_n\|_\infty}.$$

因而,当k充分大时,有

$$\|x^{(k+1)}\|_\infty=\frac{|\lambda^{k+1}|\,\|(\alpha_1 v_1)\|_\infty}{|\lambda^k|\,\|(\alpha_1 v_1\|_\infty}=|\lambda_1|.$$

当$\lambda_1>0$时,$y^{(k)}$收敛,所以$\lambda_1=\|x^{(k+1)}\|_\infty$,其特征向量为$y^{(k)}$;当$\lambda_1<0$时,$y^{(k)}$不收敛,但$\{y^{(2k)}\},\{y^{(2k+1)}\}$分别收敛到符号相反的两个数,此时有$\lambda_1=-\|x^{(k+1)}\|_\infty$,相应的特征向量为$y^{(k)}$.

(2) 当$|\lambda_1|=|\lambda_2|>|\lambda_3|\geqslant\cdots\geqslant|\lambda_n|$,$\lambda_1=-\lambda_2$时,由(3.2)式得

$$y^{(k)}=\frac{\lambda_1^k\left(\alpha_1 v_1+\alpha_2(-1)^k v_2+\cdots+\alpha_n\left(\dfrac{\lambda_n}{\lambda_1}\right)^k v_n\right)}{|\lambda_1^k|\,\|\alpha_1 v_1+\alpha_2(-1)^k v_2+\cdots+\alpha_n\left(\dfrac{\lambda_n}{\lambda_1}\right)^k v_n\|_\infty}.$$

容易看出,$y^{(2k)}$,$y^{(2k+1)}$分别收敛到不同的两个数,且绝对值不同.令

$$\begin{cases} z^{(k+1)} = Ay^{(k)}, \\ z^{(k+2)} = Az^{(k+1)}, \end{cases}$$

则不难推出,当 k 充分大时,$\lambda_1 = \sqrt{z^{(k+2)}/y^{(k)}}$,$\lambda_2 = -\lambda_1$,相应的特征向量为 $v_1 = x^{(k+1)} + \lambda_1 y^{(k)}$,$v_2 = x^{(k+1)} - \lambda_1 y^{(k)}$.

我们总结一下用规范化的乘幂法计算矩阵的主特征值和特征向量的算法:

(1) 从某初值计算序列 $\{y^{(k)}\}$ 和 $\{x^{(k)}\}$;

(2) 若序列收敛,则 $\lambda_1 = \|x^{(k+1)}\|_\infty$,$v_1 = y^{(k)}$;

(3) 若序列的奇偶子序列分别收敛于符号相反的两个数,则
$$\lambda_1 = -\|x^{(k+1)}\|_\infty, \quad v_1 = y^{(k)};$$

(4) 若序列的奇偶子序列分别收敛于绝对值不同的两个数,则计算序列
$$\begin{cases} z^{(k+1)} = Ay^{(k)}, \\ z^{(k+2)} = Az^{(k+1)}, \end{cases}$$

且
$$\lambda_1 = \sqrt{z^{(k+2)}/y^{(k)}}, \quad \lambda_2 = -\lambda_1, \quad v_1 = x^{(k+1)} + \lambda_1 y^{(k)}, \quad v_2 = x^{(k+1)} - \lambda_1 y^{(k)}.$$

例 3.1 用规范化的乘幂法计算矩阵 A 的主特征值和相应的特征向量.

$$A = \begin{pmatrix} 9 & 3 \\ 4 & 1 \end{pmatrix}.$$

解 表 3-2 给出了计算的过程. 从此表中可以看出,A 的主特征值为 $\lambda_1 = 10.2915$,相应的特征向量为 $(1, 0.4305)^T$.

表 3-2 用乘幂法计算矩阵的主特征值和特征向量

k	$y_1^{(k)}$	$y_2^{(k)}$	$x_1^{(k+1)}$	$x_2^{(k+1)}$
0	1	0.4167	12	5
1	1	0.4309	10.2500	4.4167
2	1	0.4305	10.2927	4.4309
3	1	0.4305	10.2915	4.4305
4	1	0.4305	10.2915	4.4305

3.3 乘幂法的加速

用乘幂法计算矩阵的主特征值及相应的特征向量时,收敛速度取决于比值 $|\lambda_2|/|\lambda_1|$ 的大小,当比值接近于 1 时,收敛的速度很慢,因此常常使用一些加速的方法来提高计算的收敛速度. 本节将介绍一些有代表性的加速方法.

3.3.1 Aitken 加速法

从乘幂法的计算过程可看出,存在正常数使得在 k 充分大时,有

$$\|\boldsymbol{x}^{(k)}\|_\infty - \lambda_1 = C\left|\frac{\lambda_2}{\lambda_1}\right|^k,$$

因而有

$$\lim_{k\to\infty}\left|\frac{\|\boldsymbol{x}^{(k+1)}\|_\infty - \lambda_1}{\|\boldsymbol{x}^{(k)}\|_\infty - \lambda_1}\right| = \left|\frac{\lambda_2}{\lambda_1}\right|,$$

所以,序列 $\{\|\boldsymbol{x}^{(k)}\|_\infty\}$ 是线性收敛于 λ_1 的. 令 $m^{(k)} = \|\boldsymbol{x}^{(k)}\|_\infty$,则有对于某常数 C,有

$$m^{(k+1)} - \lambda_1 = C(m^{(k)} - \lambda_1),$$
$$m^{(k+2)} - \lambda_1 = C(m^{(k+1)} - \lambda_1).$$

所以,有

$$\frac{m^{(k+1)} - \lambda_1}{m^{(k+2)} - \lambda_1} = \frac{m^{(k)} - \lambda_1}{m^{(k+1)} - \lambda_1}. \tag{3.3}$$

解(3.3)式得

$$\lambda_1 = m^{(k)} - \frac{(m^{(k+1)} - m^{(k)})^2}{m^{(k+2)} - 2m^{(k+1)} + m^{(k)}}.$$

将上式右端作为 λ_1 的近似值,记为 $\widetilde{m}^{(k)}$,得到新的序列

$$\widetilde{m}^{(k)} = m^{(k)} - \frac{(m^{(k+1)} - m^{(k)})^2}{m^{(k+2)} - 2m^{(k+1)} + m^{(k)}},$$

序列 $\widetilde{m}^{(k)}$ 比序列 $m^{(k)}$ 有更快的收敛速度.

3.3.2 原点平移法

令 $\boldsymbol{B} = \boldsymbol{A} - p\boldsymbol{I}$,那么

$$|\lambda\boldsymbol{I} - \boldsymbol{A}| = |\lambda\boldsymbol{I} - (\boldsymbol{B} + p\boldsymbol{I})| = |(\lambda - p)\boldsymbol{I} - \boldsymbol{B}|,$$

所以

$$\lambda_A - p = \lambda_B.$$

这样矩阵 $\boldsymbol{A}$ 与 $\boldsymbol{B}$ 除了对角线元素外,其他元素均相同,而且它们的特征值就相差 p,且特征向量均相同. 若我们选取适当的 p 使得 $\frac{|\lambda_2 - p|}{|\lambda_1 - p|} < \frac{|\lambda_2|}{|\lambda_1|}$,则求 $\boldsymbol{B}$ 的主特征值就比求 $\boldsymbol{A}$ 的主特征值收敛快. 原点平移法就是基于这样的原理来加快收敛速度的.

下面我们讨论一下一般如何选取 p. 首先我们要对 $\boldsymbol{A}$ 的特征值的分布有大概的了解,例如知道 $\boldsymbol{A}$ 的特征值分布为

$$\lambda_1 \geqslant \lambda_2 \geqslant \lambda_3 \geqslant \cdots \geqslant \lambda_n,$$

那么无论选什么样的 p,$\lambda_1 - p$ 或 $\lambda_n - p$ 将是 $\boldsymbol{B}$ 的主特征值. 如果我们想求的主特征值是 λ_1,即

$$|\lambda_1-p|>|\lambda_i-p|, \quad i=2,3,\cdots,n,$$

那么我们必须选取适当的 p,使

$$|\lambda_1-p|>|\lambda_n-p|,$$

且

$$\omega=\max\left\{\left|\frac{\lambda_2-p}{\lambda_1-p}\right|,\left|\frac{\lambda_n-p}{\lambda_1-p}\right|\right\}$$

最小. 显然,当 $\lambda_2-p=-(\lambda_n-p)$,即当

$$p=\frac{\lambda_2+\lambda_n}{2}$$

时,符合上面两式的要求. 但可以看出,选取适当的参数 p 完成原点平移加速法,要依赖于对矩阵 A 的特征值分布有比较详细而准确的了解,而在实际应用中,能够真正做到这点还是比较困难的.

3.3.3 Rayleigh 商加速法

Rayleigh 商加速法应用于关于实对称矩阵的主特征值的乘幂法计算,可以提高乘幂法的收敛速度. 设 A 为 n 阶实对称矩阵,对于任意非零向量 $x\in \mathbf{R}^n$,称

$$R(\boldsymbol{x})=\frac{(\boldsymbol{A}\boldsymbol{x},\boldsymbol{x})}{(\boldsymbol{x},\boldsymbol{x})}$$

为矩阵 A 关于向量 x 的 Rayleigh 商.

设实对称矩阵 A 的特征值满足 $|\lambda_1|>|\lambda_2|\geqslant\cdots\geqslant|\lambda_n|$,在用规范化的乘幂法

$$y^{(k)}=\frac{\boldsymbol{A}^k\boldsymbol{y}^{(0)}}{\|\boldsymbol{A}^k\boldsymbol{y}^{(0)}\|_\infty}$$

求 A 的主特征值时,其 Rayleigh 商为

$$\begin{aligned}R(\boldsymbol{y}^{(k)}) &= \frac{(\boldsymbol{A}\boldsymbol{y}^{(k)},\boldsymbol{y}^{(k)})}{(\boldsymbol{y}^{(k)},\boldsymbol{y}^{(k)})}\\ &=\frac{\alpha_1^2\lambda_1^{2k+1}+\sum_{n=2}^{n}\alpha_i^2\lambda_i^{2k+1}}{\alpha_1^2\lambda_1^{2k}+\sum_{n=2}^{n}\alpha_i^2\lambda_i^{2k}}\\ &=\lambda_1+\frac{\sum_{n=2}^{n}\alpha_i^2(\lambda_i-\lambda_1)\left(\frac{\lambda_i}{\lambda_1}\right)^{2k}}{\alpha_1^2+\sum_{n=2}^{n}\alpha_i^2\left(\frac{\lambda_i}{\lambda_1}\right)^{2k}}\\ &=\lambda_1+O\left(\left|\frac{\lambda_i}{\lambda_1}\right|^{2k}\right),\end{aligned}$$

而在规范化的乘幂法中,也有

$$\|x^{(k)}\|_\infty = \lambda_1 + O\left(\left|\frac{\lambda_i}{\lambda_1}\right|^k\right).$$

因而,对于实对称矩阵 A,应用 Rayleigh 商加速法可以将计算提高收敛到 λ_1 的速度,其精度也得到了提高.

3.4 反 幂 法

反幂法是计算矩阵 A 的按模最小的特征值及特征向量的数值方法. 设矩阵 A 可逆, λ 和 v 分别为 A 的特征值和特征向量. 将

$$Av = \lambda v$$

的两边同时左乘 A^{-1},得到

$$A^{-1}v = \frac{1}{\lambda}v,$$

可见 A 和 A^{-1} 的特征值互为倒数,而且 v 也是 A^{-1} 特征值 $1/\lambda$ 的特征向量. 根据此结论,我们可以得到反幂法的基本思想.

设矩阵 A 的特征值按模的大小排列为

$$|\lambda_1| \geq |\lambda_2| \geq \cdots \geq |\lambda_{n-1}| > |\lambda_n| > 0,$$

相应的 n 个线性无关的特征向量为 $v_1, v_2, \cdots, v_n$,则 A^{-1} 的特征值为

$$\left|\frac{1}{\lambda_n}\right| > \left|\frac{1}{\lambda_{n-1}}\right| \geq \cdots \geq \left|\frac{1}{\lambda_2}\right| \geq \left|\frac{1}{\lambda_1}\right|,$$

对应的特征值仍然是 $v_1, v_2, \cdots, v_n$. 计算矩阵 A 的按模最小特征值,就是计算矩阵 A^{-1} 的按模最大特征值.

计算矩阵 A^{-1} 的按模最大特征值,即主特征值,仍可用规范化的乘幂法. 任取非零 $x^{(0)}$,对 $k=0,1,\cdots$,其迭代公式为

$$\begin{cases} x^{(k+1)} = A^{-1} y^{(k)}, \\ y^{(k+1)} = x^{(k+1)} / \|x^{(k+1)}\|_\infty. \end{cases}$$

在实际计算中,如果没有现成的宏计算矩阵的逆,则可以通过有关解方程组的数值方法避免求逆运算,即将上面的迭代公式变为等价的下式:

$$\begin{cases} Ax^{(k+1)} = y^k, \\ y^{(k+1)} = x^{(k+1)} / \|x^{(k+1)}\|_\infty. \end{cases}$$

用反幂法结合原点平移法可以求矩阵的其他特征值及特征向量. 其先决条件是我们已经通过某种途径知道了某一特征值 λ_i 的大概位置 p,即对任意的 $j \neq i$,有 $|\lambda_i - p| \ll |\lambda_j - p|$,同时要求 $(A - pI)$ 可逆. 这样,我们就可以用规范化的反幂法求

($A-pI$)的按模最小特征值及相应的特征向量,收敛速度较快.

例 3.2 用规范化的反幂法计算矩阵 A 的按模最小特征值和相应的特征向量.

$$A = \begin{pmatrix} 9 & -3 \\ 4 & 1 \end{pmatrix}.$$

解 表 3-3 给出了计算的过程. 从此表中可以看出,0.333117 为 A^{-1} 的按模最大特征值,所以 A 的按模最小特征值为 $1/0.333117=3.0019$,相应的特征向量为 $(0.501137,1)^{\mathrm{T}}$.

表3-3 用反幂法计算矩阵的按模最小特征值和特征向量

k	$y_1^{(k)}$	$y_2^{(k)}$	$x_1^{(k+1)}$	$x_2^{(k+1)}$
0	1	1	0.1904766	0.238095
1	0.8	1	0.180952	0.27619
2	0.655172	1	0.174056	0.303777
3	0.572973	1	0.170142	0.319434
4	0.532636	1	0.168221	0.327117
5	0.514253	1	0.167345	0.330618
6	0.514253	1	0.16696	0.33216
7	0.502649	1	0.166793	0.332829
8	0.501137	1	0.166721	0.333117

3.5 Jacobi 法

前面几节介绍了求按模最大特征值以及最小特征值的乘幂法和反幂法,实际上,在许多研究中,例如在 3.2 节谈到的企业经济效益评价问题中,我们需要求出有关矩阵的全部特征值及相应的特征向量. 实对称矩阵是我们实际研究中经常碰到的一类矩阵,它具有的一些良好的性质为计算其全部特征值及特征向量提供了便利. 本节里我们将介绍用于求实对称矩阵的全部特征值及其相应的特征向量的 Jacobi 方法.

在介绍 Jacobi 方法之前,我们首先回顾一些与本节内容有关的矩阵特征值和特征向量的主要性质,对应的证明可从相关的线性代数教材上获得.

性质 3.1 对角矩阵的对角线上的元素就是其特征值,即如果

3.5 Jacobi 法

$$A = \begin{pmatrix} a_1 & & & \\ & a_2 & & \\ & & \ddots & \\ & & & a_n \end{pmatrix},$$

则 $a_1, a_2, \cdots, a_n$ 就是 A 的 n 个特征值.

性质 3.2 相似矩阵具有相同的特征值,即如果 A 为 n 阶矩阵,P 为任意可逆矩阵,则称 A 与 $P^{-1}AP$ 相似,且它们有相同的特征值.

性质 3.3 若 A 为 n 阶实对称矩阵,则存在一个正交矩阵 $Q(Q^\mathrm{T}Q=I)$,使得

$$Q^\mathrm{T}AQ = \begin{pmatrix} \lambda_1 & & & \\ & \lambda_2 & & \\ & & \ddots & \\ & & & \lambda_n \end{pmatrix},$$

即实对称矩阵能正交相似于一个对角矩阵.

从性质 3.3 可以推知,如果我们能够找到一个正交矩阵 Q,使得 $Q^\mathrm{T}AQ$ 成为一个对角矩阵,那么就得到 A 的特征值了. 事实上,这样的 Q 并不好找,通过性质 3.3 一步就求得 A 的特征值是非常困难的. 但是,我们能够构造一系列的正交变换,这些正交变换将逐渐减少非对角线元素的比重,增加对角线元素的比重,使得矩阵 A 通过一系列这样的变换渐渐向一个对角矩阵靠拢. 当非对角线元素比重已经小到容许的误差时,此时的矩阵 A 可近似地认为是一个对角矩阵了,其对角元素就可看作是 A 的特征值.

Jacobi 方法就是基于这样的思想产生的,它将一系列的平面旋转变换(也是一种正交变换)作用到矩阵 A 上,使得 A 逐渐向一个对角矩阵转换. 通过旋转变换,削弱一个矩阵非对角线元素的比重,从而增加对角元素的比重,使其向对角矩阵转化,其原理可以从下面一个简单的例子看出来.

假设要求矩阵 $A = \begin{pmatrix} 0 & 1 \\ 1 & 0 \end{pmatrix}$ 的特征值和特征向量. 一个常用的二维的旋转变换是 $B = \begin{pmatrix} \cos\theta & \sin\theta \\ -\sin\theta & \cos\theta \end{pmatrix}$. 利用 B 对矩阵 A 作相似变换,得

$$B^\mathrm{T}AB = \begin{pmatrix} \cos\theta & -\sin\theta \\ \sin\theta & \cos\theta \end{pmatrix} \begin{pmatrix} 0 & 1 \\ 1 & 0 \end{pmatrix} \begin{pmatrix} \cos\theta & \sin\theta \\ -\sin\theta & \cos\theta \end{pmatrix}$$
$$= \begin{pmatrix} -2\sin\theta\cos\theta & \cos^2\theta - \sin^2\theta \\ \cos^2\theta - \sin^2\theta & 2\sin\theta\cos\theta \end{pmatrix}.$$

为了将矩阵 A 转化成对角阵,必须有 $\cos^2\theta - \sin^2\theta = 0$. 为此,我们可以取 $\theta = \dfrac{\pi}{4}$,这

时有

$$\cos\theta = \sin\theta = \frac{\sqrt{2}}{2}, \quad \boldsymbol{B} = \begin{pmatrix} \frac{\sqrt{2}}{2} & \frac{\sqrt{2}}{2} \\ -\frac{\sqrt{2}}{2} & \frac{\sqrt{2}}{2} \end{pmatrix},$$

而且

$$\boldsymbol{B}^{\mathrm{T}}\boldsymbol{A}\boldsymbol{B} = \begin{pmatrix} -1 & 0 \\ 0 & 1 \end{pmatrix}.$$

所以,矩阵 $\boldsymbol{A}$ 的特征值为 $\lambda_1 = -1, \lambda_2 = 1$,相应的特征向量为

$$\boldsymbol{v}_1 = \begin{pmatrix} \frac{\sqrt{2}}{2} \\ -\frac{\sqrt{2}}{2} \end{pmatrix}, \quad \boldsymbol{v}_2 = \begin{pmatrix} \frac{\sqrt{2}}{2} \\ \frac{\sqrt{2}}{2} \end{pmatrix}.$$

由此可见,对于任意一个二阶的实对称矩阵,只要选择合适的 θ,就可以通过像 $\boldsymbol{B}$ 的旋转变换将其转化成对角矩阵,以求得特征值和特征向量.

当 $\boldsymbol{A}$ 为 $n(n>2)$ 阶的实对称矩阵时,情况比二阶复杂得多. 这时,受到二维旋转矩阵 $\boldsymbol{B}$ 的启发,我们可以构造一个 n 阶的旋转矩阵 $\boldsymbol{Q}(p,q,\theta)$ 如下:

$$\boldsymbol{Q}(p,q,\theta) = \begin{pmatrix} 1 & & & & & & & & \\ & \ddots & & & & & & & \\ & & \cos\theta & & & & \sin\theta & & \\ & & & 1 & & & & & \\ & & & & \ddots & & & & \\ & & & & & 1 & & & \\ & & -\sin\theta & & & & \cos\theta & & \\ & & & & & & & \ddots & \\ & & & & & & & & 1 \end{pmatrix}.$$

$\qquad\qquad\qquad\qquad\quad p$ 列 $\qquad\quad q$ 列

矩阵 $\boldsymbol{Q}(p,q,\theta)$ 是一个正交矩阵,对应的旋转变换称为 Givens 旋转变换. 不难验证,将矩阵 $\boldsymbol{A}$ 实施 $\boldsymbol{Q}$ 对应的 Givens 旋转变换,即 $\boldsymbol{Q}^{\mathrm{T}}\boldsymbol{A}\boldsymbol{Q}$,实际上只改变矩阵 $\boldsymbol{A}$ 的 p 行,q 行,p 列,q 列的元素的值. 令

$$\boldsymbol{A} = (a_{ij}), \quad \boldsymbol{B} = \boldsymbol{Q}^{\mathrm{T}}\boldsymbol{A}\boldsymbol{Q} = (b_{ij}),$$

则直接计算可得如下关系:

3.5 Jacobi 法

$$\begin{cases} b_{ij}=a_{ij} & (i,j\neq p,q), \\ b_{ip}=b_{pi}=a_{pi}\cos\theta-a_{qi}\sin\theta & (i,j\neq p,q), \\ b_{iq}=b_{qi}=a_{pi}\sin\theta+a_{qi}\cos\theta & (i,j\neq p,q), \\ b_{pp}=a_{pp}\cos^2\theta+a_{qq}\sin^2\theta-a_{pq}\sin2\theta, \\ b_{qq}=a_{pp}\sin^2\theta+a_{qq}\cos^2\theta+a_{pq}\sin2\theta, \\ b_{pq}=b_{qp}=a_{pq}\cos2\theta+\dfrac{a_{qq}-a_{pp}}{2}\sin2\theta. \end{cases}$$

这时,我们需要选择合适的 θ 使得对角元素的比重增大,非对角元素的比重减少. 为了达到这个目的,我们引入如下的记号帮助分析:

$$D(\boldsymbol{A})=\sum_{i=1}^{n}a_{ii}^2, \quad \overline{D}(\boldsymbol{A})=\sum_{i=1}^{n}\sum_{j=1}^{n}a_{ij}^2-D(\boldsymbol{A}),$$

则 $D(\boldsymbol{A})$ 表示矩阵 $\boldsymbol{A}$ 的对角元素的平方和,$\overline{D}(\boldsymbol{A})$ 表示非对角元素的平方和. 矩阵 $\boldsymbol{A}$ 经过与 $\boldsymbol{Q}$ 对应的 Givens 旋转变换后变成 $\boldsymbol{B}$,它的对角元素的平方和及非对角元素的平方和的变化为

$$D(\boldsymbol{B})=\sum_{i=1}^{n}b_{ii}^2=\sum_{i=1}^{n}a_{ii}^2+2a_{pq}^2-2b_{pq}^2=D(\boldsymbol{A})+2a_{pq}^2-2b_{pq}^2,$$

以及

$$\begin{aligned}\overline{D}(\boldsymbol{B})&=\sum_{i=1}^{n}\sum_{j=1}^{n}b_{ij}^2-D(\boldsymbol{B})=\sum_{i=1}^{n}\sum_{j=1}^{n}a_{ij}^2-D(\boldsymbol{B})\\&=\overline{D}(\boldsymbol{A})+D(\boldsymbol{A})-D(\boldsymbol{B})\\&=\overline{D}(\boldsymbol{A})-2a_{pq}^2+2b_{pq}^2.\end{aligned}$$

所以,为了使 $D(\boldsymbol{B})$ 比 $D(\boldsymbol{A})$ 大,我们可以选择合适的 θ,使 $b_{pq}=0$,这时旋转变换的效果将会使矩阵 $\boldsymbol{A}$ 的对角元素平方和增大 $2a_{pq}^2$,而同时使非对角元素平方和减少 $2a_{pq}^2$. 接下来,我们求 θ 的值. 当

$$b_{pq}=b_{qp}=a_{pq}\cos2\theta+\frac{a_{qq}-a_{pp}}{2}\sin2\theta=0$$

时,我们有

$$\cot2\theta=\frac{a_{pp}-a_{qq}}{2a_{pq}}.$$

在实际计算中,可不直接计算旋转角 θ 的值,而只是计算出 $\sin\theta$ 和 $\cos\theta$ 的值. 为此,记

$$s=\frac{a_{pp}-a_{qq}}{2a_{pq}}, \quad t=\tan\theta,$$

则由恒等式 $\tan^2\theta+2\cot2\theta\tan\theta-1=0$ 可知 t 的取值(为确定起见,取按模较小根)为

$$t=\begin{cases}\dfrac{-1+\sqrt{1+s^2}}{s}, & s\neq 0,\\ 1, & s=0.\end{cases}$$

所以,

$$\begin{cases}\cos\theta=\dfrac{1}{1+t^2},\\ \sin\theta=\dfrac{t}{1+t^2}.\end{cases}$$

记 $c=\cos\theta, d=\sin\theta$,则矩阵 $\boldsymbol{A}$ 与 $\boldsymbol{B}$ 的递推关系式现在简化为

$$\begin{cases}b_{ij}=a_{ij} & (i,j\neq p,q),\\ b_{ip}=b_{pi}=ca_{pi}-da_{qi} & (i\neq p,q),\\ b_{iq}=b_{qi}=da_{pi}+ca_{qi} & (i\neq p,q),\\ b_{pp}=a_{pp}-ta_{pq},\\ b_{qq}=a_{qq}+ta_{pq},\\ b_{pq}=b_{qp}=0.\end{cases}$$

在实际计算中,也可直接计算得到旋转角

$$\theta=\frac{1}{2}\operatorname{arccot}\frac{a_{pp}-a_{qq}}{2a_{pq}}, \tag{3.4}$$

然后利用软件自带的正弦函数和余弦函数计算相关的值.

下面我们就给出 Jacobi 方法具体的做法. 设矩阵 $\boldsymbol{A}$ 为实对称矩阵,Jacobi 方法的原理正如我们前面介绍的,是寻找一系列的 Givens 变换矩阵 $\boldsymbol{Q}_1,\boldsymbol{Q}_2,\cdots,\boldsymbol{Q}_n$,对矩阵 $\boldsymbol{A}$ 作旋转变换,每次变化都增加对角元素的平方和,减少非对角元素的平方和,逐渐使 $\boldsymbol{A}$ 向对角矩阵转化. 首先记 $\boldsymbol{A}=\boldsymbol{A}^{(0)}$,选取非对角的主元素 $|a_{p_1 q_1}|=\max\limits_{i\neq j}|a_{ij}^0|$,由 (3.4) 式计算出旋转角 θ,然后就可以得到旋转矩阵 $\boldsymbol{Q}_1=\boldsymbol{Q}(p_1,q_1,\theta)$,将其作用到矩阵 $\boldsymbol{A}^{(0)}$ 上,求出

$$\boldsymbol{A}^{(1)}=\boldsymbol{Q}_1^{\mathrm{T}}\boldsymbol{A}^{(0)}\boldsymbol{Q}_1.$$

接下来,再以同样的方式找出 $\boldsymbol{A}^{(1)}$ 的非对角主元素,求旋转角,构造旋转矩阵 $\boldsymbol{Q}_2$,再求出

$$\boldsymbol{A}^{(2)}=\boldsymbol{Q}_2^{\mathrm{T}}\boldsymbol{A}^{(1)}\boldsymbol{Q}_2.$$

继续这种过程,直到矩阵 $\boldsymbol{A}^{(k)}=\boldsymbol{Q}_k^{\mathrm{T}}\boldsymbol{A}^{(k-1)}\boldsymbol{Q}_k$ 的非对角元素全化为充分小的数为止.

3.6 计算技术的上机实现

在本节里,我们将通过一些例子和 Matlab 程序给出本章介绍的一些常用的矩阵特征值与特征向量的计算技术的上机实现方法.

3.6.1 乘幂法

例 3.3 用规范化的乘幂法计算矩阵

$$A = \begin{pmatrix} 1 & 2 & 3 \\ 2 & 1 & 3 \\ 3 & 3 & 6 \end{pmatrix}$$

的主特征值和相应的特征向量.

解 编写 Matlab 函数的 M 文件 cmf 如下：

```
function [lambda,u]=cmf(A)
% 乘幂法求最大特征值及特征向量
% lambda 为最大特征值,u 为相应的特征向量
n=length(A);u=ones(n,1);k=0;lambda1=0;while k<=500
    v=A* u;
    [vmax,i]=max(abs(v));
    lambda=v(i);
    u=v/lambda;
    if abs(lambda-lambda1)<1e-5
        break;
    end
    lambda1=lambda;k=k+1;
end
```

在命令窗口按如下命令计算过程及结果如下：

```
>>A=[1,2,3;2,1,3;3,3,6];
>>[lambda,u]=cmf(A)
lambda=
    9
u=
    0.5000
    0.5000
    1.0000
```

由此可知，A 的主特征值是 9，相应的特征向量是 $(0.5, 0.5, 1)^T$.

3.6.2 反幂法

例 3.4 用原点平移的反幂法计算矩阵

$$A = \begin{pmatrix} 1 & -1 & 0 \\ -2 & 4 & -2 \\ 0 & -1 & 2 \end{pmatrix}$$

的最靠近 0.2 的特征值及相应的特征向量.

解 编写 Matlab 函数的 M 文件 fmf 如下：
```
function [lambda,u]=fmf(A,p)
%  原点平移的反幂法求矩阵 A 靠近 p 的特征值
n=length(A);
u0=ones(n,1);
A1=inv(A- p* eye(n));
v1=A1* u0;
m1=max(v1);
u1=v1/m1;
lambda=1/m1+p;
u=u1;
fork=1：500
    u0=u1;
    m0=m1;
    v1=A1* u0;
    m1=max(v1);
    u1=v1/m1;
    lambda=1/m1+p;
    u=u1;
    err=abs(m1-m0);
    if err<=1e-5
        break;
    end
end
```
在命令窗口按如下命令计算过程及结果如下：
```
≫A=[1,-1,0;-2,4,-2;0,-1,2];
≫[lambda,u]=fmf(A,0.2)
lambda=
    0.2384
u=
    1.0000
    0.7616
    0.4323
```

由此可知，A 的最靠近 0.2 的特征值是 0.2384，相应的特征向量是 $(1, 0.7616, 0.4323)^T$.

3.6.3 Jacobi 法

例 3.5 用 Jacobi 法计算矩阵

$$A = \begin{pmatrix} 12 & -56 & 3 & -1 \\ -56 & 7 & 2 & 0 \\ 3 & 2 & 5 & 1 \\ -1 & 0 & 1 & 12 \end{pmatrix}$$

的特征值及相应的特征向量.

解 编写 Matlab 函数的 M 文件 jacobi 如下：

```
function[E,R]=jacobi(A,e,N)
% Jacobi 法计算矩阵 A 的特征值及特征向量
% E 是特征值,R 是特征向量,e 是控制精度,N 是最大循环次数
k=1;n=length(A);R=eye(n);
while k<=N b=abs(A-tril(A));
bb=max(max(b));
for i=1:n
   for j=i:n
      if b(i,j)==bb
         t=i;
         l=j;
         break;
      end
   end
end
ctg2=(A(t,t)-A(l,l))/(2* A(t,l));
s1=sin(acot(ctg2)/2);
c1=cos(acot(ctg2)/2);
V=zeros(n,n);
for p=1:n
   for q=1:n
      if p==q
         V(p,q)=1;
      else
```

```
            V(p,q)=0;
         end
      end
end
V(t,t)=c1;V(l,l)=c1;V(t,l)=-s1;V(l,t)=s1;
A1=V'* A* V;R=R* V;
if abs(sum(sum(A1-diag(diag(A1)))))<=e
    A1;
    break;
else
    k=k+1;
    A=A1;
end
end
E=diag(A1);
```

在命令窗口按如下命令计算过程及结果如下：

```
≫A=[12-56 3 -1;-56 7 2 0;3 2 5 1;-1 0 1 12];
≫[E,R]=jacobi(A,0.001,200)
E=
   65.5754
  -46.8046
    5.0954
   12.1338
R=
    0.7229    0.6899    0.0373    0.0059
   -0.6907    0.7206    0.0600   -0.0103
    0.0128   -0.0680    0.9880    0.1384
   -0.0133    0.0129   -0.1377    0.9903
```

由上面的输出知矩阵 **A** 的特征值为 65.5754,−46.8046,5.0954,12.1338,相应的特征向量为 $(0.7229,-0.6907,0.0128,-0.0133)^T$,$(0.6899,0.7206,-0.0680,0.0129)^T$,$(0.0373,0.0600,0.9880,-0.1377)^T$,$(0.0059,-0.0103,0.1384,0.9903)^T$.

3.7 企业经济效益评价问题的解决

我们重新回到 3.1 节提到的企业经济效益评价问题. 我们要求出相关矩阵 **R**

3.7 企业经济效益评价问题的解决

的所有特征值和特征向量,以便定出少量的(如在本题中为两个或三个)综合的指标,这些指标就能够帮助我们有效地评价企业的经济效益. 我们采用 Jacobi 方法计算出矩阵 R 的特征值和特征向量分别为

```
>> [E,R]=jacobi(A,0.001,200)
E=
    0.0234
    6.5530
    0.0054
    1.6903
    0.3100
    0.0300
    0.1366
    0.0645
    0.1868
R=
    0.3353    0.3583    0.2524   -0.2762   -0.1049   -0.7177
   -0.2303    0.3828   -0.8049    0.0908   -0.1409   -0.0696
   -0.7088    0.3696    0.4858    0.2162   -0.1852    0.0330
    0.3118    0.0953    0.0562    0.7119   -0.4060   -0.0887
    0.2468    0.2564    0.0147    0.4941    0.6254    0.0245
    0.2576    0.3628    0.1992   -0.1793    0.1434    0.5782
   -0.0787    0.3461   -0.0940   -0.2402    0.2192   -0.0541
   -0.0942    0.3750   -0.0090   -0.0101    0.2321   -0.1047
    0.3044    0.3487   -0.0212   -0.1670   -0.5064    0.3497
   -0.1455   -0.2539   -0.0866
   -0.1766   -0.2544   -0.1539
   -0.0104   -0.1979    0.0607
    0.2243    0.2297   -0.3287
   -0.0119   -0.2897    0.3915
   -0.1766   -0.1541   -0.5660
    0.8527    0.1526   -0.0783
   -0.3707    0.8037    0.0462
    0.0378    0.0447    0.6126
```

用 $\lambda_i, i=1,2,\cdots,9$ 分别表示按从大到小顺序排列的矩阵 R 的特征值. 我们通常按下式来确定综合指标的数量 m:

$$\frac{\sum\limits_{i=1}^{m}\lambda_i}{\sum\limits_{i=1}^{q}\lambda_i} \geqslant 85\%.$$

由此，在前述企业经济效益评价问题中，我们将选择两个综合指标，因为

$$\frac{\sum\limits_{i=1}^{2}\lambda_i}{\sum\limits_{i=1}^{9}\lambda_i} = \frac{6.553+1.6903}{6.553+1.6903+0.31+\cdots+0.0234+0.0054} = 91.6\%,$$

以 y_1 表示第一个综合指标，以 y_2 表示第二个综合指标，则这两个指标将能够保留原始数据的 91.6% 的信息，即基本保留了原来指标 $x_1,x_2,\cdots,x_9$ 的信息. 根据 λ_1 和 λ_2 对应的特征向量，我们可以将新的综合指标 y_1,y_2 写成原来指标的线性组合为

$$\begin{cases} y_1 = 0.358x_1 + 0.383x_2 + 0.370x_3 + 0.095x_4 + 0.256x_5 \\ \quad\quad + 0.363x_6 + 0.346x_7 + 0.375x_8 + 0.349x_9, \\ y_2 = -0.276x_1 + 0.091x_2 + 0.216x_3 + 0.712x_4 + 0.494x_5 \\ \quad\quad - 0.179x_6 - 0.240x_7 - 0.010x_8 - 0.167x_9. \end{cases}$$

最后我们可以结合有关经济专业知识，对这两个综合指标给出恰如其分的解释. 指标 y_1 的线性组合中除了 100 元工业总产值实现利税和 100 元销售收入实现利税外，其余变量的系数相当，所以指标 y_1 可看成是 $x_1,x_2,x_3,x_6,x_7,x_8,x_9$ 的综合变量. 指标 y_1 反映了工业生产中投入的资金，劳动力所产生的效果，它是投入与产出之比. 指标 y_2 是把工业生产中所得总量（即工业总产值和销售收入）与局部量（即利税）进行比较，反映了产出所作的贡献. 这样，在抓企业经济效益时，必须注重投入与产出之比以及产出所作的贡献，才能有效地评价企业的经济效益.

第4章 多项式插值与函数逼近技术

在经济研究及生产实践活动中遇到的函数是多种多样的,其中很大一部分只能通过实验或观测得到一些离散的点,虽然其函数关系式 $y=f(x)$ 在某个区间 $[a,b]$ 上是客观存在的,但却不知道具体的表达式,因此希望求出一个简单方便的表达式对其进行描述.还有一些函数,虽然其表达式已知,但由于过分复杂而不利于实际研究与应用,也希望找出一个简单而常用的函数来近似地替代原来的函数.

解决上述问题的方法主要分为两类:一类是基于 $f(x)$ 的一些样点值,选定一个简便的函数形式,如多项式等,要求此函数通过已知的样点,这样确定的简单函数 $\varphi(x)$ 作为 $f(x)$ 的近似,这种方法称为插值法.另一类方法是选定函数的形式后,不要求函数通过 $f(x)$ 的样点,只是要求函数与 $f(x)$ 的样点之间的偏差最小,由此确定一个 $\varphi(x)$ 作为 $f(x)$ 的近似,这种方法称为数据拟合方法.

本章将介绍一些常用的插值及数据拟合技术:Lagrange 插值技术,Newton 插值技术,Hermite 插值技术,分段插值技术,三次样条插值技术,最佳均方逼近技术以及最小二乘法数据拟合技术等.

4.1 从经济学中的零息收益曲线的构造谈起

零息债券是债券的一个品种,以大幅度折扣发行,整个债券期发行人不支付债息,到期时以面值向持有人兑付.零息债券是一种较为常见的金融工具,其最大特点是避免了投资者所获得的利息的再投资风险.零息债券在国际债券融资市场中占有相当大的份额,我国在国内债券市场也曾成功发行过零息债券,但其债券期限较短.

零息收益曲线是指与某一特定日期相对应的零息债券即期收益率和期限之间关系的图形概括,它描述的是由投资期限的不同而造成的债券到期收益率的变化.通过了解零息债券的收益情况,投资者可以很清楚地了解市场,及时根据市场调节自己的投资策略.零息收益曲线也可以作为政府部门把握债券市场情况的参考和制定宏观调控决策的基础.总之,零息收益曲线对于一个市场的规范化和走向成熟具有相当重要的意义.

如何构造出零息收益曲线,国外学者通常采用两阶段法.在第一阶段,采用利息剥离法构造出一条概率曲线;第二阶段,通过插值等数据逼近技术构造出完整的零息收益曲线.例如,以法国在 2001 年 11 月 27 日国债市场交易的 1~30 年期限的政府债券的收益率作为研究资料,通过利息剥离可得法国政府债券 1～30 年各期限的收益率如表 4-1 所示.

表 4-1 法国政府债券各期收益率

期限/年	1	2	3	4	5	6	7
收益率/(%)	3.187	3.568	3.655	3.960	4.160	4.334	4.470
期限/年/(%)	8	9	10	15	20	30	
收益率	4.611	4.693	4.731	5.001	5.076	5.238	

如何基于表 4-1 中零息收益的一些离散的观测值构造一条完整的零息收益曲线,如何基于这些观测值对其他任何期限的收益率作出合理的预测,这些问题的解决需要有关多项式插值以及数据拟合的一些技术.下面我们从各种多项式的插值技术谈起.

4.2 Lagrange 插值技术

多项式插值问题的一般提法为:已知 $f(x)$ 是定义在区间 $[a,b]$ 上的函数,已知 $f(x)$ 在 $n+1$ 个互不相同的点 $x_0, x_1, \cdots, x_n$ 上的函数值为 $f(x_i), i=0,1,\cdots,n$,求一个 n 次的多项式 $\varphi(x)$,使其满足 $\varphi(x_i)=f(x_i), i=0,1,\cdots,n$,即要求该多项式的函数曲线要经过 $f(x)$ 上已知的这 $n+1$ 个点 $(x_0,f(x_0)),(x_1,f(x_1)),\cdots,(x_n,f(x_n))$,同时能够在其他 $x \in [a,b]$ 上估计误差 $R(x)=f(x)-\varphi(x)$.这里,$\varphi(x)$ 称为插值函数,$f(x)$ 称为被插函数,称点 $x_0,x_1,\cdots,x_n$ 为插值节点,而称 $(x_i,f(x_i))$,$i=0,1,\cdots,n$ 为插值点.

首先我们讨论一下插值多项式 $\varphi(x)$ 存在的唯一性. 令过 $n+1$ 个点 $(x_i, f(x_i)), i=0,1,\cdots,n$ 的插值多项式 $\varphi(x)=a_0+a_1 x+\cdots+a_n x^n$,则有

$$\begin{cases} a_0+a_1 x_0+\cdots+a_n x_0^n = f(x_0), \\ a_0+a_1 x_1+\cdots+a_n x_1^n = f(x_1), \\ \quad\cdots\cdots \\ a_0+a_1 x_n+\cdots+a_n x_n^n = f(x_n). \end{cases}$$

要证明插值多项式 $\varphi(x)$ 是唯一存在的,只要证明参数 a_i 是唯一存在的,即只要证明上述方程组以 $a_0, a_1, \cdots, a_n$ 为未知数时的解唯一. 为此,考察该方程组的系数行列式

$$V_n(x_0, x_1, \cdots, x_n) = \begin{vmatrix} 1 & x_0 & x_0^2 & \cdots & x_0^n \\ 1 & x_1 & x_1^2 & \cdots & x_1^n \\ \vdots & \vdots & \vdots & & \vdots \\ 1 & x_n & x_n^2 & \cdots & x_n^n \end{vmatrix}$$

4.2 Lagrange 插值技术

此为范德蒙德行列式,其值为

$$V_n(x_0,x_1,\cdots,x_n) = \prod_{i=1}^{n}\prod_{j=0}^{i-1}(x_i-x_j),$$

由于 $i\neq j$ 时, $x_i\neq x_j$,故所有因子 $x_i-x_j\neq 0$,于是 $V_n(x_0,x_1,\cdots,x_n)\neq 0$,即方程组有关于 $a_0,a_1,\cdots,a_n$ 的唯一解,所以插值多项式 $\varphi(x)$ 是唯一存在的.

下面我们开始介绍 Lagrange 插值技术的具体做法.首先从最简单的 $n=1$ 时的线性插值谈起.

4.2.1 线性插值(一次插值)

当 $n=1$ 时,即给定两个插值点 $(x_0,f(x_0)),(x_1,f(x_1))$,其中 $x_0\neq x_1$,要求一个一次多项式通过这已知两点.其几何意义是已知平面上两点,$(x_0,f(x_0)),(x_1,f(x_1))$,求一条直线通过该两点,所以此插值问题称为线性插值.

由直线的点斜式公式知

$$\varphi_1(x)=f(x_0)+\frac{f(x_1)-f(x_0)}{x_1-x_0}(x-x_0), \tag{4.1}$$

把(4.1)式按照 $f(x_0)$ 和 $f(x_1)$ 写成两项:

$$\varphi_1(x)=\frac{x-x_1}{x_0-x_1}f(x_0)+\frac{x-x_0}{x_1-x_0}f(x_1). \tag{4.2}$$

记

$$l_0(x)=\frac{x-x_1}{x_0-x_1}, \quad l_1(x)=\frac{x-x_0}{x_1-x_0},$$

称 $l_0(x),l_1(x)$ 为插值基函数,该基函数有如下特点:

$$l_i(x_j)=\begin{cases}1, & i=j,\\ 0, & i\neq j.\end{cases}$$

所以,我们有

$$\varphi_1(x)=f(x_0)l_0(x)+f(x_1)l_1(x),$$

此形式称为 Lagrange 插值多项式.其中,插值基函数与 $f(x_0),f(x_1)$ 无关,而是由插值节点 x_0,x_1 所决定.一次插值多项式就是插值函数的线性组合,相应的组合系数是该点的函数值.

例 4.1 已知 $\lg 10=1, \lg 20=1.3010$,利用 Lagrange 线性插值求 $\lg 12$ 的近似值.

解 由题意知, $f(x)=\lg x, x_0=10, x_1=20, f(x_0)=1, f(x_1)=1.3010$.插值基函数为

$$l_0(x)=\frac{x-x_1}{x_0-x_1}=\frac{x-20}{10-20}=\frac{1}{10}(x-20),$$

$$l_1(x)=\frac{x-x_0}{x_1-x_0}=\frac{1}{10}(x-10).$$

于是,Lagrange 线性插值多项式为

$$\varphi_1(x)=-\frac{1}{10}(x-20)+\frac{1.3010}{10}(x-10).$$

所以,

$$\varphi_1(12)=-\frac{1}{10}(12-20)+\frac{1.3010}{10}(12-10)=1.0602.$$

与精确值 lg12=1.0792 相比,误差 $R_1=1.0792-1.0602=0.019$.

4.2.2 二次插值

当 $n=2$ 时,即给定三个插值点 $(x_0,f(x_0)),(x_1,f(x_1)),(x_2,f(x_2))$,其中 $x_0\neq x_1\neq x_2$,要求一个二次多项式 $\varphi_2(x)$ 通过这三点. 其几何意义是已知平面上三点 $(x_0,f(x_0)),(x_1,f(x_1)),(x_2,f(x_2))$,求一条抛物线通过已知三点.

仿照线性插值的 Lagrange 插值形式,即用插值基函数的方法构造插值多项式. 设

$$\varphi_2(x)=l_0(x)f(x_0)+l_1(x)f(x_1)+l_2(x)f(x_2),$$

每个基函数 $l_i(x)$ 是一个二次函数.

对 $l_0(x)$ 来说,要求 x_1,x_2 是它的零点,所以,可设 $l_0(x)=A(x-x_1)(x-x_2)$,同理 $l_1(x),l_2(x)$ 也有相对应的形式,故

$$\varphi_2(x)=A(x-x_1)(x-x_2)f(x_0)+B(x-x_0)(x-x_2)f(x_1)+C(x-x_0)(x-x_1)f(x_2). \tag{4.3}$$

因为 $\varphi(x_0)=f(x_0),\varphi(x_1)=f(x_1),\varphi(x_2)=f(x_2)$,所以将 x_0,x_1,x_2 分别带入 (4.3)式得到

$$A=\frac{1}{(x_0-x_1)(x_0-x_2)},\quad B=\frac{1}{(x_1-x_0)(x_1-x_2)},\quad C=\frac{1}{(x_2-x_0)(x_2-x_1)}.$$

于是插值基函数为

$$l_0(x)=\frac{(x-x_1)(x-x_2)}{(x_0-x_1)(x_0-x_2)},$$

$$l_1(x)=\frac{(x-x_0)(x-x_2)}{(x_1-x_0)(x_1-x_2)},$$

$$l_2(x)=\frac{(x-x_0)(x-x_1)}{(x_2-x_0)(x_2-x_1)},$$

二次 Lagrange 插值多项式 $\varphi_2(x)$ 为

$$\varphi_2(x) = f(x_0)l_0(x) + f(x_1)l_1(x) + f(x_2)l_2(x) = \sum_{i=0}^{2} f(x_i)l_i(x).$$

易验证,二次插值基函数仍满足特性

$$l_i(x_j) = \begin{cases} 1, & i=j, \\ 0, & i \neq j. \end{cases}$$

例 4.2 已知 $\lg 10 = 1, \lg 15 = 1.1761, \lg 20 = 1.3010$,利用 Lagrange 二次插值求 $\lg 12$ 的近似值.

解 由题意 $x_0 = 10, x_1 = 15, x_2 = 20$. 插值基函数为

$$l_0(x) = \frac{(x-x_0)(x-x_2)}{(x_0-x_1)(x_0-x_2)} = \frac{(x-15)(x-20)}{(10-15)(10-20)} = \frac{1}{50}(x-15)(x-20),$$

$$l_1(x) = \frac{(x-x_0)(x-x_2)}{(x_1-x_0)(x_1-x_2)} = \frac{(x-10)(x-20)}{(15-10)(15-20)} = \frac{1}{25}(x-10)(x-20),$$

$$l_2(x) = \frac{(x-x_0)(x-x_1)}{(x_2-x_0)(x_2-x_1)} = \frac{(x-10)(x-15)}{(20-10)(20-15)} = \frac{1}{50}(x-10)(x-15),$$

所以,

$$\varphi_2(x) = \frac{1}{50}(x-15)(x-20) - \frac{1.1761}{25}(x-10)(x-20) + \frac{1.3010}{50}(x-10)(x-15).$$

故

$$\begin{aligned}\varphi_2(12) &= \frac{1}{50}(12-15)(12-20) - \frac{1.1761}{25}(12-10)(12-20) \\ &\quad + \frac{1.3010}{50}(12-10)(12-15) \\ &= 1.0766.\end{aligned}$$

与精确值 $\lg 12 = 1.0792$ 相比,误差 $R_2 = 1.0792 - 1.0766 = 0.0026$, R_2 与例 4.1 中的 $R_1 = 0.019$ 相比明显减小,所以二次插值的精度比线性插值明显提高了.

4.2.3 n 次插值多项式及误差

对于一般情形下的 n,即给定 $n+1$ 个插值点 $(x_0, f(x_0)), (x_1, f(x_1)), \cdots, (x_n, f(x_n))$,其中 $x_0, x_1, \cdots, x_n$ 互不相同,要求一个 n 次多项式 $\varphi(x)$ 通过这 $n+1$ 点.

仿照线性插值和二次插值多项式的 Lagrange 形式,根据插值基函数构造 n 次 Lagrange 插值多项式. 对于 $n+1$ 个插值点 $(x_i, f(x_i)), i=0,1,\cdots,n$,由 n 次插值多项式的唯一性,可对每个插值节点 x_i 作出相应的插值基函数 $l_i(x)$,要求 $x_0, x_1, \cdots, x_{i-1}, x_{i+1}, \cdots, x_n$ 是 $l_i(x)$ 的零点,因此可设

$$l_i(x) = a_i(x-x_0)(x-x_1)\cdots(x-x_{i-1})(x-x_{i+1})\cdots(x-x_n),$$

由 $l_i(x_i) = 1$,将 $x = x_i$ 代入 $l_i(x)$ 得到

$$a_i = \frac{1}{(x_i-x_0)(x_i-x_1)\cdots(x_i-x_{i-1})(x_i-x_{i+1})\cdots(x_i-x_n)}.$$

故

$$l_i(x) = \frac{(x-x_0)(x-x_1)\cdots(x-x_{i-1})(x-x_{i+1})\cdots(x-x_n)}{(x_i-x_0)(x_i-x_1)\cdots(x_i-x_{i-1})(x_i-x_{i+1})\cdots(x_i-x_n)}.$$

所以

$$\varphi_n(x) = \sum_{i=0}^{n} f(x_i) l_i(x).$$

容易验证,$\varphi_n(x_i) = f(x_i)$, $i=0,1,\cdots,n$,故 $\varphi_n(x)$ 就是关于 $x_0, x_1, \cdots, x_n$ 的 Lagrange 插值多项式.

下面我们简要地对 Lagrange 插值方法的误差进行分析,为此我们不加证明地给出下面的定理.

定理 4.1 设 $\varphi_n(x)$ 是 $[a,b]$ 上过点 $(x_i, f(x_i))$, $i=0,1,\cdots,n$ 的 n 次 Lagrange 插值多项式,$x_i \in [a,b]$,x_i 互不相同. 又设 $f(x)$ 的 n 阶导数 $f^{(n)}(x)$ 在 $[a,b]$ 上连续,$n+1$ 阶导数 $f^{(n+1)}(x)$ 在 (a,b) 上存在,则插值多项式的误差

$$R_n(x) = f(x) - \varphi_n(x) = \frac{f^{(n+1)}(\xi)}{(n+1)!}(x-x_0)(x-x_1)\cdots(x-x_n),$$

其中,$\xi \in (a,b)$,ξ 依赖于 x.

例 4.3 求过 $(-2,17), (0,1), (1,2), (2,17)$ 的 Lagrange 插值多项式,并计算 $f(0.6)$.

解 由题意有 $x_0=-2, x_1=0, x_2=1, x_3=2$. 插值基函数为

$$l_0(x) = \frac{(x-x_1)(x-x_2)(x-x_3)}{(x_0-x_1)(x_0-x_2)(x_0-x_3)} = -\frac{1}{24}x(x-1)(x-2),$$

$$l_1(x) = \frac{(x-x_0)(x-x_2)(x-x_3)}{(x_1-x_0)(x_1-x_2)(x_1-x_3)} = -\frac{1}{4}(x+2)(x-1)(x-2),$$

$$l_2(x) = \frac{(x-x_0)(x-x_1)(x-x_3)}{(x_2-x_0)(x_2-x_1)(x_2-x_3)} = -\frac{1}{3}(x+2)x(x-2),$$

$$l_3(x) = \frac{(x-x_0)(x-x_1)(x-x_2)}{(x_3-x_0)(x_3-x_1)(x_3-x_2)} = \frac{1}{8}(x+2)x(x-1),$$

所以 Lagrange 插值多项式为

$$\varphi_3(x) = -\frac{17}{24}x(x-1)(x-2) + \frac{1}{4}(x-1)(x-2)(x+2)$$
$$-\frac{2}{3}x(x-2)(x+2) + \frac{17}{8}x(x-1)(x+2).$$

因此,$f(0.6) \approx \varphi_3(0.6) = -0.472$.

例 4.4 要制作三角函数 $\sin x$ 的函数值表,要求用线性插值引起的误差不超过 $\frac{1}{2}\times 10^{-4}$,试决定该函数表允许的最大步长,即相邻 x 的间距.

解 设对 $[x_i,x_{i+1}]$ 之间的某 x 用线性插值方法求 $\sin x$,且记步长 $x_{i+1}-x_i=h$,则

$$|R(x)|=\left|\frac{f''(\xi)}{2!}(x-x_{i+1})(x-x_i)\right|=\left|\frac{\sin(\xi)}{2!}(x-x_{i+1})(x-x_i)\right|$$

$$\leqslant \frac{1}{2}|(x-x_{i+1})(x-x_i)|\leqslant \frac{1}{2}\left|\left(\frac{x_{i+1}+x_i}{2}-x_{i+1}\right)\left(\frac{x_{i+1}+x_i}{2}-x_i\right)\right|$$

$$=\frac{1}{8}|(x_{i+1}-x_i)(x_i-x_{i+1})|=\frac{h^2}{8}<\frac{1}{2}\times 10^{-4}.$$

所以,$h\leqslant 0.02$.

4.3 Newton 插值技术

Lagrange 插值多项式计算技术的优点是很明显的:它简单易行,形式整齐直观,具有对称性,便于我们理解和记忆.但是它也有明显的缺点:在增加节点时,原有已计算的插值多项式不能被利用,这是因为在插值基函数 $l_k(x)$ 的表达式中,包含了所有插值节点 $x_i(i=0,1,\cdots,n)$,因此在进行节点修改时,必须全部计算,造成计算时间的浪费.本节介绍一种新的插值方法:Newton 插值技术,它在每增加一个节点时,只需在原有插值公式的基础上增加一项.首先我们大致看一看 Newton 方法的思路.

Newton 插值技术可以看成是直线方程点斜式的直接推广.若从直线方程点斜式

$$\varphi_1(x)=f(x_0)+\frac{f(x_1)-f(x_0)}{x_1-x_0}(x-x_0)$$

出发,将它推广到具有 $n+1$ 个插值点的情况,可把插值多项式表示为

$$\varphi_n(x)=a_0+a_1(x-x_0)+a_2(x-x_0)(x-x_1)+\cdots+a_n(x-x_0)(x-x_1)\cdots(x-x_{n-1}),$$

其中 $a_0,a_1,\cdots,a_n$ 为待定系数.由插值条件 $\varphi(x_i)=f(x_i),i=0,1,\cdots,n$,得

$$\begin{cases}\varphi(x_0)=a_0=f(x_0),\\ \varphi(x_1)=a_0+a_1(x_1-x_0)=f(x_1),\\ \varphi(x_2)=a_0+a_1(x_1-x_0)+a_2(x_2-x_0)(x_2-x_1)=f(x_2),\\ \cdots\cdots\end{cases}$$

从而解得

$$\begin{cases} a_0 = f(x_0), \\ a_1 = \dfrac{f(x_1)-f(x_0)}{x_1-x_0}, \\ a_2 = \dfrac{\dfrac{f(x_2)-f(x_0)}{x_2-x_0}-\dfrac{f(x_1)-f(x_0)}{x_1-x_0}}{x_2-x_1}, \\ \cdots\cdots \end{cases}$$

为写出 a_k 的一般表达式,现引入差商的概念.

4.3.1 差商及其计算

称
$$f[x_0,x_1]=\dfrac{f(x_1)-f(x_0)}{x_1-x_0}$$
为函数 $f(x)$ 关于节点 x_0,x_1 的**一阶差商**,而称
$$f[x_0,x_1,x_2]=\dfrac{f[x_1,x_2]-f[x_0,x_1]}{x_2-x_0}$$
为函数 $f(x)$ 关于节点 x_0,x_1,x_2 的**二阶差商**(表 4-2).

表 4-2

x_i	$f(x_i)$	一阶差商	二阶差商	三阶差商	$\cdots$
x_0	$f(x_0)$				
x_1	$f(x_1)$	$f[x_0,x_1]$			
x_2	$f(x_2)$	$f[x_1,x_2]$	$f[x_0,x_1,x_2]$		
x_3	$f(x_3)$	$f[x_2,x_3]$	$f[x_1,x_2,x_3]$	$f[x_0,x_1,x_2,x_3]$	
$\vdots$	$\vdots$	$\vdots$	$\vdots$	$\vdots$	$\vdots$

利用递归关系,我们用 f 的 $k-1$ 阶差商来定义 f 关于节点 $x_0,x_1,\cdots,x_k$ 的 k 阶差商为
$$f[x_0,x_1,\cdots,x_k]=\dfrac{f[x_1,x_2,\cdots,x_k]-f[x_0,x_1,\cdots,x_{k-1}]}{x_k-x_0}.$$

差商有很多的性质,我们列出其中的几条.

性质 4.1 k 阶差商 $f[x_0,x_1,\cdots,x_k]$ 是函数值 $f(x_0),f(x_1),\cdots,f(x_k)$ 的线性组合,即
$$f[x_0,x_1,\cdots,x_k]=\sum_{i=0}^{k}\dfrac{1}{(x_i-x_0)\cdots(x_i-x_{i-1})(x_i-x_{i+1})\cdots(x_i-x_k)}f(x_i).$$
(4.4)

性质 4.1 可用数学归纳法证明. 例如

$$f[x_0,x_1]=\frac{f(x_1)-f(x_0)}{x_1-x_0}=\frac{1}{x_0-x_1}f(x_0)+\frac{1}{x_1-x_0}f(x_1),$$

$$f[x_0,x_1,x_2]=\frac{f[x_1,x_2]-f[x_0,x_1]}{x_2-x_0}=\frac{1}{(x_0-x_1)(x_0-x_2)}f(x_0)$$
$$+\frac{1}{(x_1-x_0)(x_1-x_2)}f(x_1)+\frac{1}{(x_2-x_0)(x_2-x_1)}f(x_2).$$

由性质 4.1 的(4.4)式,不难推出如下的性质 4.2.

性质 4.2 若 $i_0,i_1,\cdots,i_k$ 是 $0,1,\cdots,k$ 的任一排列,则

$$f[x_0,x_1,\cdots,x_k]=f[x_{i_0},x_{i_1},\cdots,x_{i_k}].$$

该性质表明差商的值只与节点有关,而与节点的顺序无关,这称为**差商的对称性**.

性质 4.3 若 $f(x)$ 是 x 的 n 次多项式,则一阶差商 $f[x_0,x]$ 是 x 的 $n-1$ 次多项式,二阶差商 $f[x_0,x_1,x]$ 是 x 的 $n-2$ 次多项式. 推而广之,k 阶差商 $f[x_0,x_1,\cdots,x_{k-1},x]$ 是 x 的 $n-k$ 次多项式.

利用差商的定义,可以用递推方法按表 4-2 的形式来计算差商.

例 4.5 已知 $f(-2)=-56,f(-1)=-16,f(0)=-2,f(1)=-2,f(3)=4$,试列表计算 $f(x)$ 的一至四阶差商.

解 构造差商表计算如下(表 4-3).

表 4-3

x_i	$f(x_i)$	一阶差商	二阶差商	三阶差商	四阶差商
-2	-56				
-1	-16	40			
0	-2	14	-13		
1	-2	0	-7	2	
3	4	3	1	2	0

4.3.2 Newton 插值公式

根据差商的定义,对于 $x\in[a,b]$,有

$$\begin{cases} f(x)=f(x_0)+f[x,x_0](x-x_0), \\ f[x,x_0]=f[x_0,x_1]+f[x,x_0,x_1](x-x_1), \\ f[x,x_0,x_1]=f[x_0,x_1,x_2]+f[x,x_0,x_1,x_2](x-x_2), \\ \quad\quad\cdots\cdots \\ f[x,x_0,\cdots,x_{n-1}]=f[x_0,x_1,\cdots,x_n]+f[x,x_0,\cdots,x_n](x-x_n), \end{cases}$$

将后一式代入前一式,得

$$f(x)=f(x_0)+f[x_0,x_1](x-x_0)+f[x_0,x_1,x_2](x-x_0)(x-x_1)+\cdots$$
$$+f[x_0,x_1,\cdots,x_n](x-x_0)(x-x_1)\cdots(x-x_{n-1})$$
$$+f[x,x_0,x_1,\cdots,x_n](x-x_0)(x-x_1)\cdots(x-x_n).$$

最后一项中,差商部分含有 x,为余项部分,记作
$$R_n(x)=f[x,x_0,x_1,\cdots,x_n](x-x_0)(x-x_1)\cdots(x-x_n),$$
而前面的 $n+1$ 项,都是关于 x 的多项式,记作
$$N_n(x)=f(x_0)+f[x_0,x_1](x-x_0)+f[x_0,x_1,x_2](x-x_0)(x-x_1)+\cdots$$
$$+f[x_0,x_1,\cdots,x_n](x-x_0)(x-x_1)\cdots(x-x_{n-1}),$$
称 $N_n(x)$ 是过 $n+1$ 个插值点的 n 阶 Newton 插值多项式,$R_n(x)$ 为 Newton 插值多项式的误差.

由插值多项式的唯一存在性得出 Lagrange 插值多项式 $\varphi_n(x)$ 和 Newton 插值多项式 $N_n(x)$ 是完全相同的,它们是同一插值多项式的不同表达式而已.

例 4.6 已知 $f(-2)=-56, f(-1)=-16, f(0)=-2, f(1)=-2, f(3)=4$,求满足这些条件的 $f(x)$ 的 Newton 插值多项式.

解 在例 4.5 中,我们已计算出
$$f[x_0,x_1]=40,\quad f[x_0,x_1,x_2]=-13,$$
$$f[x_0,x_1,x_2,x_3]=2,\quad f[x_0,x_1,x_2,x_3,x_4]=0,$$
则 $f(x)$ 的 Newton 插值多项式为
$$N_4(x)=-56+40(x+2)-13(x+2)(x+1)+2(x+2)(x+1)x.$$

注意 $N_4(x)$ 是一个三次多项式,它不一定必须是一个四次多项式.一般来讲,$N_n(x)$ 是一个不超过 n 次的多项式,不必只是 n 次的多项式.

例 4.7 给定如下插值点的值:$(-2,17),(0,1),(1,2),(2,19)$,试构造 Newton 插值多项式,并计算 $N_2(0.9), N_3(0.9)$.

解 构造差商表计算如下(表 4-4).所以

表 4-4

x_i	$f(x_i)$	一阶差商	二阶差商	三阶差商
-2	17			
0	1	-8		
1	2	1	3	
2	19	17	8	1.25

$$N_2(x)=f(x_0)+f[x_0,x_1](x-x_0)+f[x_0,x_1,x_2](x-x_0)(x-x_1)$$
$$=17-8(x+2)+3(x+2)x,$$
故
$$N_2(0.9)=17-8(0.9+2)+3(0.9+2)0.9=1.63.$$
$$N_3(x)=N_2(x)+f[x_0,x_1,x_2,x_3](x-x_0)(x-x_1)(x-x_2)$$
$$=17-8(x+2)+3(x+2)x+1.25x(x+2)(x-1),$$

4.4　Hermite 插值技术

故 $N_3(0.9) = N_2(0.9) + 1.25 \times 0.9 \times 2.9 \times (-0.1) = 1.304$.

在计算机上实现 Newton 插值方法,可以仿照例 4.7 的做法,首先计算出差商表,然后利用从 $N_m(x)$ 到 $N_{m+1}(x)$ 的关系,通过递推的方法得出所需的 Newton 插值多项式.

4.4　Hermite 插值技术

不少实际问题中不但要求插值函数与被插函数在插值节点上函数值相等,而且还要求它们的导数值相等.满足这种要求的插值多项式称为 Hermite 插值多项式.本节里,我们讨论函数值与导数值个数相等时的 Hermite 插值.设插值节点为 $x_0 < x_1 < \cdots < x_n$,要求 Hermite 插值多项式 $H(x)$ 满足条件

$$H(x_i) = f(x_i), \quad i = 0, 1, \cdots, n,$$
$$H'(x_i) = f'(x_i), \quad i = 0, 1, \cdots, n.$$

这里给出了 $2n+2$ 个条件,可唯一确定一个次数不超过 $2n+1$ 的多项式,所以常把通过 $n+1$ 个插值点的 Hermite 插值多项式 $H(x)$ 记为 $H_{2n+1}(x)$.

如何得出 $H_{2n+1}(x)$ 的一般表达式呢? 我们先分析 $n=1$ 时的最简单情形.

4.4.1　两点 Hermite 插值问题

当 $n=1$ 时,即考虑两个插值节点.设 $a \leqslant x_0 < x_1 \leqslant b$,$f(x)$ 在 $[a,b]$ 上具有一阶连续导数,且已知

$$f(x_0) = y_0, \quad f(x_1) = y_1, \quad f'(x_0) = m_0, \quad f'(x_1) = m_1.$$

要求一个三次多项式 $H_3(x)$,

$$H_3(x) = a_0 + a_1 x + a_2 x^2 + a_3 x^3, \tag{4.5}$$

使其满足条件

$$H_3(x_0) = y_0, \quad H_3(x_1) = y_1, \quad H_3'(x_0) = m_0, \quad H_3'(x_1) = m_1.$$

这就是两点 Hermite 插值问题.

首先我们讨论 Hermite 插值多项式存在的唯一性.将插值条件代入(4.5)式,得到关于 a_0, a_1, a_2, a_3 的线性方程组:

$$\begin{cases} a_0 + a_1 x_0 + a_2 x_0^2 + a_3 x_0^3 = y_0, \\ a_0 + a_1 x_1 + a_2 x_1^2 + a_3 x_1^3 = y_1, \\ a_1 + 2 a_2 x_0 + 3 a_3 x_0^2 = m_0, \\ a_1 + 2 a_2 x_1 + 3 a_3 x_1^2 = m_1. \end{cases}$$

要证明 Hermite 插值多项式是唯一存在的,即要证明 a_0, a_1, a_2, a_3 的唯一存在性.

为此考察上述方程组的系数行列式.因为

$$\begin{vmatrix} 1 & x_0 & x_0^2 & x_0^3 \\ 1 & x_1 & x_1^2 & x_1^3 \\ 0 & 1 & 2x_0 & 3x_0^2 \\ 0 & 1 & 2x_1 & 3x_1^2 \end{vmatrix} = -(x_0-x_1)^4 \neq 0,$$

所以方程组有唯一解,即两点 Hermite 插值多项式 $H_3(x)$ 是唯一存在的.

仿照 Lagrange 插值多项式的构造方法,欲通过插值基函数求出 $H_3(x)$. 为此,设

$$H_3(x) = \alpha_0(x)y_0 + \alpha_1(x)y_1 + \beta_0(x)m_0 + \beta_1(x)m_1.$$

由插值条件可假定 $\alpha_0(x)$ 满足

$$\alpha_0(x_0)=1, \quad \alpha_0(x_1)=0, \quad \alpha_0'(x_0)=0, \quad \alpha_0'(x_1)=0,$$

因此对 $\alpha_0(x)$ 来说,其至多是三次多项式,x_1 是它的二重根,所以可设

$$\alpha_0(x) = (a+bx)\left(\frac{x-x_1}{x_0-x_1}\right)^2 = (a+bx)l_0^2(x).$$

利用

$$\alpha_0(x_0) = a+bx_0 = 1,$$
$$\alpha_0'(x_0) = bl_0^2(x_0) + 2(a+bx_0)l_0(x_0)l_0'(x_0) = 0,$$

解得

$$\alpha_0(x) = \left(1 - 2\frac{x-x_0}{x_0-x_1}\right)\left(\frac{x-x_1}{x_0-x_1}\right)^2.$$

同理,可得

$$\alpha_1(x) = \left(1 - 2\frac{x-x_1}{x_1-x_0}\right)\left(\frac{x-x_0}{x_1-x_0}\right)^2.$$

由

$$\beta_0(x_0)=0, \quad \beta_0(x_1)=0, \quad \beta_0'(x_0)=1, \quad \beta_0'(x_1)=0,$$

可设

$$\beta_0(x) = c(x-x_0)l_0^2(x).$$

因 $\beta_0'(x_0)=1$,所以可算出 $c=1$,因此有

$$\beta_0(x) = (x-x_0)l_0^2(x).$$

同理,有

$$\beta_1(x) = (x-x_1)l_1^2(x).$$

综上所述,以 x_0, x_1 为插值节点的 Hermite 插值多项式 $H_3(x)$ 为

$$H_3(x) = \left(1-2\frac{x-x_0}{x_0-x_1}\right)l_0^2(x)f(x_0) + \left(1-2\frac{x-x_1}{x_1-x_0}\right)l_1^2(x)f(x_1)$$
$$+ (x-x_0)l_0^2(x)f'(x_0) + (x-x_1)l_1^2(x)f'(x_1). \tag{4.6}$$

4.4.2 $n+1$ 个节点的 Hermite 插值多项式

同样仿照 Lagrange 插值多项式的构造方法,可以推出 $n+1$ 个节点的 Hermite 插值多项式 H_{2n+1} 的表达式. 设 $a \leqslant x_0 < x_1 < \cdots < x_n \leqslant b$, 满足条件

$$H_{2n+1}(x_i) = f(x_i), \quad i = 0, 1, \cdots, n,$$
$$H'_{2n+1}(x_i) = f'(x_i), \quad i = 0, 1, \cdots, n$$

的 Hermite 插值多项式 $H_{2n+1}(x)$ 为

$$H_{2n+1}(x) = \sum_{i=0}^{n} \alpha_i(x) f(x_i) + \sum_{i=0}^{n} \beta_i(x) f'(x_i),$$

其中,

$$\alpha_i(x) = \left[1 - 2(x - x_i) \sum_{j=0, j \neq i}^{n} \frac{1}{x_i - x_j}\right] l_i^2(x),$$
$$\beta_i(x) = (x - x_i) l_i^2(x),$$

$l_i(x)$ 为关于节点 $x_i, i = 0, 1, \cdots, n$ 的 Lagrange 基函数. 此时的插值误差为

$$R(x) = f(x) - H_{2n+1}(x) = \frac{f^{(2n+2)}(\xi)}{(2n+2)!}(x - x_0)^2 (x - x_1)^2 \cdots (x - x_n)^2, \xi \in [a, b].$$

例 4.8 已知 $f(-1) = 0, f(1) = 4, f'(-1) = 2, f'(1) = 0$, 求满足这些条件的 $f(x)$ 的 Hermite 插值多项式.

解 因为

$$H_3(x) = \alpha_0(x) \cdot 0 + \alpha_1(x) \cdot 4 + \beta_0(x) \cdot 2 + \beta_1(x) \cdot 0$$
$$= 4\alpha_1(x) + 2\beta_0(x),$$
$$\alpha_1(x) = \left(1 - \frac{2(x-1)}{1+1}\right)\left(\frac{x-(-1)}{1-(-1)}\right)^2 = \frac{1}{4}(2-x)(x+1)^2,$$
$$\beta_0(x) = [x - (-1)]\left(\frac{x-1}{-1-1}\right)^2 = \frac{1}{4}(x+1)(x-1)^2,$$

所以

$$H_3(x) = (2-x)(x+1)^2 + \frac{1}{2}(x+1)(x-1)^2,$$
$$f(0.5) \approx H_3(0.5) = 3.5625.$$

例 4.9 已知 $f(0) = 0, f(1) = 1, f(2) = 1, f'(0) = 0, f'(1) = 1$, 求满足这些条件的 $f(x)$ 的 Hermite 插值多项式.

解 这是本节中未谈到的函数值与导数值个数不相等的例子. 由于有 5 个条件,应设 Hermite 多项式为 4 次,又因为 0 是二重根,故可设

$$H_4(x) = x^2(ax^2 + bx + c).$$

现代入插值条件 $H_4(1) = 1, H_4(2) = 1, H'_4(1) = 1$, 得方程组

$$\begin{cases} a+b+c=1, \\ 16a+8b+4c=1, \\ 4a+3b+2c=1. \end{cases}$$

解得 $a=\dfrac{1}{4}, b=-\dfrac{3}{2}, c=\dfrac{9}{4}$. 故所求的 Hermite 插值多项式为

$$H_4(x)=x^2\left(\dfrac{x^2}{4}-\dfrac{3}{2}x+\dfrac{9}{4}\right)=\dfrac{x^2}{4}(x-3)^2.$$

4.5 分段插值技术

4.5.1 分段插值的 Runge 现象

在构造插值多项式 $\varphi_n(x)$ 去近似 $f(x)$ 时,一般认为插值点个数取得越多, $\varphi_n(x)$ 就越接近 $f(x)$. 但事实上并非总是如此,就存在这样的反例:当 $n\to\infty$ 时, $\varphi_n(x)$ 并不收敛于 $f(x)$. 20 世纪初,德国数学家 Runge 给出了一个例子,取

$$f(x)=\dfrac{1}{1+x^2}$$

在 $[-5,5]$ 上的 n 次等距节点插值多项式 $L_n(x)$. 当 $n\to\infty$ 时, $L_n(x)$ 只在 $|x|\leqslant 3.63$ 的范围内收敛,而在这个区间之外, $L_n(x)$ 是发散的,如图 4-1 所示. 在某些点上, $L_n(x)$ 和 $f(x)$ 相差非常大,例如, $L_{10}(4.8)=1.8044$,而 $f(4.8)=0.0416$.

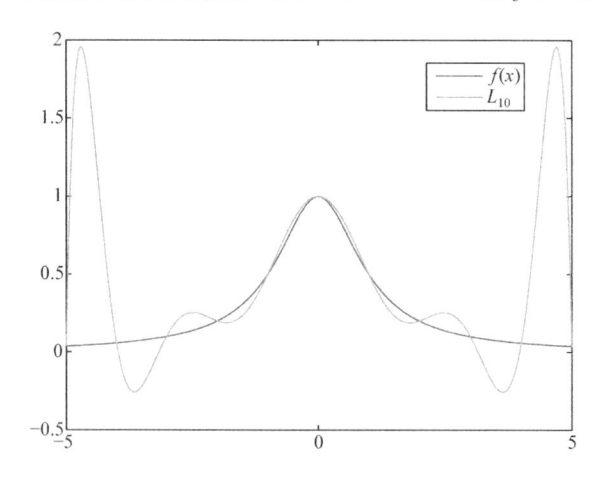

图 4-1 多项式插值的 Runge 现象

这种随着插值点的增加,插值函数的次数相应增加,从而插值函数发生剧烈振荡,与被插函数误差很大的现象称为 Runge 现象. 为了既要增加插值点,以减小误

差,又不增加插值多项式的次数的目的,我们可以采用分段插值技术.所谓的分段插值技术,就是把整个区间分成若干个小区间,在每个小区间上用次数较低的多项式进行插值,再将所有区间插值多项式拼在一起的方法.

4.5.2 分段线性插值

分段线性插值就是将插值点用直线段连接起来逼近 $f(x)$. 插值节点 x_0, $x_1,\cdots,x_n$ 将区间 $[a,b]$:
$$a=x_0<x_1<\cdots<x_n=b$$
分成了一段一段的小区间 $[x_i,x_{i+1}]$,在每个小区间 $[x_i,x_{i+1}]$ 上,我们作以 x_i,x_{i+1} 为插值节点的 Lagrange 线性插值,记为 $\psi_i(x)$,则

$$\psi_i(x)=\frac{x-x_{i+1}}{x_i-x_{i+1}}f(x_i)+\frac{x-x_i}{x_{i+1}-x_i}f(x_{i+1}), \tag{4.7}$$

然后将每个区间上的线性函数 $\psi_i(x)$ 连接起来,就得到以 $x_0,x_1,\cdots,x_n$ 为插值节点的 $f(x)$ 的插值函数 $\psi(x)$.

当 n 逐渐增大时,分段插值函数 $\psi(x)$ 将收敛于被插函数 $f(x)$. 事实上,由 Lagrange 线性插值的误差公式得

$$f(x)-\psi(x)=f(x)-\psi_i(x)=\frac{f^{(2)}(\xi)}{2!}(x-x_i)(x-x_{i+1}), \quad x_i\leqslant x\leqslant x_{i+1},$$

所以

$$|f(x)-\psi(x)|\leqslant\frac{M}{8}(x_{i+1}-x_i)^2, \tag{4.8}$$

其中,$M=\max|f''(x)|,a\leqslant x\leqslant b$.

故当 $n\to\infty$ 时,每个小区间的长度 $x_{i+1}-x_i$ 趋于 0,所以由(4.8)式可知 $\psi(x)$ 收敛到 $f(x)$. 当然,这里简要的证明里假定了 M 的存在,事实上可以在较弱的只有 $f(x)$ 连续的条件下证明 $\psi(x)$ 收敛到 $f(x)$.

例 4.10 给定如下插值点的值:$(-2,17),(0,1),(1,2),(2,19)$,试作分段线性插值函数计算 $f(0.9)$ 和 $f(1.5)$.

解 由题意 $x_0=-2,x_1=0,x_2=1,x_3=2$. 在 $[x_i,x_{i+1}],i=0,1,2$ 上,分段线性插值函数根据(4.7)式为

$$\psi(x)=\psi_i(x)=\frac{x-x_{i+1}}{x_i-x_{i+1}}f(x_i)+\frac{x-x_i}{x_{i+1}-x_i}f(x_{i+1}).$$

所以,

$$f(0.9)\approx\psi_1(0.9)=\frac{0.9-1}{0-1}\times 1+\frac{0.9-0}{1-0}\times 2=1.9,$$

$$f(1.5)\approx\psi_2(1.5)=\frac{1.5-2}{1-2}\times 2+\frac{1.5-1}{2-1}\times 19=10.5.$$

4.6 三次样条插值技术

分段低次插值计算简单,不发生 Runge 现象,可以较好地逼近被插函数,但其光滑度较差,这远不能满足实践应用的需要.对于像飞机机翼外形设计、内燃机的凸轮设计、船体外形设计等领域,往往要求插值曲线有二阶光滑度,即具有二阶连续导数.早期设计人员制图时,常把有弹性的木条或钢条(称之为样条)固定在插值样点上,让其余部分自然弯曲,然后画下样条的曲线,称为**样条函数**.它实际上是由分段的三次多项式并接而成,在插值节点处有连续的一阶和二阶导数.这就是在实践中广泛使用的三次样条插值函数.

4.6.1 三次样条插值函数

给定区间 $[a,b]$ 上 $n+1$ 个节点:
$$a=x_0<x_1<\cdots<x_n=b,$$
若函数 $S(x)\in C^2[a,b]$,在每个小区间 $[x_i,x_{i+1}]$,$i=0,1,\cdots,n-1$ 上是三次多项式,则称 $S(x)$ 是节点 $x_0,x_1,\cdots,x_n$ 上的**三次样条函数**.若在节点 $x_0,x_1,\cdots,x_n$ 上给定函数值 $f(x_0),f(x_1),\cdots,f(x_n)$,且有
$$S(x_i)=f(x_i)=y_i, \quad i=0,1,\cdots,n,$$
则称 $S(x)$ 为 $f(x)$ 的**三次样条插值函数**,称 $x_0,x_1,\cdots,x_n$ 为**样条节点**.

从三次样条插值函数 $S(x)$ 的定义知,要在每个小区间 $[x_i,x_{i+1}]$,$i=0,1,\cdots,n-1$ 上构造三次多项式
$$S(x)=a_ix^3+b_ix^2+c_ix+d_i,$$
共需确定 $4n$ 个系数.由插值条件 $S(x_i)=f(x_i)$,$i=0,1,\cdots,n$ 提供了 $n+1$ 个条件;根据 $S(x)$ 在 $[a,b]$ 上二阶导数连续,在节点 x_i,$i=1,2,\cdots,n-1$ 处应满足连续性条件
$$S(x_i+0)=S(x_i-0), \quad S'(x_i+0)=S'(x_i-0), \quad S''(x_i+0)=S''(x_i-0),$$
共有 $3n-3$ 个条件.因此,还需要两个额外的条件,就可以唯一确定三次样条插值函数 $S(x)$.

通常在区间 $[a,b]$ 的端点 $a=x_0$,$b=x_n$ 上再各附加一个条件,称为边界条件.引入记号 $M_i=S''(x_i)$,$m_i=S'(x_i)$,$i=0,1,\cdots,n$.常用的边界条件如下.

(1) 已知两端的二阶导数值,即
$$S''(x_0)=M_0, \quad S''(x_n)=M_n, \tag{4.9}$$
其特殊情形 $M_0=M_n=0$ 称为自然边界条件.

(2) 已知两端的一阶导数值,即
$$S'(x_0)=m_0, \quad S'(x_n)=m_n. \tag{4.10}$$

4.6.2 三次样条插值函数的求法

根据三次样条插值函数 $S(x)$ 满足的 $4n$ 个条件,就可以得到一个 $4n$ 阶的线性方程组,解此方程组就可以得到 $S(x)$ 在每个小区间 $[x_i,x_{i+1}]$ 上的三次多项式的系数,从而得出 $S(x)$. 但实际上,这种求 $S(x)$ 的方法很少被采用,当 n 较大时,解 $4n$ 阶方程组是很麻烦的. 这里,我们介绍一种简便的方法,称为 **M 关系式法**.

$S(x)$ 在小区间 $[x_i,x_{i+1}]$ 上的表达式是 $S_i(x)$,且记 $h_i=x_{i+1}-x_i$. 因 S_i 是一个三次多项式,所以 $S_i''(x)$ 在 $[x_i,x_{i+1}]$ 上是一次多项式,且 $S_i''(x_i)=M_i$,$S''(x_{i+1})=M_{i+1}$. 故有

$$S_i''(x)=\frac{x_{i+1}-x}{h_i}M_i+\frac{x-x_i}{h_i}M_{i+1}.$$

对 $S_i''(x)$ 积分两次得

$$S_i(x)=\frac{(x_{i+1}-x)^3}{6h_i}M_i+\frac{(x-x_i)^3}{6h_i}M_{i+1}+c_i(x_{i+1}-x)+d_i(x-x_i),$$

其中 c_i 和 d_i 由插值条件 $S_i(x_i)=y_i$,$S_i(x_{i+1})=y_{i+1}$ 确定. 所以,

$$S_i(x)=\frac{(x_{i+1}-x)^3}{6h_i}M_i+\frac{(x-x_i)^3}{6h_i}M_{i+1}+\left(y_i-\frac{M_i h_i^2}{6}\right)\frac{x_{i+1}-x}{h_i}$$
$$+\left(y_{i+1}-\frac{M_{i+1} h_i^2}{6}\right)\frac{x-x_i}{h_i}, \quad i=0,1,\cdots,n-1. \tag{4.11}$$

将(4.11)式求导得

$$S_i'(x)=-M_i\frac{(x_{i+1}-x)^2}{2h_i}+M_{i+1}\frac{(x-x_i)^2}{2h_i}+\frac{y_{i+1}-y_i}{h_i}-\frac{M_{i+1}-M_i}{6}h_i. \tag{4.12}$$

由(4.12)式可得

$$S_i'(x_i+0)=-\frac{h_i}{3}M_i-\frac{h_i}{6}M_{i+1}+\frac{y_{i+1}-y_i}{h_i}.$$

类似地,可以求出 $S(x)$ 在区间 $[x_{i-1},x_i]$ 上的表达式,从而得到

$$S_i'(x_i-0)=\frac{h_{i-1}}{6}M_{i-1}+\frac{h_{i-1}}{3}M_i+\frac{y_i-y_{i-1}}{h_{i-1}}.$$

利用 $S_i'(x_i+0)=S_i'(x_i-0)$ 得出

$$\mu_i M_{i-1}+2M_i+\lambda_i M_{i+1}=d_i, \quad i=1,2,\cdots,n-1, \tag{4.13}$$

其中

$$\lambda_i=\frac{h_i}{h_i+h_{i-1}}, \quad \mu_i=1-\lambda_i,$$

$$d_i=6\frac{f[x_i,x_{i+1}]-f[x_{i-1},x_i]}{h_i+h_{i-1}}=6f[x_{i-1},x_i,x_{i+1}].$$

(4.13)式称为**样条插值的 M 关系**,若再加上边界条件,便可解得 $M_i, i=0,1,\cdots,n$,即

(1) 在边界条件为(4.9)式时,即当 M_0, M_n 已知时,根据(4.13)式有

$$\begin{pmatrix} 2 & \lambda_1 & & & \\ \mu_2 & 2 & \lambda_2 & & \\ & \ddots & \ddots & \ddots & \\ & & \mu_{n-2} & 2 & \lambda_{n-2} \\ & & & \mu_{n-1} & 2 \end{pmatrix} \begin{pmatrix} M_1 \\ M_2 \\ \vdots \\ M_{n-2} \\ M_{n-1} \end{pmatrix} \begin{pmatrix} d_1 - \mu_1 M_0 \\ d_2 \\ \vdots \\ d_{n-2} \\ d_{n-1} - \lambda_{n-1} M_n \end{pmatrix}. \tag{4.14}$$

(2) 在边界条件为(4.10)式时,即 $S'(x_0)=m_0, S'(x_n)=m_n$,将这两式代入 $S'(x)$ 在 $[x_0, x_1], [x_{n-1}, x_n]$ 中的表达式,得到另外两个方程

$$2M_0 + M_1 = \frac{6}{h_0}(f[x_0, x_1] - m_0) \equiv d_0,$$

$$M_{n-1} + 2M_n = \frac{6}{h_{n-1}}(m_n - f[x_{n-1}, x_n]) \equiv d_n,$$

所以有

$$\begin{pmatrix} 2 & 1 & & & & \\ \mu_1 & 2 & \lambda_1 & & & \\ & \mu_2 & 2 & \lambda_2 & & \\ & & \ddots & \ddots & \ddots & \\ & & & \mu_{n-1} & 2 & \lambda_{n-2} \\ & & & & 1 & 2 \end{pmatrix} \begin{pmatrix} M_0 \\ M_1 \\ M_2 \\ \vdots \\ M_{n-1} \\ M_n \end{pmatrix} = \begin{pmatrix} d_0 \\ d_1 \\ d_2 \\ \vdots \\ d_{n-1} \\ d_n \end{pmatrix}. \tag{4.15}$$

例 4.11 给定在区间 $[1,5]$ 上的插值点:$f(1)=1, f(2)=3, f(4)=4, f(5)=2$,求满足自然边界条件的三次样条插值函数.

解 因 $M_0 = M_3 = 0$,所以由(4.14)式可知

$$\begin{pmatrix} 2 & \lambda_1 \\ \mu_2 & 2 \end{pmatrix} \begin{pmatrix} M_1 \\ M_2 \end{pmatrix} = \begin{pmatrix} d_1 \\ d_2 \end{pmatrix}.$$

由题意知,$x_0=1, x_1=2, x_2=4, x_3=5, h_0=x_1-x_0=1, h_1=x_2-x_1=2, h_2=x_3-x_2=1$. 所以

$$\lambda_1 = \frac{h_1}{h_1+h_0} = \frac{2}{2+1} = \frac{2}{3},$$

$$\mu_2 = 1 - \lambda_2 = 1 - \frac{h_2}{h_2+h_1} = 1 - \frac{1}{1+2} = \frac{2}{3},$$

$$d_1 = 6f[x_0, x_1, x_2] = 6\frac{\frac{f(x_2)-f(x_1)}{x_2-x_1} - \frac{f(x_1)-f(x_0)}{x_1-x_0}}{x_2-x_0} = -3,$$

$$d_2 = 6f[x_1, x_2, x_3] = 6\frac{\frac{f(x_3)-f(x_2)}{x_3-x_2} - \frac{f(x_2)-f(x_1)}{x_2-x_1}}{x_3-x_1} = -5,$$

将这些值代入方程组得

$$\begin{cases} 2M_1 + \frac{2}{3}M_2 = -3, \\ \frac{2}{3}M_1 + 2M_2 = -5, \end{cases}$$

解得

$$\begin{cases} M_1 = -\frac{3}{4}, \\ M_2 = -\frac{9}{4}. \end{cases}$$

所以根据(4.11)式有

$$S_0(x) = -\frac{1}{8}x^3 + \frac{3}{8}x^2 + \frac{7}{4}x - 1.$$

同理可得

$$S_1(x) = -\frac{1}{8}x^3 + \frac{3}{8}x^2 + \frac{7}{4}x - 1,$$

$$S_2(x) = \frac{3}{8}x^3 - \frac{45}{8}x^2 + \frac{103}{4}x - 33.$$

故三次样条插值函数 $S(x)$ 为

$$S(x) = \begin{cases} -\frac{1}{8}x^3 + \frac{3}{8}x^2 + \frac{7}{4}x - 1, & 1 \leqslant x \leqslant 2, \\ -\frac{1}{8}x^3 + \frac{3}{8}x^2 + \frac{7}{4}x - 1, & 2 \leqslant x \leqslant 4, \\ \frac{3}{8}x^3 - \frac{45}{8}x^2 + \frac{103}{4}x - 33, & 4 \leqslant x \leqslant 5. \end{cases}$$

4.7 最佳均方逼近技术

最佳均方逼近技术是函数逼近的一种常用技术.所谓的函数逼近是指对一个复杂的、不便于计算的函数 $f(x)$,求一个简单的便于计算的函数 $\varphi(x)$,使得 $f(x)$

与 $\varphi(x)$ 之差在某种度量标准下最小. 常用的度量标准有两种, 一种度量标准是
$$\|f(x)-\varphi(x)\|_\infty = \max_{a\leqslant x\leqslant b}|f(x)-\varphi(x)|,$$
在这种意义下的函数逼近称为一致逼近; 另一种度量标准是
$$\|f(x)-\varphi(x)\|_2 = \sqrt{\int_a^b [f(x)-\varphi(x)]^2 \mathrm{d}x}, \tag{4.16}$$
在这种意义下的函数逼近称为**均方逼近**. 这里符号 $\|\cdot\|_\infty$ 和 $\|\cdot\|_2$ 是范数. 本节主要讨论在均方的度量标准(4.16)式下用代数多项式 $P_n(x)$ 逼近 $f(x)$ 的方法.

为了应用的更广泛性, 我们研究 $[a,b]$ 上一般的最佳均方逼近问题. 对于 $f(x) \in C[a,b]$, $[a,b]$ 上的连续函数空间, 以及 $C[a,b]$ 的一个子集
$$\varphi = \mathrm{span}\{\varphi_0(x),\varphi_1(x),\cdots,\varphi_n(x)\},$$
即 $\varphi_0(x),\varphi_1(x),\cdots,\varphi_n(x)$ 是构成子空间 φ 的一组基. 若存在 $\varphi^*(x)\in\varphi$, 使得
$$\|f-\varphi^*\|_2^2 = \int_a^b \rho(x)(f(x)-\varphi^*(x))^2\mathrm{d}x$$
取得最小值, 其中 $\rho(x)\geqslant 0$ 是权函数, 则 $\varphi^*(x)$ 是 $f(x)$ 在子集 φ 中的最佳均方逼近函数.

因 $\varphi^*(x)\in\varphi$, 所以 $\varphi^*(x)=a_0\varphi_0(x)+a_1\varphi_1(x)+\cdots+a_n\varphi_n(x)$. 要求 $\varphi^*(x)$, 就是要求多元函数
$$f(a_0,a_1,\cdots,a_n) = \int_a^b \rho(x)\left(f(x)-\sum_{i=0}^n a_i\varphi_i(x)\right)^2\mathrm{d}x$$
取得最小值时系数 $a_0,a_1,\cdots,a_n$ 的值.

利用多元函数求极值的必要条件 $\dfrac{\partial f}{\partial a_i}=0, i=0,1,\cdots,n$, 得出
$$\sum_{k=0}^n a_k \int_a^b \rho(x)\varphi_k(x)\varphi_i(x) = \int_a^b \rho(x)f(x)\varphi_i(x)\mathrm{d}x,$$
即
$$\sum_{k=0}^n (\varphi_k,\varphi_i)a_k = (f,\varphi_i), \quad i=0,1,\cdots,n.$$
由此得到关于系数 $a_0,a_1,\cdots,a_n$ 的线性方程组
$$\begin{pmatrix} (\varphi_0,\varphi_0) & (\varphi_0,\varphi_1) & \cdots & (\varphi_0,\varphi_n) \\ (\varphi_1,\varphi_0) & (\varphi_1,\varphi_1) & \cdots & (\varphi_1,\varphi_n) \\ \vdots & \vdots & & \vdots \\ (\varphi_n,\varphi_0) & (\varphi_n,\varphi_1) & \cdots & (\varphi_n,\varphi_n) \end{pmatrix} \begin{pmatrix} a_0 \\ a_1 \\ \vdots \\ a_n \end{pmatrix} = \begin{pmatrix} (f,\varphi_0) \\ (f,\varphi_1) \\ \vdots \\ (f,\varphi_n) \end{pmatrix}. \tag{4.17}$$
方程组(4.17)称为**法方程**. 由于 $\varphi_0,\varphi_1,\cdots,\varphi_n$ 线性无关, 方程组(4.17)有唯一解.

4.7.1 最佳均方逼近多项式

多项式是最简单的一类函数, 用多项式逼近真实函数 $f(x)$ 的问题等价于令

$\varphi_i = x^i$,此时最佳均方逼近多项式
$$\varphi^*(x) = a_0 + a_1 x + \cdots + a_n x^n$$
的系数由如下法方程决定:
$$\begin{pmatrix} (1,1) & (1,x) & \cdots & (1,x^n) \\ (x,1) & (x,x) & \cdots & (x,x^n) \\ \vdots & \vdots & & \vdots \\ (x^n,1) & (x^n,x) & \cdots & (x^n,x^n) \end{pmatrix} \begin{pmatrix} a_0 \\ a_1 \\ \vdots \\ a_n \end{pmatrix} = \begin{pmatrix} (f,1) \\ (f,x) \\ \vdots \\ (f,x^n) \end{pmatrix}. \quad (4.18)$$

如果取$[a,b]=[0,1]$,$\rho(x)=1$,则
$$(x^i, x^j) = \int_0^1 x^{i+j} dx = \frac{1}{i+j+1}.$$

于是,法方程(4.18)的系数化为
$$H = \begin{pmatrix} 1 & \frac{1}{2} & \cdots & \frac{1}{n+1} \\ \frac{1}{2} & \frac{1}{3} & \cdots & \frac{1}{n+2} \\ \vdots & \vdots & & \vdots \\ \frac{1}{n+1} & \frac{1}{n+2} & \cdots & \frac{1}{2n+1} \end{pmatrix},$$

称为 **Hilbert** 矩阵.

例 4.12 在区间$[0,1]$上给定函数$f(x)=\sqrt{1+x^2}$,求$f(x)$在$\varphi=\{1,x\}$中的最佳均方逼近多项式.

解
$$(f,1) = \int_0^1 \sqrt{1+x^2} dx = \frac{1}{2}\ln(1+\sqrt{2}) + \frac{\sqrt{2}}{2} = 1.147,$$
$$(f,x) = \int_0^1 x\sqrt{1+x^2} dx = \frac{2\sqrt{2}-1}{3} = 0.609.$$

于是法方程为
$$\begin{pmatrix} 1 & \frac{1}{2} \\ \frac{1}{2} & \frac{1}{3} \end{pmatrix} \begin{pmatrix} a_0 \\ a_1 \end{pmatrix} = \begin{pmatrix} 1.147 \\ 0.609 \end{pmatrix}.$$

解得$a_0=0.934$,$a_1=0.426$.所以最佳均方逼近多项式为
$$\varphi^*(x) = 0.934 + 0.426x.$$

4.7.2 用正交多项式求最佳均方逼近多项式

用$\{1,x,\cdots,x^n\}$作基,求最佳均方逼近多项式,当n较大时,系数矩阵H是病

态的,求法方程(4.18)的解舍入误差很大,这时要用正交多项式作基,才能求得最佳均方逼近多项式.

若 n 次多项式 $f_n(x)$ 满足

$$(\varphi_j,\varphi_k) = \int_a^b \rho(x)\varphi_j(x)\varphi_k(x)\mathrm{d}x = \begin{cases} 0, & j \neq k, \\ A_k, & j = k, \end{cases} \quad j,k = 0,1,\cdots,n,$$

则称多项式 $\varphi_0,\varphi_1,\cdots,\varphi_n$ 在 $[a,b]$ 上带权 $\rho(x)$ **正交**.

正交多项式的种类很多,这里我们仅介绍勒让德(Legendre)多项式. 当区间 $[a,b]=[-1,1]$, $\rho(x)=1$ 时,由 $\{1,x,x^2,\cdots\}$ 经过正交化后得到的多项式称为**勒让德多项式**.

这里,我们写出由施密特正交化过程得出的勒让德多项式的前几项:

$$\varphi_0(x)=1,$$

$$\varphi_1(x) = x - \frac{(x,\varphi_0)}{(\varphi_0,\varphi_0)}\varphi_0 = x - \frac{\int_{-1}^1 x\mathrm{d}x}{\int_{-1}^1 1\mathrm{d}x} = x,$$

$$\varphi_2(x) = x^2 - \frac{(x^2,\varphi_0)}{(\varphi_0,\varphi_0)}\varphi_0 - \frac{(x^2,\varphi_1)}{(\varphi_1,\varphi_1)}\varphi_1 = x^2 - \frac{1}{3},$$

$$\varphi_3(x) = x^3 - \frac{(x^3,\varphi_0)}{(\varphi_0,\varphi_0)}\varphi_0 - \frac{(x^3,\varphi_1)}{(\varphi_1,\varphi_1)}\varphi_1 - \frac{(x^3,\varphi_1)}{(\varphi_1,\varphi_1)}\varphi_2 = x^3 - \frac{3}{5}x.$$

勒让德多项式的一般表达式为

$$\varphi_0(x)=1, \quad \varphi_n(x) = \frac{n!}{(2n)!}\frac{\mathrm{d}^n}{\mathrm{d}x^n}[(x^2-1)^n].$$

当选用正交多项式 $\{\varphi_n(x)\}$ 作基,求最佳均方逼近多项式时,法方程化为

$$\begin{pmatrix} (\varphi_0,\varphi_0) & & & \\ & (\varphi_1,\varphi_1) & & \\ & & \ddots & \\ & & & (\varphi_n,\varphi_n) \end{pmatrix} \begin{pmatrix} a_0 \\ a_1 \\ \vdots \\ a_n \end{pmatrix} = \begin{pmatrix} (f,\varphi_0) \\ (f,\varphi_1) \\ \vdots \\ (f,\varphi_n) \end{pmatrix},$$

因此可直接解出

$$a_i = \frac{(f,\varphi_i)}{(\varphi_i,\varphi_i)}, \quad i=0,1,\cdots,n. \tag{4.19}$$

所以利用正交函数来求最佳均方逼近多项式,只需求函数的内积,从而避免了方程组的求解.

例 4.13 给定函数 $f(x)=\mathrm{e}^x$,用勒让德正交多项式求其在 $[-1,1]$ 上的三次最佳均方逼近多项式.

解 列出勒让德多项式的前几项为

4.8 数据拟合技术

$$\varphi_0(x)=1, \quad \varphi_1(x)=x, \quad \varphi_2(x)=x^2-\frac{1}{3}, \quad \varphi_3(x)=x^3-\frac{3}{5}x.$$

所以

$$(f,\varphi_0) = \int_{-1}^{1} e^x dx = 2.3504,$$

$$(f,\varphi_0) = \int_{-1}^{1} x e^x dx = 0.7358,$$

$$(f,\varphi_2) = \int_{-1}^{1} \left(x^2-\frac{1}{3}\right)e^x dx = 0.0956,$$

$$(f,\varphi_3) = \int_{-1}^{1} \left(x^3-\frac{3}{5}x\right)e^x dx = 0.00805.$$

故可以算出多项式的系数为

$$a_0 = \frac{(f,\varphi_0)}{(\varphi_0,\varphi_0)} = 1.1752, \quad a_1 = \frac{(f,\varphi_1)}{(\varphi_1,\varphi_1)} = 1.1036,$$

$$a_2 = \frac{(f,\varphi_2)}{(\varphi_2,\varphi_2)} = 0.3578, \quad a_3 = \frac{(f,\varphi_3)}{(\varphi_3,\varphi_3)} = 0.07046.$$

于是,最佳均方逼近多项式为

$$\varphi^*(x) = \sum_{i=0}^{3} a_i \varphi_i(x) = 0.9963 + 0.0998x + 0.5367x^2 + 0.1761x^3.$$

对于在一般区间$[a,b]$上求$f(x)$的最佳均方逼近多项式,可用变量代换法. 即令

$$t = \frac{2x-(a+b)}{b-a},$$

则有$t \in [-1,1]$. 首先求出

$$g(t) = f\left(\frac{b-a}{2}t + \frac{b+a}{2}\right)$$

在$[-1,1]$上的基于勒让德多项式的最佳均方逼近多项式$\varphi^*(t)$,然后再利用变量代换关系$t = \frac{2x-(a+b)}{b-a}$将$\varphi^*(t)$写出x的函数.

4.8 数据拟合技术

通过观察或试验得到两个变量x和y之间的一组观测值$(x_i, y_i), i=1,2,\cdots,n$,我们常期望研究出$x$和$y$之间的函数关系:$y=f(x)$. 在所得的数据误差不大而且$n$较小的情况下,数据点能较准确地反映$f(x)$的特征,这时可以采用前面所讲的插值技术构造适当的插值函数$\varphi(x)$以逼近真实函数$f(x)$,使得$\varphi(x_i)=y_i$,即

插值函数完全通过所有的数据点.

但当数据点的获得伴随有明显的随机误差时,或数据点的数目 n 较大时,这时的插值函数就不能排除误差的影响,同时也容易发生 Runge 现象. 因此,我们常取而代之采用数据拟合技术,即采用一个简单的逼近函数 $y=\varphi(x)$,使其在整体上尽量好地逼近原函数 $f(x)$,使向量 $(\varphi(x_1),\varphi(x_2),\cdots,\varphi(x_n))$ 与观察值 $(y_1,y_2,\cdots,y_n)$ 之间的误差最小. 以这种方式构造 $\varphi(x)$ 的技术称为数据拟合技术, $\varphi(x)$ 称为拟合函数.

拟合函数 $y=\varphi(x)$ 与观测值 $(x_i,y_i), i=1,2,\cdots,n$ 之间的误差通常用均方误差 L 来表示,

$$L = \sum_{i=1}^{n} [\varphi(x_i) - y_i]^2. \tag{4.20}$$

使均方误差 L 取得最小值从而得出拟合函数 $\varphi(x)$ 的方法称为最小二乘法. 最小二乘法在许多学科领域内都有广泛的应用,它常有一种更一般的形式,称为加权的最小二乘法,即在构造均方误差时考虑到每个数据点的权重 $\omega(x_i)$,如

$$L = \sum_{i=1}^{n} \omega(x_i) [\varphi(x_i) - y_i]^2.$$

加权的最小二乘法与普通的最小二乘法求解方法类似,这里我们仅仅讨论普通的最小二乘数据拟合技术.

在数据拟合的实际应用中,关键的一步是确定所采用的拟合函数的类型,这主要可根据相关研究的专业知识进行判断. 例如,当根据专业知识判断两个经济变量 x 和 y 之间有一定的线性变化关系时,我们可以采用线性的拟合函数,即令 $\varphi(x) = a + bx$, a,b 为待定的常数;当 x,y 之间有非线性的变化关系,如指数关系时,可令 $\varphi(x) = ae^{bx}$, a,b 为待定的常数. 当我们对 x 和 y 之间的关系缺乏认识时,可以将观察到的数据点 $(x_i,y_i), i=1,\cdots,n$ 绘制到平面上,从而得到一个散点图. 从散点图上,我们可以观察出 x,y 之间的大致关系,从而确定一些备用的拟合函数形式,对数据进行多种曲线类型的拟合,并计算均方误差,最后再结合实际应用的需要确定最佳的拟合函数.

下面我们就最常用的一些拟合函数求解技术作讨论.

4.8.1 线性拟合

对于两个变量 x 和 y,通过试验或调查获得了 n 对观测值 $(x_1,y_1), (x_2,y_2), \cdots, (x_n,y_n)$. 现作线性拟合,即令 $\varphi(x) = a + bx$, a,b 的取值应使均方误差

$$L(a,b) = \sum_{i=1}^{n} [\varphi(x_i) - y_i]^2 = \sum_{i=1}^{n} (a + bx_i - y_i)^2$$

最小. 根据微积分极值理论知, $L(a,b)$ 达到最小值时, a,b 应满足

$$\begin{cases} \dfrac{\partial L(a,b)}{\partial a} = -2\sum_{i=1}^{n}(y_i - a - bx_i) = 0, \\ \dfrac{\partial L(a,b)}{\partial b} = -2\sum_{i=1}^{n}(y_i - a - bx_i)x_i = 0, \end{cases}$$

整理得到关于 a,b 的法方程为

$$\begin{cases} an + b\sum_{i=1}^{n}x_i = \sum_{i=1}^{n}y_i, \\ a\sum_{i=1}^{n}x_i + b\sum_{i=1}^{n}x_i^2 = \sum_{i=1}^{n}x_iy_i, \end{cases}$$

或写成矩阵形式为

$$\begin{pmatrix} n & \sum\limits_{i=1}^{n}x_i \\ \sum\limits_{i=1}^{n}x_i & \sum\limits_{i=1}^{n}x_i^2 \end{pmatrix} \begin{pmatrix} a \\ b \end{pmatrix} = \begin{pmatrix} \sum\limits_{i=1}^{n}y_i \\ \sum\limits_{i=1}^{n}x_iy_i \end{pmatrix},$$

解此方程得

$$b = \dfrac{\sum\limits_{i=1}^{n}x_iy_i - \left(\sum\limits_{i=1}^{n}x_i\right)\left(\sum\limits_{i=1}^{n}y_i\right)}{n\sum\limits_{i=1}^{n}x_i^2 - \left(\sum\limits_{i=1}^{n}x_i\right)^2},$$

从而

$$a = \dfrac{1}{n}\sum_{i=1}^{n}y_i - b\left(\dfrac{1}{n}\sum_{i=1}^{n}x_i\right).$$

例 4.14 一保险公司希望确定居民住宅区因火灾造成的损失数额 y 与该住户到最近的消防站的距离 x 之间的关系,以便准确地定出保险金额. 为此,该保险公司收集了 15 起火灾事故的损失及火灾发生地与最近的消防站的距离,如表 4-5 所示. 试根据数据建立 y 对 x 的线性拟合函数.

表 4-5

x/千米	3.4	1.8	4.6	2.3	3.1	5.5	0.7	3.0
y/千元	26.2	17.8	31.3	23.1	27.5	36.0	14.1	22.3
x/千米	2.6	4.3	2.1	1.1	6.1	4.8	3.8	
y/千元	19.6	31.3	24.0	17.3	43.2	36.4	26.1	

解 从观测值可以计算出

$$\sum x_i = 49.2, \quad \sum y_i = 396.2, \quad \sum x_i^2 = 196.16, \quad \sum x_iy_i = 1470.65,$$

从而得到法方程为

$$\begin{cases} 15a+49.2b=396.2, \\ 49.2a+196.16b=1470.65. \end{cases}$$

所以有

$$a=10.279, \quad b=4.919.$$

故线性拟合函数为

$$y=10.279+4.919x.$$

4.8.2 二次拟合

有时 x, y 之间的函数关系是一个抛物线关系,这时可作二次拟合. 设 (x, y) 的观测值为 (x_i, y_i), $i=1,2,\cdots,n$, 作二次多项式拟合这组观测值,即令

$$\varphi(x)=a+bx+cx^2.$$

根据最小二乘法, a, b, c 的取值应使均方误差

$$L = \sum_{i=1}^{n} (a+bx_i+cx_i^2-y_i)^2$$

最小. 类似于线性拟合,我们得到

$$\begin{cases} \dfrac{\partial L}{\partial a} = 2\sum_{i=1}^{n}(a+bx_i+cx_i^2-y_i)=0, \\ \dfrac{\partial L}{\partial b} = 2\sum_{i=1}^{n}(a+bx_i+cx_i^2-y_i)x_i=0, \\ \dfrac{\partial L}{\partial c} = 2\sum_{i=1}^{n}(a+bx_i+cx_i^2-y_i)x_i^2=0. \end{cases}$$

整理得到法方程为

$$\begin{pmatrix} n & \sum\limits_{i=1}^{n}x_i & \sum\limits_{i=1}^{n}x_i^2 \\ \sum\limits_{i=1}^{n}x_i & \sum\limits_{i=1}^{n}x_i^2 & \sum\limits_{i=1}^{n}x_i^3 \\ \sum\limits_{i=1}^{n}x_i^2 & \sum\limits_{i=1}^{n}x_i^3 & \sum\limits_{i=1}^{n}x_i^4 \end{pmatrix} \begin{pmatrix} a \\ b \\ c \end{pmatrix} = \begin{pmatrix} \sum\limits_{i=1}^{n}y_i \\ \sum\limits_{i=1}^{n}x_iy_i \\ \sum\limits_{i=1}^{n}x_i^2y_i \end{pmatrix},$$

解此法方程即得二次拟合函数 $\varphi(x)$.

例 4.15 给定 (x, y) 的观测值 $(-3,4), (-2,2), (-1,3), (0,0), (1,-1), (2,-2), (3,-5)$, 求该组数据的二次拟合函数.

解 从观测值可以计算出

$$\sum_{i=1}^{n}x_i=0, \quad \sum_{i=1}^{n}y_i=1, \quad \sum_{i=1}^{n}x_iy_i=-39, \quad \sum_{i=1}^{n}x_i^2=28,$$

4.8 数据拟合技术

$$\sum_{i=1}^{n} x_i^2 y_i = -7, \quad \sum_{i=1}^{n} x_i^3 = 0, \quad \sum_{i=1}^{n} x_i^4 = 196.$$

从而得到法方程为

$$\begin{cases} 7a + 0b + 28c = 1, \\ 0a + 28b + 0c = -39, \\ 28a + 0b + 196c = -7. \end{cases}$$

所以有

$$a = 0.667, \quad b = -1.393, \quad c = -0.131.$$

故二次拟合函数为

$$\varphi(x) = 0.667 - 1.393x - 0.131x^2.$$

此时的均方误差为

$$L = \sum_{i=1}^{7} (\varphi(x_i) - y_i)^2 = 3.095.$$

4.8.3 可转化为线性拟合的数据拟合问题

对于 x 和 y 之间存在非线性关系的数据拟合问题,常常可以转化成线性拟合来完成. 例如,对一组观察到的数据点 $(x_i, y_i), i=1,2,\cdots,n$,欲拟合曲线 $y = ae^{bx}$,则先作变量代换,将其转化为线性拟合问题. 在这里,令 $y' = \ln y$,则 $y' = \ln a + bx$,因此基于 $(x_i, \ln y_i), i=1,2,\cdots,n$ 作线性拟合 $z = A + Bx$,就可以解出系数 A, B,从而利用 $a = e^A, b = B$ 反推出 a, b,继而得到非线性的拟合曲线 $y = ae^{bx}$.

与 $y = ae^{bx}$ 类似,可以转化为线性拟合处理的曲线形式有很多,常见的一些列于表 4-6 中. 这类曲线拟合问题的一般步骤均为先作适当的变量代换,将非线性的曲线拟合问题转化成线性拟合问题,然后用最小二乘法确定线性拟合的系数,最后用逆变换给出原问题的曲线拟合系数.

表 4-6 可转化为线性拟合的曲线形式

曲线	变量代换	变换后的线性拟合
$\frac{1}{y} = a + \frac{b}{x}$	$y' = \frac{1}{y}, x' = \frac{1}{x}$	$y' = a + bx'$
$y = ax^b$	$y' = \ln y, x' = \ln x$	$y' = \ln a + bx'$
$y = ae^{bx}$	$y' = \ln y$	$y' = \ln a + bx$
$y = ae^{b/x}$	$y' = \ln y, x' = \frac{1}{x}$	$y' = \ln a + bx'$
$y = a + b\ln x$	$x' = \ln x$	$y = a + bx'$
$y = \frac{1}{a + be^{-x}}$	$y' = \frac{1}{y}, x' = e^{-x}$	$y' = a + bx'$

例 4.16 表 4-7 是 1957 年美国旧轿车价值的调查资料,x 表示轿车的使用年数,y 表示相应的价格,求一个形如 $y=ae^{bx}$ 的曲线,使它能够与表 4-7 的数据拟合.

表 4-7

x	1	2	3	4	5	6	7	8	9	10
y	2651	1943	1494	1087	765	538	484	290	226	204

解 计算 $z_i=\ln y_i, i=1,2,\cdots,10$. 对数据 (x_i,z_i) 作线性拟合 $z=A+Bx$.
$$\sum x_i = 55, \quad \sum z_i = 65.273, \quad \sum x_i z_i = 334.445, \quad \sum x_i^2 = 385.$$
所以得到法方程为
$$\begin{pmatrix} 10 & 55 \\ 55 & 385 \end{pmatrix} \begin{pmatrix} A \\ B \end{pmatrix} \begin{pmatrix} 65.273 \\ 334.445 \end{pmatrix},$$
解得 $A=8.165, B=-0.298$. 所以,$a=e^A=3514.26, b=-0.298$. 故所求的拟合曲线为
$$y=3514.26e^{-0.298x}.$$

4.9 计算技术的上机实现

在本节里,我们将通过一些例子和 Matlab 程序给出本章介绍的一些常用的多项式插值和函数逼近计算技术的上机实现方法.

4.9.1 Lagrange 插值技术

例 4.17 (1) 已知 $\lg 10=1, \lg 20=1.3010$,利用 Lagrange 线性插值求 $\lg 12$;(2) 另外已知 $\lg 15=1.1761$,试用 Lagrange 二次插值求 $\lg 12$ 的值.

解 编写 Matlab 函数的 M 文件 Lagrange 如下:
```
function yy=Lagrange(x,y,xi)
% Lagrange 插值技术
% x,y 分别是插值点的 x 值与 y 值组成的向量,xi 是待插值的节点
m=length(x);n=length(y);
s=0;
for k=1:n
    z=ones(1,length(xi));
    for j=1:n
```

```
      if j~=k
        z=z.*(xi-x(j))/(x(k)-x(j));
      end
    end
    s=s+z*y(k);
end
yy=s;
```
在命令窗口调用 M 文件 Lagrange,计算过程及结果如下:
≫x=[10,20];
≫y=[1,1.3010];
≫xi=12;
≫y1=Lagrange(x,y,xi)
y1=1.0602
≫x=[10,15,20];
≫y=[1,1.1761,1.3010];
≫xi=12;
≫y2=Lagrange(x,y,xi)
y2=1.0766

4.9.2 Newton 插值技术

例 4.18 给定如下插值点的值:$(-2,17),(0,1),(1,2),(2,19)$,试构造差商表,并用 Newton 插值计算 $N_3(0.9)$.

解 编写 Matlab 函数的 M 文件 Newton 如下:
```
function[y,A]=Newton(X,Y,x)
% Newton 插值技术
% X,Y 分别是插值点的 x 值与 y 值组成的向量,x 是待插值的节点
% A 是差商表,y 是 x 对应的插值函数值
n=length(X);m=length(x);
for t=1:m
    z=x(t);A=zeros(n,n);A(:,1)=Y';
    s=0.0;p=1.0;q1=1.0;c1=1.0;
        for j=2:n
         for i=j:n
           A(i,j)=(A(i,j-1)-A(i-1,j-1))/(X(i)-X(i-j+1));
```

```
            end
         end
           C=A(n,n);
for k=(n-1):-1:1
C=conv(C,poly(X(k)));
d=length(C);C(d)=C(d)+ A(k,k);
end
         y(k)=polyval(C,z);
end
```

在命令窗口调用 M 文件 Newton,计算过程及结果如下:

```
>>X=[-2,0,1,2];
>>Y=[17,1,2,19];
>>x=0.9;
>>[y,A]=Newton(X,Y,x)
y=
   1.3038
A=
   17.0000        0        0        0
    1.0000  -8.0000        0        0
    2.0000   1.0000   3.0000        0
   19.0000  17.0000   8.0000   1.2500
```

4.9.3 分段线性插值技术

例 4.19 给定如下插值点的值:$(-2,17),(0,1),(1,2),(2,19)$,试作分段线性插值,并计算 $f(0.9)$ 和 $f(1.5)$.

解 编写 Matlab 函数的 M 文件 fdcz 如下:

```
function s=fdcz(x0,y0,xi)
s=interp1(x0,y0,xi);
Sn=interp1(x0,y0,x0);
plot(x0,y0,'o',x0,Sn,'-',xi,s,'*')
```

在命令窗口调用 M 文件 fdcz,计算过程及结果如下:

```
>> x0=[-2,0,1,2];
>> y0=[17,1,2,19];
>> xi=[0.9,1.5];
```

```
>> s=fdcz(x0,y0,xi)
s=
   1.9000   10.5000
```
分段线性插值的图形如图 4-2 所示.

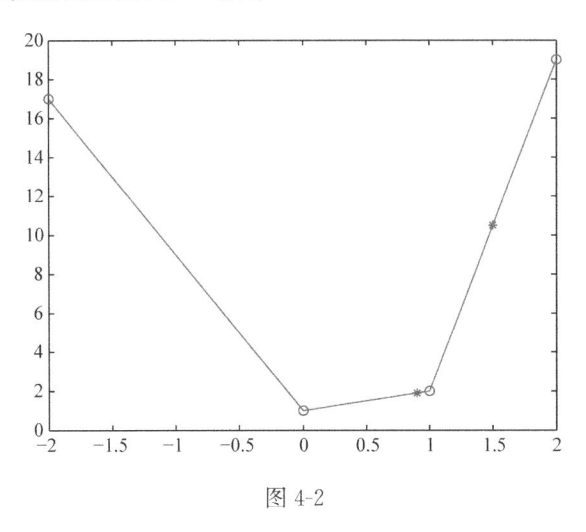

图 4-2

4.9.4 三次样条插值技术

三次样条插值可以通过 Matlab 自带的 spline 函数进行. 它默认的边界条件是第一个点的三次导数和第二点的三次导数一样；最后一个点的三次导数和倒数第二个点一样. 当然，也可以对指定两端的一阶导数值的边界条件进行三次样条插值.

例 4.20 给定在区间 $[1,5]$ 上的插值点：$f(1)=1, f(2)=3, f(4)=4, f(5)=2$. 用 Matlab 求三次样条插值函数.

解 在命令窗口按如下命令计算过程及结果如下：
```
>>X=[1,2,4,5];
>>Y=[1,3,4,2];
>>pp=spline(X,Y);
>>pp.coefs
ans=
   -0.0833   -0.1667    2.2500    1.0000
   -0.0833   -0.4167    1.6667    3.0000
   -0.0833   -0.9167   -1.0000    4.0000
>>XX=1:0.25:5;
```

```
≫YY=spline(X,Y,XX);
≫plot(X,Y,'ro',XX,YY)
```
从如上输出的 pp.coefs 中可得在三个区间上的三次样条函数的形式,例如在 $[1,2]$ 上,样条函数为 $-0.0833x^3-0.1667x^2+2.2500x+1.0000$. 本例的三次样条插值函数的图形如图 4-3 所示.

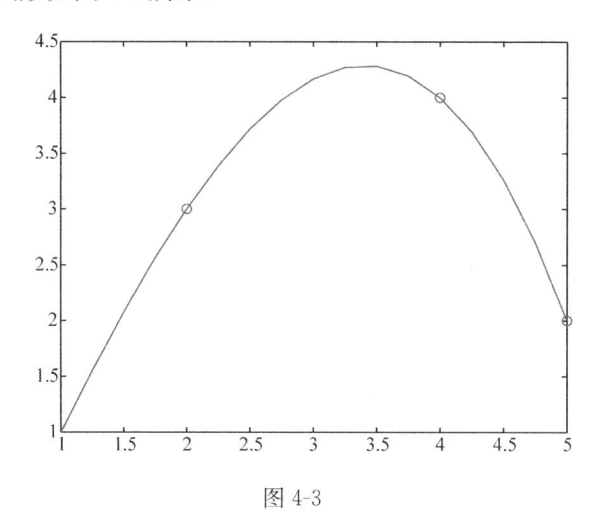

图 4-3

4.9.5 函数拟合技术

函数拟合技术可以通过 Matlab 自带的 polyfit 函数进行. polyfit 函数的调用格式为 p=polyfit(x,y,k),即用 k 次多项式拟合观察值 (x,y),返回的是拟合多项式的系数.

例 4.21 试根据例 4.14 数据用 Matlab 建立 y 对 x 的线性拟合函数.

解 在命令窗口按如下命令计算过程及结果如下:
```
≫x=[3.4,1.8,4.6,2.3,3.1,5.5,0.7,3.0,2.6,4.3,2.1,1.1,6.1,4.8,3.8];
≫y=[26.2,17.8,31.3,23.1,27.5,36.0,14.1,22.3,19.6,31.3,24.0,17.3,43.2,36.4,26.1];
≫p1=polyfit(x,y,1)
p1=
    4.9193   10.2779
≫ xx=0:0.25:7;
≫ yy=polyval(p1,xx);
≫ plot(x,y,'*',xx,yy,'-')
```
原始观测数据的散点图以及拟合的直线 $y=10.2779+4.9193x$ 见图 4-4.

图 4-4

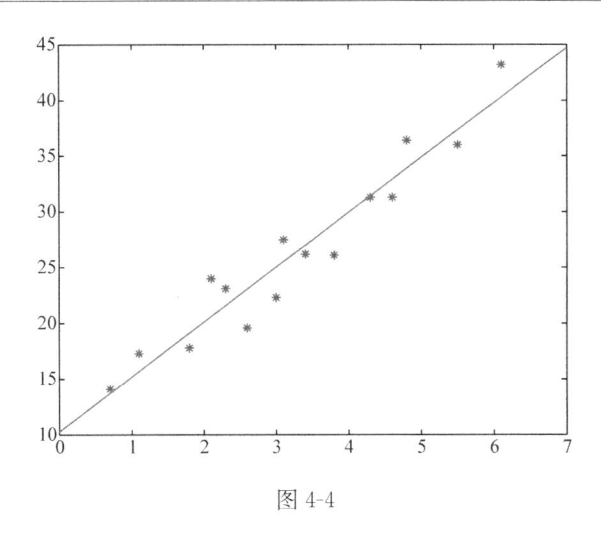

4.10 零息收益曲线构造问题的解决

我们重新回到 4.1 节中提到的零息收益曲线的构造问题. 以表 4-1 中的法国政府债券各期收益率数据为例,令 x 为期限, y 为收益率, 我们绘制出 y 对 x 的原始数据散点图如图 4-5 所示.

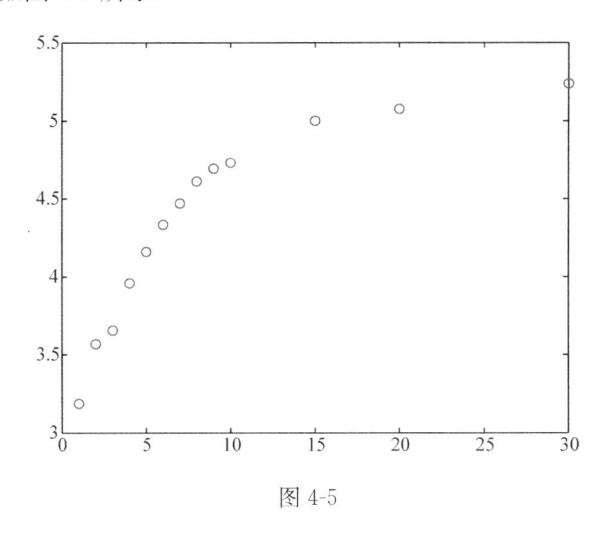

图 4-5

零息收益曲线的构造常采用分段线性插值法和三次样条插值法. 分段线性插值来得直接简单,按如下的命令调用 4.9 节里的 fdcz 函数来进行曲线的构造. 用分段线性插值构造的零息收益曲线(图 4-6)对第 $4.5, 7.5, 12, 18, 25$ 年的收益率预测值分别为 $4.0600, 4.5405, 4.8390, 5.0460, 5.1570$.

```
>> x0=[1,2,3,4,5,6,7,8,9,10,15,20,30];
>> y0=[3.187,3.568,3.655,3.960,4.160,4.334,4.470,4.611,
4.693,4.731,5.001,5.076,5.238];
>> xi=[4.5,7.5,12,18,25];
>> s=fdcz(x0,y0,xi)
s=
    4.0600   4.5405   4.8390   5.0460   5.1570
```

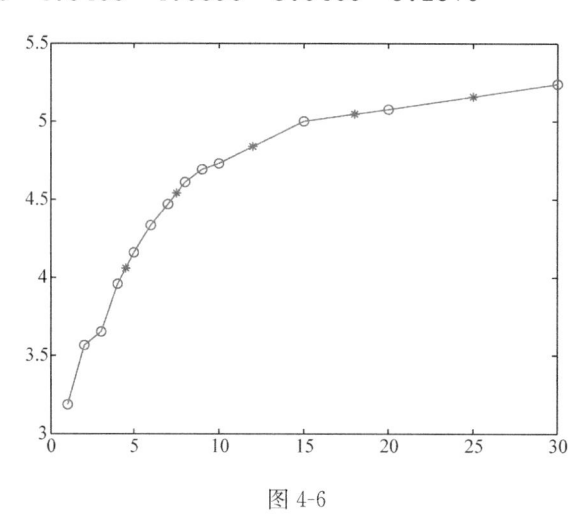

图 4-6

由图 4-6 可见,用分段线性插值构造的零息收益曲线简单,但不平滑,这里较好的选择是用三次样条插值技术来构造零息收益曲线. 现按如下的命令进行曲线的构造. 用三次样条插值构造的零息收益曲线如图 4-7 所示. 利用该曲线对第 4.5 年,第 7.5 年,第 12 年,第 18 年,第 25 年的收益率预测值分别为 4.0747,4.5429,4.8310,5.0735,5.0579.

```
>> pp=spline(x0,y0);
>> pp.coefs
ans=
    0.1278   -0.5304    0.7836    3.1870
    0.1278   -0.1470    0.1062    3.5680
   -0.1270    0.2364    0.1956    3.6550
    0.0572   -0.1446    0.2874    3.9600
   -0.0229    0.0270    0.1698    4.1600
    0.0223   -0.0416    0.1553    4.3340
   -0.0233    0.0253    0.1390    4.4700
```

4.10 零息收益曲线构造问题的解决

```
    0.0068   -0.0445    0.1197   4.6110
    0.0111   -0.0242    0.0510   4.6930
   -0.0011    0.0092    0.0361   4.7310
    0.0004   -0.0077    0.0437   5.0010
    0.0004   -0.0019   -0.0040   5.0760
```

```
>> XX=1:0.25:30;
>> YY=spline(x0,y0,XX);
>> plot(x0,y0,'ro',XX,YY)
>> xi=[4.5,7.5,12,18,25];
>> yi=spline(x0,y0,xi)
yi=
   4.0747  4.5429  4.8310  5.0735  5.0579
>> hold on;
>> plot(xi,yi,'*')
```

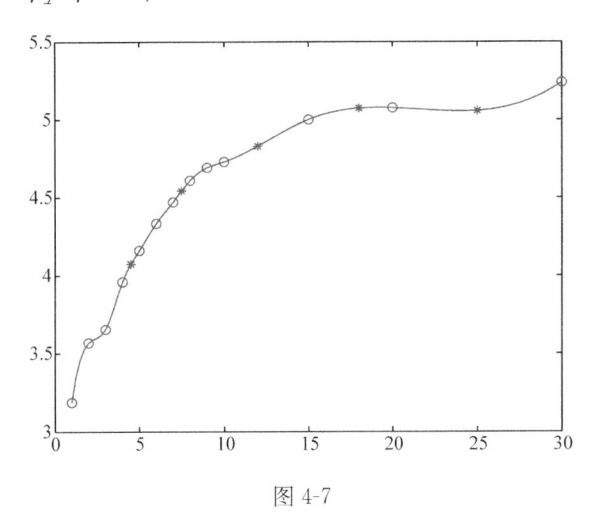

图 4-7

第 5 章　积分与微分的数值计算技术

在许多实际问题中,常常需要计算积分与微分的值.虽然许多积分、微分的解具有解析形式,但更多的积分、微分没有解析解存在,这就需要寻求其数值解.对于定积分 $I = \int_a^b f(x)\mathrm{d}x$,根据微分学基本定理,通常是使用 Newton-Leibniz(牛顿-莱布尼茨)公式,即,若 $f(x)$ 在 $[a,b]$ 上连续,且 $F(x)$ 是 $f(x)$ 的原函数,则

$$\int_a^b f(x)\mathrm{d}x = F(b) - F(a).$$

但在实际计算中,许多被积函数 $f(x)$ $\left(\text{如} \dfrac{\sin x}{x}、\sin x^2、\mathrm{e}^{-x^2}\right)$ 的原函数往往不能用初等函数表示形式.有些即使能用初等函数表示,其表达式过于复杂不适于计算.甚至在有些问题中,被积函数 $f(x)$ 没有具体的表达式,其函数关系由数表或图形给出,即只知道它在若干离散点上的函数值.对于上述各种情况都无法应用牛顿-莱布尼茨公式进行求解.因此,在实际计算中,常常要采用数值积分法.所谓的数值积分法,就是利用函数在若干点的函数值,近似地计算该函数在某个区间上的定积分的各种方法.

本章将介绍的数值积分方法包括 Newton-Cotes(牛顿-柯特斯)公式、复化求积公式和 Romberg(龙贝格)积分公式.对于数值微分,介绍了差商型及插值型数值微分方法.

5.1　Newton-Cotes 求积技术

5.1.1　从一个投资问题谈起

设一笔本金 A_0 存入银行,年利率为 r.如果一年分 n 期计息,即每期的复利率为 $\dfrac{r}{n}$,t 年共计息 nt 次,此时 t 年末的本利和为 $A_n(t) = A_0\left(1 + \dfrac{r}{n}\right)^{nt}$.令 $n \to \infty$,表示这笔存款每时每刻都在生息且利息随时计入本金重复计算复利,此种计息方式称为连续复利.则 t 年末的本利和为

$$A(t) = \lim_{n \to \infty} A_n(t) = \lim_{n \to \infty} A_0\left(1 + \dfrac{r}{n}\right)^{nt} = A_0\left[\lim_{n \to \infty}\left(1 + \dfrac{r}{n}\right)^{\frac{n}{r}}\right]^{rt} = A_0 \mathrm{e}^{rt}.$$

称 $A_0 \mathrm{e}^{rt}$ 为 A_0 的终值.t 年末的资金 A 的现值为 $A\mathrm{e}^{-rt}$.

在投资分析过程中为方便计算,常将企业资金的收入与支出近似地视为是连续发生的,并分别称为收入流与支出流. 设某企业在 $[0,T]$ 这段时间内的收入流的变化率为 $f(t)$(假设在 $[0,T]$ 上连续),年利率为 r. 在时间段 $[t,t+\Delta t]$ 内收入的近似值为 $f(t)\Delta t$,按连续复利计算,于是收入的现值为 $f(t)\Delta t\mathrm{e}^{-rt}$. 由定积分的微分法,则该企业在这段时间内的

$$\text{总收入的现值} = \int_0^T f(t)\mathrm{e}^{-rt}\mathrm{d}t.$$

假设计算 15 年租金的现值,每年租金为 12 万元,即租金流的变化率为 $f(t)=12$,得租金流总值的现值为 $\int_0^{15} 12\mathrm{e}^{-0.05t}\mathrm{d}t$. 以下先介绍插值型求积公式,再来解决此积分问题.

5.1.2 插值型求积公式

在微积分中,对于连续函数 $f(x)$ 在区间 $[a,b]$ 的定积分,是当分割的小区间长度趋于零时的和 Riemann(黎曼)极限,即

$$I = \int_a^b f(x)\mathrm{d}x = \lim_{\Delta x_i \to 0} \sum_{i=0}^{n-1} f(x_i)\Delta x_i.$$

上式的几何含义是:以 Δx_i 为宽,$f(x_i)$ 为高的小矩形的面积之和的极限去近似由函数 $f(x)$ 在 $[a,b]$ 内所围的曲边梯形的面积 I. 所谓数值积分公式,就是用有限项的和近似上面的极限,通常由函数在离散点处的函数值的线性组合形式给出

$$I_n = \int_a^b f(x)\mathrm{d}x = \sum_{i=0}^n A_i f(x_i). \tag{5.1}$$

其中 x_i 为求积节点,A_i 为求积系数. 取不同的求积节点与求积系数就构成不同的数值积分方法.

在实际计算中,通常寻找一个易于积分的简单函数 $P(x)$ 近似代替 $f(x)$,常用的一种构造方法是利用插值多项式来近似被积函数 $f(x)$. 具体方法是

给定一组节点

$$a \leqslant x_0 \leqslant x_1 \leqslant \cdots \leqslant x_n \leqslant b$$

且已知函数 $f(x)$ 在这些节点上的值,构造 n 次 Lagrange 插值多项式

$$L_n(x) = \sum_{k=0}^n l_k(x) f(x_k),$$

其中 $l_k(x) = \prod_{\substack{j=0 \\ j \neq k}}^n \dfrac{x - x_j}{x_k - x_j}$ 为 Lagrange 插值基函数.

用 $I_n = \int_a^b L_n(x)\mathrm{d}x$ 近似 $\int_a^b f(x)\mathrm{d}x$,则有

$$\int_a^b f(x)\mathrm{d}x \approx \int_a^b L_n(x)\mathrm{d}x = \sum_{k=0}^n f(x_k) \cdot \int_a^b l_k(x)\mathrm{d}x,$$

记

$$A_k = \int_a^b l_k(x)\mathrm{d}x = \int_a^b \prod_{\substack{j=0 \\ j \neq k}}^n \frac{x-x_j}{x_k-x_j}\mathrm{d}x. \tag{5.2}$$

这样就得到一个数值积分公式

$$\int_a^b f(x)\mathrm{d}x \approx \sum_{k=0}^n A_k \cdot f(x_k). \tag{5.3}$$

由(5.2)式确定求积系数的求积公式(5.3)称为插值型求积公式.(5.3)式是被积函数的有限个函数值的线性组合,组合系数恰好是 Lagrange 插值基函数的定积分.下面来介绍等距节点下的 Newton-Cotes 求积公式.

1. Newton-Cotes 求积公式

将积分区间 $[a,b]$ 划分为 n 等份,取步长 $h=\dfrac{b-a}{n}$,求积节点为等距节点:$x_k=a+kh(k=0,1,2,3,\cdots,n)$,且对应的函数值 $f(x_k)=y_k$ 为已知,构造插值公式

$$I_n = \sum_{k=0}^n A^k f(x_k) = (b-a)\sum_{k=0}^n C_k^{(n)} f(x_k), \tag{5.4}$$

则称之为 **n 阶 Newton-Cotes 求积公式**,简称为 **N-C 求积公式**. 其中 $C_k^{(n)}$ 称为 **Cotes 系数**,$A_k=(b-a)C_k^{(n)}$. 引进变换 $x=a+th$,按(5.2)式,则有

$$C_k^{(n)} = \frac{A_k}{b-a} = \frac{1}{b-a}\int_a^b l_k(x)\mathrm{d}x = \frac{1}{b-a}\int_a^b \prod_{\substack{j=0 \\ j\neq k}}^n \frac{x-x_j}{x_k-x_j}\mathrm{d}x = \frac{h}{b-a}\int_0^n \prod_{\substack{j=0 \\ j\neq k}}^n \frac{t-j}{k-j}\mathrm{d}t$$

$$= \frac{(-1)^{n-k}}{n \cdot k!(n-k)!}\int_0^n \prod_{\substack{j=0 \\ j\neq k}}^n (t-j)\mathrm{d}t \quad (k=0,1,2,3,\cdots,n). \tag{5.5}$$

由式(5.5)可知,Cotes 系数 $C_k^{(n)}$ 只与 n 和 k 有关,而与 $a,b,f(x)$ 都无关,由于是多项式的积分,Cotes 系数的计算很容易实现. 如当 $n=1$ 时,有

$$C_0^{(1)} = \int_0^1 (t-1)\mathrm{d}t = \frac{1}{2},$$

$$C_1^{(1)} = \int_0^1 t\,\mathrm{d}t = \frac{1}{2}.$$

相应的求积公式就是梯形公式

$$T = \frac{b-a}{2}[f(b)-f(a)]. \tag{5.6}$$

当 $n=2$ 时,按(5.5)式,Cotes 系数为

5.1 Newton-Cotes 求积技术

$$C_0^{(2)} = \frac{1}{4}\int_0^2 (t-1)(t-2)\,dt = \frac{1}{6},$$

$$C_1^{(2)} = -\frac{1}{2}\int_0^2 t(t-2)\,dt = \frac{4}{6},$$

$$C_2^{(2)} = \frac{1}{4}\int_0^2 t(t-1)\,dt = \frac{1}{6}.$$

相应的求积公式是 Simpson(辛普森)公式：

$$S = \frac{b-a}{6}\left[f(a) + 4f\left(\frac{a+b}{2}\right) + f(b)\right], \tag{5.7}$$

当 $n=4$ 时的 Newton-Cotes 求积公式称为 Cotes(柯特斯)公式：

$$C = \frac{b-a}{90}[7f(x_0) + 32f(x_1) + 12f(x_2) + 32f(x_3) + 7f(x_4)], \tag{5.8}$$

式中 $x_k = a + kh$，$h = \dfrac{b-a}{4}$.

由(5.5)式，可事先构造好 Newton-Cotes 系数表(表 5-1)，这样使用 N-C 公式计算定积分的近似值会更加方便.

表 5-1 $n=1\sim 8$ 的 Newton-Cotes 系数表

n	$C_k^{(n)}$								
1	$\dfrac{1}{2}$	$\dfrac{1}{2}$							
2	$\dfrac{1}{6}$	$\dfrac{4}{6}$	$\dfrac{1}{6}$						
3	$\dfrac{1}{8}$	$\dfrac{3}{8}$	$\dfrac{3}{8}$	$\dfrac{1}{8}$					
4	$\dfrac{7}{90}$	$\dfrac{32}{90}$	$\dfrac{12}{90}$	$\dfrac{32}{90}$	$\dfrac{7}{90}$				
5	$\dfrac{19}{288}$	$\dfrac{75}{288}$	$\dfrac{50}{288}$	$\dfrac{50}{288}$	$\dfrac{75}{288}$	$\dfrac{19}{288}$			
6	$\dfrac{41}{840}$	$\dfrac{216}{840}$	$\dfrac{27}{840}$	$\dfrac{272}{840}$	$\dfrac{27}{840}$	$\dfrac{216}{840}$	$\dfrac{41}{840}$		
7	$\dfrac{751}{17280}$	$\dfrac{3577}{17280}$	$\dfrac{1323}{17280}$	$\dfrac{2989}{17280}$	$\dfrac{2989}{17280}$	$\dfrac{1323}{17280}$	$\dfrac{3577}{17280}$	$\dfrac{751}{17280}$	
8	$\dfrac{989}{28350}$	$\dfrac{5888}{28350}$	$\dfrac{-928}{28350}$	$\dfrac{10496}{28350}$	$\dfrac{-4540}{28350}$	$\dfrac{10496}{28350}$	$\dfrac{-928}{28350}$	$\dfrac{5888}{28350}$	$\dfrac{989}{28350}$

从表 5-1 可知，当 $n \geqslant 8$ 时，Cotes 系数 $C_k^{(n)}$ 出现负值，由以上定理，当 $n \geqslant 8$ 时的 Newton-Cotes 求积公式是不稳定的，往往是不用的.

2. 投资问题的解决

例 5.1 在这里用(5.7)式表示的 Simpson 求积公式来计算 15 年租金的现

值.其中租金流的变化率为 $f(t)=12$,租金流总值的现值为 $\int_0^{15} 12\mathrm{e}^{-0.05t}\mathrm{d}t$.

解 由 Simpson 求积公式(5.7),得

$$\int_0^{15} 12\mathrm{e}^{-0.05t}\mathrm{d}t \approx \frac{15}{6}\left[f(0)+4f\left(\frac{15}{2}\right)+f(15)\right]$$

$$=\frac{15\times 12}{6}(\mathrm{e}^0+4\mathrm{e}^{-\frac{3}{8}}+\mathrm{e}^{-\frac{3}{4}})=126.6457.$$

5.1.3 Newton-Cotes 求积技术的余项和数值稳定性

由插值余项定理知,对于插值型求积公式(5.3),其余项

$$R[f]=I-I_n=\int_a^b \frac{f^{(n+1)}(\xi)}{(n+1)!}\omega_{n+1}(x)\mathrm{d}x. \tag{5.9}$$

式中,ξ 是关于 x 的表达式,$\omega_{n+1}(x)=(x-x_0)(x-x_1)\cdots(x-x_n)$.

数值求积方法是近似方法,为要保证精度,希望求积公式能对"尽可能多"的函数准确地成立,这就提出了所谓代数精度的概念.

定义 5.1 如果某个求积公式对于次数不超过 m 的多项式均能准确地成立,但对于 $m+1$ 次多项式就不准确成立,则称该求积公式具有 m **次代数精度**.

一般地,要使求积公式具有 m 次代数精度,只要令它对于 $f(x)=1,x,x^2,\cdots,x^m$ 都能准确成立. 即要求成立

$$\begin{cases} \sum_{k=0}^n A_k = b-a, \\ \sum_{k=0}^n A_k x_k = \frac{1}{2}(b^2-a^2), \\ \cdots\cdots \\ \sum_{k=0}^n A_k x_k^m = \frac{1}{m+1}(b^{m+1}-a^{m+1}). \end{cases}$$

如果求积公式是插值型的,由(5.9)式,对于次数不超过 n 的多项式 $f(x)$,其余项 $R[f]$ 等于零,因此求积公式至少具有 n 次代数精度. 反之,如果求积公式至少具有 n 次代数精度,则它必定是插值型的. 事实上,这时公式对于插值基函数 $l_k(x)$ 应准确成立,即

$$\int_a^b l_k(x)\mathrm{d}x = \sum_{j=0}^n A_j l_k(x_j) = A_k.$$

在求积公式(5.3)中,若

$$\lim_{\substack{n\to\infty \\ h\to 0}} \sum_{k=0}^n A_k f(x_k) = \int_a^b f(x)\mathrm{d}x,$$

5.1 Newton-Cotes 求积技术

其中 $h = \max\limits_{0 \leqslant k \leqslant n}(x_k - x_{k-1})$,则称求积公式(5.3)是收敛的.

在求积公式(5.3)中,由于计算 $f(x_k)$ 可能产生误差 δ_k,实际得到 $\widetilde{f}_k$,即 $f(x_k) = \widetilde{f}_k + \delta_k$. 记

$$I_n(f) = \sum_{k=0}^{n} A_k f(x_k), \quad I_n(\widetilde{f}) = \sum_{k=0}^{n} A_k \widetilde{f}_k.$$

如果对任意小的正数 $\varepsilon > 0$,只要误差 $|\delta_k|$ 充分小,就有

$$|I_n(f) - I_n(\widetilde{f})| = \Big|\sum_{k=0}^{n} A_k [f(x_k) - \widetilde{f}_k]\Big| \leqslant \varepsilon,$$

则求积公式(5.3)就是稳定的.

1. Newton-Cotes 求积公式的余项

首先考察梯形公式,按余项公式(5.9),梯形公式的余项

$$R_T[f] = I - T = \int_a^b \frac{f''(\xi)}{2!}(x-a)(x-b)\mathrm{d}x.$$

由于积分核函数 $(x-a)(x-b)$ 在区间 $[a,b]$ 上保号(非正)("保号"表示函数值在某个自变量区间上始终保持符号不变),根据积分第二中值定理,一定存在一点 $\eta \in (a,b)$,使下式成立

$$R_T = R_T[f] = \frac{f''(\eta)}{2!}\int_a^b (x-a)(x-b)\mathrm{d}x = -\frac{b-a}{12}(b-a)^2 f''(\eta). \quad (5.10)$$

对于 Simpson 求积公式,其余项的计算要构造一个次数不超过 3 的多项式 $H(x)$,使其满足

$$H(a) = f(a), \quad H(b) = f(b), \quad H(c) = f(c), \quad H'(c) = f'(c). \quad (5.11)$$

这里 $c = \dfrac{a+b}{2}$. 由于 Simpson 公式具有三次代数精度,它对于这样构造出的三次式 $H(x)$ 是准确成立的,即

$$\int_a^b H(x)\mathrm{d}x = \frac{b-a}{6}[H(a) + 4H(c) + H(b)].$$

而利用插值条件 5.11 知,上式右端实际上等于按 Simpson 公式(5.7)求得的积分值 S,因此积分余项为

$$R_S[f] = I - S = \int_a^b [f(x) - H(x)]\mathrm{d}x.$$

对于满足条件(5.11)的多项式 $H(x)$,即为前面所讲述的 Hermite 插值,其插值余项为

$$f(x) - H(x) = \frac{f^{(4)}(\xi)}{4!}(x-a)(x-c)^2(x-b),$$

所以有

$$R_S[f] = \int_a^b \frac{f^{(4)}(\xi)}{4!}(x-a)(x-c)^2(x-b)\mathrm{d}x.$$

这时积分的核函数$(x-a)(x-c)^2(x-b)$在$[a,b]$上保号(非正),再用积分中值定理,有

$$R_S = R_S[f] = \int_a^b \frac{f^{(4)}(\xi)}{4!}(x-a)(x-c)^2(x-b)\mathrm{d}x$$
$$= -\frac{b-a}{180}\left(\frac{b-a}{2}\right)^4 f^{(4)}(\eta), \quad \eta \in (a,b). \tag{5.12}$$

同理可推导,Cotes 公式余项

$$R_C[f] = I - C = -\frac{2(b-a)}{945}\left(\frac{b-a}{4}\right)^6 f^{(6)}(\xi), \quad \xi \in (a,b). \tag{5.13}$$

一般地,可证明 n 阶 Newton-Cotes 求积公式的求积余项为

(1) 若 n 为偶数,

$$R[f] = \left(\frac{b-a}{n}\right)^{n+3} \frac{f^{(n+2)}(\eta)}{(n+2)!} \int_0^n t^2(t-1)\cdots(t-n)\mathrm{d}t;$$

(2) 若 n 为奇数,

$$R[f] = \left(\frac{b-a}{n}\right)^{n+2} \frac{f^{(n+1)}(\eta)}{(n+1)!} \int_0^n t(t-1)\cdots(t-n)\mathrm{d}t;$$

其中 $f \in C^{n+2}[a,b], \eta \in [a,b]$.

定理 5.1 当阶 n 为偶数时,Newton-Cotes 求积公式的代数精度为 $n+1$ 次;当阶 n 为奇数时,Newton-Cotes 求积公式的代数精度为 n 次.

在实际应用时,出于对计算复杂性和计算速度的考虑,常常使用低阶 n 为偶数的求积公式.

2. 数值稳定性

所有的 Newton-Cotes 求积公式至少是零次代数精度,令 $f(x)=1$,有

$$b - a = \int_a^b f(x)\mathrm{d}x = (b-a)\sum_{k=0}^n C_n^{(k)},$$

则有

$$\sum_{k=0}^n C_n^{(k)} = 1.$$

若计算 $C_n^{(k)}$ 没有误差,中间过程的舍入误差也忽略不计,则在计算 Newton-Cotes 求积公式时,计算 $f(x_k)$ 的误差 ε_k 对最后结果的误差为

$$e_n = (b-a)\sum_{k=0}^n C_n^{(k)} \varepsilon_k,$$

两边取绝对值,有

$$|e_n| = (b-a)\Big|\sum_{k=0}^{n}C_n^{(k)}\Big|\cdot|\varepsilon_k| \leqslant (b-a)\sum_{k=0}^{n}|C_n^{(k)}|\cdot\max_{0\leqslant k\leqslant n}|\varepsilon_k|.$$

若 $C_n^{(k)}$ 全部都是正的,则误差 e_n 是有界的,即 $|e_n|\leqslant(b-a)\max\limits_{0\leqslant k\leqslant n}|\varepsilon_k|$,此时对应的数值计算公式是稳定的.

若 $C_n^{(k)}$ 有一部分是负数,则 $\sum\limits_{k=0}^{n}|C_n^{(k)}|$ 随 n 增大,误差 e_n 无界,此时对应的数值计算公式是不稳定的.

定理 5.2 若求积公式(5.3)中系数 $A_k>0(k=0,1,2,\cdots,n)$,则此求积公式就是稳定的.

由表 5-1 可知,当 $n\leqslant 7$ 时, $C_n^{(k)}$ 全部为正,Newton-Cotes 求积公式是数值稳定的;当 $n\geqslant 8$ 时, $C_n^{(k)}$ 有正有负,Newton-Cotes 求积公式是数值不稳定的.

定义 5.2(收敛) 若对一种求积公式 I_n,当 $f(x)\in C^n[a,b]$ 时,有

$$\lim_{n\to\infty}I_n = \int_a^b f(x)\mathrm{d}x,$$

则称此求积公式是收敛的.

定义 5.3(收敛阶数) 若对一种求积公式 I_n,当 $h\to 0$ 时成立

$$\lim_{h\to 0}\frac{I-I_n}{h^p}=C,$$

其中 $C\neq 0$ 为常数,则称此求积公式是 p 阶收敛的.

5.1.4 软件介绍

在本节里,将通过数值例子和 Matlab 程序介绍本节提出的 Newton-Cotes 求积技术的上机实现方法.

Matlab 系统提供了符号计算定积分的函数 int. 具体的调用格式及功能如下:

$$F= \text{int}(S,x,a,b).$$

输入量:S 是被积函数 $f(x)$,a、b 分别是积分下、上限,x 是积分变量,

输出量:F 是 S 关于积分变量 x 从 a 到 b 的定积分.

根据(5.6)~(5.8)式表示的梯形公式、Simpson 公式和 Cotes 公式,可以直接编写 MATLAB 程序.

例 5.2 采用 Simpson 公式的 Matlab 程序,上机实现投资问题所反映的租金流总值的现值 $\int_0^{15}12\mathrm{e}^{-0.05t}\mathrm{d}t$.

解 编写 MATLAB 程序如下:

```
a=0;
b=15;
c=(b+a)/2;
```

```
d=(b-a)/6;
y1=12*exp(-0.05*a);
y2=12*exp(-0.05*b);
y3=12*exp(-0.05*c);
S=d*(y1+4*y3+y2)
syms x
f=12*exp(-0.05*x);
intf=int(f,x,a,b);
Fs=double(intf)
Juewucha=abs(S-Fs)
```

运行后显示 Simpon 公式计算积分的值 S 和精确值 intf 的近似值 Fs 及其绝对误差 Juewucha 如下:

  S=126.6457   Fs=126.6320   Juewucha=0.0137

例 5.3 用梯形积分公式和 Simpson 积分公式计算定积分 $I = \int_0^{\frac{\pi}{2}} e^{\sin x} dx$. 并与精确解比较.

解 编写 Matlab 程序如下:

```
a=0;
b=pi/2;
c=(b+a)/2;
d=(b-a)/6;
y1=exp(sin(a));
y2=exp(sin(b));
y3=exp(sin(c));
T=3*d*(y1+y2)
S=d*(y1+4*y3+y2)
syms x
f=exp(sin(x));
intf=int(f,x,a,b);
Fs=double(intf)
Juewucha1=abs(T-Fs)
Juewucha2=abs(S-Fs)
```

运行后显示梯形公式及 Simpson 公式计算积分的值 T 及 S 和精确值 intf 的近似值 Fs 及其绝对误差 Juewucha1 及 Juewucha2 如下:

  T=2.9203   S=3.0973   Fs=3.1044

```
Juewucha1=0.1840   Juewucha2=0.0071
```

5.2 复化求积技术

5.2.1 从一个人口增长模型谈起

已知某地区人口增长率如表 5-2 所示,且初始年(1970 年)人口为 210 百万,试估计 1978 年的人口.

表 5-2

年份	1970	1972	1974	1976	1978
年增长率/(%)	0.87	0.85	0.89	0.91	0.95

人口增长率 $r(t)$ 满足微分方程 $\dfrac{\mathrm{d}x}{\mathrm{d}t}=r(t)\cdot x(t)$,其中 $x(t)$ 为时刻 t 的人口数, $r(t)$ 为离散数据由表 5-2 给出. 取 1970 年为初始时刻 $t=0$,则 1978 年的时间为 $t=8$. 则微分方程在初始条件 $x(0)=x_0=210$ 下的解为

$$x(8) = 210\mathrm{e}^{\int_0^8 r(t)\mathrm{d}t}.$$

以下先介绍复化的求积技术,再来解决上式中的定积分问题.

5.2.2 复化的求积技术

由以上分析,Newton-Cotes 求积公式的精度与所使用的区间大小有关. 如 Simpson 公式比梯形公式更多地利用了被积函数上的已知点,积分精度也相应提高. 但当 $n>7$ 时,Newton-Cotes 求积公式是不稳定的,就不能通过提高阶的方法来提高求积精度. 为了提高精度,类似于分段插值的基本思路,把积分区间分成若干个小区间,然后在每个小区间上使用低阶的 Newton-Cotes 求积公式积分,最后把每个小区间上的结果加起来作为函数在整个区间上积分的近似. 这种求积方法称为复化的求积方法. 同时,把区间细分,使得每个积分区间都比较小,也有利于减少误差.

1. 复化梯形公式

将区间 $[a,b]$ 划分为 n 等分,分点 $x_k=a+kh$,步长 $h=\dfrac{b-a}{n}(k=0,1,2,\cdots,n)$. 在每个子区间 $[x_k,x_{k+1}](k=0,1,2,\cdots,n-1)$ 上应用梯形公式(5.6),积分值记为 T_k,有

$$T_k = \frac{h}{2}[f(x_k)+f(x_{k+1})], \quad k=0,1,\cdots n-1.$$

记

$$T_n = \sum_{k=0}^{n-1} T_k = \frac{h}{2}\sum_{k=0}^{n-1}[f(x_k)+f(x_{k+1})] = \frac{h}{2}\Big[f(a)+2\sum_{k=1}^{n-1}f(x_k)+f(b)\Big]. \tag{5.14}$$

上式称为**复化梯形公式**.

2. 复化 Simpson 求积公式

将区间 $[a,b]$ 划分为 n 等分,在每个子区间 $[x_k, x_{k+1}]$ 上,应用 Simpson 公式(5.7), $h=\dfrac{b-a}{n}$,中点记为 $x_{k+1/2}$,积分值记为 S_k,则

$$S_k = \frac{h}{6}[f(x_k)+4f(x_{k+1/2})+f(x_{k+1})], \quad k=0,1,\cdots n-1.$$

记

$$\begin{aligned}S_n &= \sum_{k=0}^{n-1} S_k = \frac{h}{6}\sum_{k=0}^{n-1}[f(x_k)+4f(x_{k+1/2})+f(x_{k+1})] \\ &= \frac{h}{6}\Big[f(a)+4\sum_{k=0}^{n-1}f(x_{k+1/2})+2\sum_{k=1}^{n-1}f(x_k)+f(b)\Big].\end{aligned} \tag{5.15}$$

上式称为**复化 Simpson 求积公式**. 此公式是一种应用较广泛的方法之一.

算法 5.1(复化 Simpson 求积算法):

```
% input 积分下限 a,积分上限 b,误差控制 eps
% output 积分近似值 quad,Romberg 表 R
  1 M=1;h=b-a;err=1;K=0;R=zeros(4,4);
  2 R(1,0)=h*(f(a)+f(b))/2;
  3 while(err>eps)
    3.1 K=K+1;
    3.2 h=h/2;
    3.3 x=a+h:2*h:b-h;
    3.4 R(1,K+1)=R(1,K)/2+h*sum(f(x));
    3.5 for M=1:min(3,K)
      3.5.1 R(M+1,K+1)=R(M,K+1)+(R(M,K+1)-R(M,K))/(4^M-1);
    3.6 end
    3.7 if(k>3)
```

```
      3.7.1 err=abs(R(4,K+1)-R(4,K));
    3.8 end
  4 end
  5 quad=R(4,K).
```

3. 复化 Cotes 求积公式

将区间 $[a,b]$ 划分为 n 等分，在每个子区间 $[x_k,x_{k+1}]$ 上，应用 Cotes 公式(5.8)，$h=\dfrac{b-a}{n}$，内分点分别记为 $x_{k+1/4},x_{k+1/2},x_{k+3/4}$，积分值记为 $C_k,k=0,1,\cdots n-1$，记

$$\begin{aligned}
C_n &= \sum_{k=0}^{n-1} C_k = \frac{h}{90}\sum_{k=0}^{n-1}\big[7f(x_k)+32f(x_{k+1/4})+12f(x_{k+1/2}) \\
&\quad +32f(x_{k+3/4})+7f(x_{k+1})\big] \\
&= \frac{h}{90}\big[7f(a)+14\sum_{k=1}^{n-1}f(x_k)+32\sum_{k=0}^{n-1}f(x_{k+1/4}) \\
&\quad +12\sum_{k=0}^{n-1}f(x_{k+1/2})+32\sum_{k=0}^{n-1}f(x_{k+3/4})+7f(b)\big],
\end{aligned} \qquad (5.16)$$

上式称为复化 Cotes 求积公式，其中

$$x_{k+1/4}=x_k+\frac{h}{4},\quad x_{k+1/2}=x_k+\frac{h}{2},\quad x_{k+3/4}=x_k+\frac{3h}{4}.$$

4. 人口增长模型的解决

例 5.4　在这里用(5.15)式表示的复化 Simpson 求积公式来解决人口增长模型. 模型中所表示的 1978 年的人口表示为

$$x(8)=210\mathrm{e}^{\int_0^8 r(t)\mathrm{d}t}.$$

上式中的积分 $\int_0^8 r(t)\mathrm{d}t$ 采用复化的 Simpson 求积公式计算. 其中 $r(t)$ 为离散数据由表 5-2 给出.

解　由复化的 Simpson 求积公式(5.15)得，

$$\begin{aligned}
\int_0^8 r(t)\mathrm{d}t &= S_2 \approx \frac{4}{6}\big[f(0)+4f(2)+4f(6)+2f(4)+f(8)\big] \\
&= \frac{2}{3}(0.0087+4\times 0.0085+4\times 0.0091+2\times 0.0089+0.0095) \\
&= 0.070933,
\end{aligned}$$

所以 $x(8)=210\mathrm{e}^{\int_0^8 r(t)\mathrm{d}t}\approx 210\mathrm{e}^{0.070933}=225.44$(百万).

5.2.3 复化的求积技术的余项和数值稳定性

1. 复化梯形公式余项

其余项的计算,可由(5.10)式得

$$R_{T_n}[f] = \int_a^b f(x)\mathrm{d}x - T_n = \sum_{k=0}^{n-1}\left[-\frac{1}{12}h^3 f''(\eta_k)\right], \quad \eta_k \in [x_k, x_{k+1}]. \quad (5.17)$$

由于 $f''(x)$ 在区间 $[a,b]$ 上连续,且 $\min\limits_{0 \leqslant k \leqslant n-1} f''(\eta_k) \leqslant f''(\eta_k) \leqslant \max\limits_{0 \leqslant k \leqslant n-1} f''(\eta_k)$,因此

$$\min_{0 \leqslant k \leqslant n-1} f''(\eta_k) \leqslant \frac{1}{n}\sum_{k=0}^{n-1} f''(\eta_k) \leqslant \max_{0 \leqslant k \leqslant n-1} f''(\eta_k).$$

由介值定理,$\exists \eta \in (a,b)$,使

$$f''(\eta) = \frac{1}{n}\sum_{k=0}^{n-1} f''(\eta_k),$$

于是得复化梯形公式余项为

$$R_{T_n}[f] = -\frac{n}{12}h^3 f''(\eta) = -\frac{b-a}{12}h^2 f''(\eta), \quad \eta \in (a,b). \quad (5.18)$$

由(5.18)式知,当 $f(x) \in C^2[a,b]$ 时,有

$$\lim_{n \to \infty} T_n = \int_a^b f(x)\mathrm{d}x.$$

可见,复化梯形求积公式是收敛的.

又由式(5.17),$R_{T_n}[f] = \sum\limits_{k=0}^{n-1}\left[-\frac{1}{12}h^3 f''(\eta_k)\right]$,有

$$\lim_{h \to 0}\frac{R_{T_n}[f]}{h^2} = \frac{-1}{12}\left[\lim_{h \to 0}\sum_{k=0}^{n-1} h f''(\eta_k)\right] = \frac{-1}{12}\int_a^b f''(x)\mathrm{d}x = \frac{f'(a) - f'(b)}{12}.$$

所以复化梯形公式误差是 h^2 阶的,且是 2 阶收敛的. 此外,复化梯形公式 T_n 的求积系数都为正,所以复化梯形公式是稳定的.

2. 复化 Simpson 求积公式余项

其余项的计算可由(5.12)式得

$$R_{S_n}[f] = \int_a^b f(x)\mathrm{d}x - S_n = \sum_{k=0}^{n-1}\left[-\frac{b-a}{180}\left(\frac{b-a}{2}\right)^4 f^{(4)}(\eta_k)\right]$$

$$= -\frac{(b-a)^5}{2880}\sum_{k=0}^{n-1}[f^{(4)}(\eta_k)], \quad \eta_k \in [x_k, x_{k+1}]. \quad (5.19)$$

于是当 $f''(x)$ 在区间 $[a,b]$ 上连续时,类似复化梯形公式,得复化 Simpson 求积公式的余项为

$$R_{S_n}[f] = -\frac{nh^5}{2880}f^{(4)}(\eta) = -\frac{b-a}{180}\left(\frac{h}{2}\right)^4 f^{(4)}(\eta), \quad \eta \in (a,b). \quad (5.20)$$

由(5.20)式,当 $f(x) \in C^4[a,b]$ 时,有

$$\lim_{n \to \infty} S_n = \int_a^b f(x)\mathrm{d}x.$$

可见,复化 Simpson 求积公式是收敛的.

又由(5.19)式,$R_{S_n}[f] = -\sum_{k=0}^{n-1} \frac{h^5}{90}[f^{(4)}(\eta_k)]$,有

$$\lim_{h \to 0} \frac{R_{S_n}[f]}{h^4} = \frac{-1}{180}\left[\lim_{h \to 0} \sum_{k=0}^n 2h f^{(4)}(\eta_k)\right] = \frac{-1}{180}\int_a^b f^{(4)}(x)\mathrm{d}x = \frac{f'''(a) - f'''(b)}{180}.$$

所以复化 Simpson 求积公式误差是 h^4 阶的,且是 4 阶收敛的. 此外,复化 Simpson 求积公式 S_n 的求积系数都为正,所以复化 Simpson 求积公式也是稳定的.

由上所知,复化 Simpson 求积公式不但精度较高,而且求积公式较易编程上机计算,是一个较好的数值积分方法,应用较广泛.

同理可得,复化 Cotes 求积公式的余项为

$$R_{C_n}[f] = \int_a^b f(x)\mathrm{d}x - C_n = -\frac{2(b-a)}{945}\left(\frac{h}{4}\right)^6 f^{(6)}(\eta), \quad \eta \in (a,b). \quad (5.21)$$

复化 Cotes 求积公式误差是 h^6 阶的,且是 6 阶收敛的. 此外,复化 Cotes 求积公式 C_n 的求积系数都为正,所以复化 Cotes 求积公式也是稳定的.

5.2.4 软件介绍

在本节里,将通过数值例子和 Matlab 程序介绍本节提出的复化的求积技术的上机实现方法.

Matlab 系统为复化梯形公式(5.14)提供了计算程序 trapz.m,具体的调用格式如下.

调用格式一:

$$Z=\mathtt{trapz(Y)} \text{(单位步长)}$$

输入 Y,输出按复化梯形公式(5.14)计算 Y 的积分的近似值.

调用格式二:

$$Z=\mathtt{trapz(X,Y)}$$

输入 X,Y 为同长度的数组,输出按复化梯形公式(5.14)计算 Y 对 X 的积分的近似值.

Matlab 系统为复化 Simpson 求积公式(5.15)提供了计算程序 quad.m,具体的调用格式如下.

调用格式一：
$$\text{quad}('\text{fun}',a,b,\text{tol})$$
计算函数在区间$[a,b]$上的数值积分.其中函数$Y=\text{fun}(X)$是以 fun.m 文件命名的 M 文件函数,然后调用 Q=quad(@ fun,a,b,tol).或者是 F=inline('fun')的形式,然后调用 Q=quad(F,a,b).输出按复化的 Simpson 公式(5.15)计算 Y 的积分近似值.

也可以根据复化的 Simpson 公式(5.15)编写名为 comsimpson.m 的 Matlab 程序.

输入量:fun 是被积函数 $f(x)$,a,b 分别为积分下、上限,n 是小区间的数目.
输出量:用(5.15)式计算的数值积分值 y.

```
function y=comsimpson(fun10,a,b,n)
z1=feval(fun10,a)+feval(fun10,b);
m=n/2;
h=(b-a)/(2*m);
x=a;
z2=0;
z3=0;
x2=0;
x3=0;
for k=2:2:2*m
    x2=x+k*h;
    z2=z2+2*feval(fun10,x2);
end
for k=3:2:2*m
    x3=x+kVh;
    z3=z3+4*feval(fun10,x3);
end
y=(z1+z2+z3)'*h/3.
```

例 5.5 采用复化 Simpson 求积公式 Matlab 程序上机实现人口增长模型 $x(8)=210\text{e}^{\int_0^8 r(t)\text{d}t}$ 的解,其中 $r(t)$ 为离散数据,由表 5-2 给出.

解 式中的积分 $\int_0^8 r(t)\text{d}t$ 采用复化 Simpson 求积公式计算.首先用分段三次样条插值构造被积函数 $P(x)$,再用 quad.m 函数计算定积分.在 Matlab 工作窗口输入如下程序：

```
a=0;
```

5.2 复化求积技术

```
b=8;
t=a:2:b;
r=[0.0087 0.0085 0.0089 0.0091 0.0095];
pp=spline(t,r)
Q=quad(@ ppval,a,b,[],[],pp)
syms t
x0=210;
x1978=x0*exp(Q)
```

运行后显示用复化 Simpson 求积公式(quad.m)计算的积分值 Q 及 1978 年的人口数近似值 x1978.

Q=0.070933　x1978=225.44(百万)

例 5.6　调用函数 trapz(复化梯形公式)计算定积分 $I = \int_0^{\frac{\pi}{2}} e^{-x} \sin x \, dx$，精确到 10^{-4}，并与精确值进行比较.

解　将区间 $\left[0, \frac{\pi}{2}\right]$ 分成 20 等份，步长为 $\frac{\pi}{40}$，输入程序如下：

```
h=pi/40;
x=0:h:pi/2;
y=exp(-x).* sin(x);
zt=trapz(x,y)
syms x
fi=int(exp(-x).*sin(x),x,0,pi/2);
Fs=double(fi)
wchz=double(abs(fi-zt))
```

运行后显示用复化梯形公式计算的积分值 zt 如下：

zt=0.3954　Fs=0.3961　wchz=6.2082e-004

例 5.7　用 quad.m 和 comsipson.m(复化 Simpson 求积公式)计算定积分 $I = \frac{1}{\sqrt{2\pi}} \int_0^1 e^{-\frac{x^2}{2}} dx$，取 $h = \frac{\pi}{80}$，并与精确值进行比较.

解　(1) 建立 fun1.m 文件命名的 M 文件函数：

```
function y=fun1(x)
y=exp((-x.^2)./2)./(sqrt(2* pi));
```

(2) 输入程序

```
[Q1]=quad(@ fun1,0,1,1.e-4)
Q2=comsimpson(@ fun1,0,1,10000)
```

```
syms x
fi=int(exp((-x.^2)./2)./(sqrt(2* pi)),x,0,1);
Fs=double(fi)
wQ1=double(abs(fi-Q1))
wQ2=double(abs(fi-Q2))
```

运行后的计算结果如下:显示精确值 Fs,用 quad.m 和 comsipson.m 分别计算积分的近似值 Q1,Q2,及 Q1,Q2 分别与精确值 Fs 的绝对误差 wQ1,wQ2.

Q1=0.3413　Q2=0.3413

Fs=0.3413　wQ1=3.6619e-009　wQ2=3.7061e-005

5.3　Romberg 求积技术

5.3.1　从一个人口统计问题谈起

某城市 1990 年的人口密度近似为 $P(r)=\dfrac{4}{r^2+20}$. $P(r)$ 表示距市中心 r 千米区域内的人口数,单位为每平方千米 10 万人. 试求距市中心 2 千米区域内的人口数.

设距市中心的距离由 r 变为 $r+\Delta r$,此环形区域内人口密度近似为 $P(r)$,环形区域的面积为 $\Delta S=\pi(r+\Delta r)^2-\pi r^2=2\pi r\Delta r+\pi(\Delta r)^2\approx 2\pi r\Delta r$($\Delta r$ 很小时),则环形区域内人口数近似为 $\Delta P=P(r)\Delta S\approx P(r)\cdot 2\pi r\Delta r$. 由定积分的微元法得距市中心 2 千米区域内的人口数为 $N=\int_0^2 P(r)2\pi r\mathrm{d}r$. 所以当 $P(r)=\dfrac{4}{r^2+20}$ 时,有

$$N=\int_0^2 \frac{4}{r^2+20}2\pi r\mathrm{d}r.$$

以下先介绍 Romberg 求积技术,再来解决此积分问题.

5.3.2　Romberg 求积技术

以上介绍的复化求积方法对提高计算精度是行之有效的,但是,在使用求积公式之前必须事先给定步长 h. 但步长取得太大难以保持精度;步长取得太小又会增加计算量,并且中间的累计误差也会增大. 因此需要事先给定一个合适的步长 h. 而在使用复化求积公式时,由于误差估计式中含有 $f''(\eta), f^{(4)}(\eta), f^{(6)}(\eta)$,而这是不知道的,因而合适的步长 h 往往难以确定. 因此,在实际计算时常采用变步长计算方案. 即在步长逐次减半的过程中,反复利用复化求积公式进行计算,直到所求得的积分满足精度要求为止. 而判定积分满足精度要求的依据是:前后两次积分计

5.3 Romberg 求积技术

算结果之差的绝对值小于给定的任意小正数 ε,即 $I_{2n}-I_n<\varepsilon$,则取 $I\approx I_{2n}$.

1. 步长逐次减半省算方案（变步长求积法）

以下以复化梯形公式为例进行推导变步长求积法. 将求积区间 $[a,b]$ 分为 n 等份,则共有 $n+1$ 个等分点 $x_k=a+kh$,这里 $h=\dfrac{b-a}{n}$, $k=0,1,\cdots,n$. 由 $n+1$ 个点上函数值 $f(x_k)(k=0,1,\cdots,n)$ 求得的积分值记为 T_n; 由 $2n+1$ 个点上函数值 $f(x_k)(k=0,1,\cdots,2n)$ 求得的积分值记为 T_{2n}. 先考察一个子区间 $[x_k,x_{k+1}]$,其中点为 $x_{k+1/2}=x_k+\dfrac{h}{2}$,则在子区间 $[x_k,x_{k+1}]$ 上,有

$$T_k=\frac{h}{2}[f(x_k)+f(x_{k+1})];$$

在小区间 $[x_k,x_{k+1/2}]$ 上,有

$$I_{k_1}=\frac{1}{2}\cdot\frac{h}{2}[f(x_k)+f(x_{k+1/2})];$$

在小区间 $[x_{k+1/2},x_k]$ 上,有

$$I_{k_2}=\frac{1}{2}\cdot\frac{h}{2}[f(x_{k+1/2})+f(x_{k+1})].$$

将上述关系式对 k 从 0 到 $n-1$ 累加求和,即可得出下列递推公式:

$$T_n=\sum_{k=0}^{n-1}T_k\triangleq T(h),$$

$$\begin{aligned}T_{2n}&=\sum_{k=0}^{n-1}(I_{k_1}+I_{k_2})=\frac{h}{4}\sum_{k=0}^{n-1}[f(x_k)+2f(x_{k+1/2})+f(x_{k+1})]\\&=\frac{1}{2}\sum_{k=0}^{n-1}\frac{h}{2}[f(x_k)+f(x_{k+1})]+\frac{h}{2}\sum_{k=0}^{n-1}f(x_{k+1/2})\\&=\frac{1}{2}T_n+\frac{b-a}{2n}\sum_{i=0}^{n-1}f(x_{k+1/2})\triangleq T\!\left(\frac{h}{2}\right).\end{aligned}\tag{5.22}$$

这就导出了 T_n 和 T_{2n} 之间的关系: T_{2n} 等于 $\dfrac{1}{2}T_n$ 加上所有新的二分点上的函数值 $f(x_{k+1/2})$ 的 $\dfrac{b-a}{2n}$ 倍,大大节省了计算量. 称 (5.22) 式为**变步长的梯形求积公式**.

复化 Simpson 求积公式,复化 Cotes 求积公式也可类似进行推导.

若记 $f(x_{k+1/2})=f\!\left(a+(2i-1)\dfrac{b-a}{2^k}\right)$,其中 $k=1,2,\cdots$ 为区间 $[a,b]$ 逐次分半次数; $i=1,2,4,\cdots,2^{k-1}$. 则梯形公式的步长逐次分半递推计算公式可另记为

$$\begin{cases} T_{2^0} = \dfrac{b-a}{2}[f(a)+f(b)] \\ T_{2^k} = \dfrac{T_{2^{k-1}}}{2} + \dfrac{b-a}{2^k}\sum_{i=1}^{2^{k-1}} f\left(a+(2i-1)\dfrac{b-a}{2^k}\right) \quad (k=1,2,\cdots). \end{cases} \quad (5.23)$$

一般地,记 $T_{2^k}=T\left(\dfrac{b-a}{2^k}\right), k=0,1,2,\cdots$,用来表示把区间$[a,b]$等分为 2^k 份时所计算的梯形值.

算法 5.2(变步长梯形求积算法):

(1) 输入 a,b,ε; $h=b-a$; $T_1=\dfrac{h}{2}[f(a)+f(b)]$;

(2) $s=0$; $x=a+\dfrac{h}{2}$;

(3) $s=s+f(x)$; $x=x+h$; 如果 $x<b$,则转步骤 2); $T_2=\dfrac{T_1}{2}+\dfrac{h}{2}s$;

(4) 如果 $|T_2-T_1|\geqslant\varepsilon$,则 $h=\dfrac{h}{2}$; $T_1=T_2$; 转步骤 2); 否则输出 T_2;

算法结束.

2. Romberg 求积法

上述变步长法则解决了误差的估计,又给出了省算方案. 但当精度要求很高时,计算量也会很大. 所以就要寻找一种相对计算量小一些、精度又高一些的求积方法. 先来讨论变步长的过程中梯形法的计算规律.

由以上可知,将区间$[a,b]$ n 等分后,带余项的积分值为

$$I=T_n+R_{T_n}[f]=T_n-\dfrac{b-a}{12}h^2 f''(\eta_1),$$

将区间分半后,记积分值为 $I=T_{2n}-\dfrac{b-a}{12}\left(\dfrac{h}{2}\right)^2 f''(\eta_2)$,若 $f''(x)$在$[a,b]$内变化不大,即有 $f''(\eta_1)\approx f''(\eta_2)$,则有$\dfrac{I-T_n}{I-T_{2n}}\approx 4$. 移项整理得

$$I-T_{2n}=\dfrac{1}{4-1}(T_{2n}-T_n).$$

再由复化 Simpson 求积公式的余项(5.20)式及复化 Cotes 求积公式的余项(5.21)式,同理可推出

$$I-S_{2n}=\dfrac{1}{4^2-1}(S_{2n}-S_n),$$

5.3 Romberg 求积技术

$$I-C_{2n}=\frac{1}{4^3-1}(C_{2n}-C_n).$$

考察 $I-T_{2n}=\frac{1}{4-1}(T_{2n}-T_n)$. 在这里若用 T_{2n} 近似 I,则其误差为 $\frac{1}{4-1}(T_{2n}-T_n)$. 所以要使 $|I-T_{2n}|<\varepsilon$,只要 $|T_{2n}-T_n|<\varepsilon$ 即可. 取 T_{2n} 为所求得的近似值,步长 $h=\frac{b-a}{2n}$ 也为所需步长. 这种直接利用计算结果来估计误差的方法称为事后估计误差法. 所以可以考虑把误差值 $\frac{1}{4-1}(T_{2n}-T_n)$ 作为 T_{2n} 的一种补偿,所得的近似值可能要比 T_{2n} 的结果更好.

由 $I-T_{2n}=\frac{1}{4-1}(T_{2n}-T_n)$,得 $I=T_{2n}+\frac{1}{4-1}(T_{2n}-T_n)$. 记

$$\overline{T}=T_{2n}+\frac{1}{3}(T_{2n}-T_n)=\frac{4}{3}T_{2n}-\frac{1}{3}T_n$$

分析 $\overline{T}$:

$$\overline{T}=\frac{4}{3}T_{2n}-\frac{1}{3}T_n=\frac{4}{3}\left[\frac{1}{2}T_n+\frac{h}{2}\sum_{k=0}^{n-1}f(x_{k+1/2})\right]-\frac{1}{3}T_n=\frac{1}{3}T_n+\frac{4}{6}h\sum_{k=0}^{n-1}f(x_{k+1/2})$$

$$=\frac{1}{3}\cdot\frac{h}{2}\left[f(a)+2\sum_{k=1}^{n-1}f(x_k)+f(b)\right]+\frac{4}{6}h\sum_{k=0}^{n-1}f(x_{k+1/2})$$

$$=\frac{h}{6}\left[f(a)+4\sum_{k=0}^{n-1}f(x_{k+1/2})+2\sum_{k=1}^{n-1}f(x_k)+f(b)\right]$$

$$=S_n,$$

所以 $\overline{T}\approx S_n\sim O(h^4)$,而 $T_n\sim O(h^2)$,$T_{2n}\sim O\left(\frac{h}{2}\right)^2$,可见用 $\overline{T}\approx I^*$ 比 $T_{2n}\approx I^*$ 效果更好.

由此可以看出,将 T_n 与 T_{2n} 公式进行组合,可以加快计算速度,得到 S_n 的公式;同理,将 S_n 与 S_{2n} 公式进行组合,可以加速,得到 C_n 公式;将 C_n 与 C_{2n} 公式进行组合,可以加速,得到 R_n 公式. 即

$$\overline{T}=\frac{4}{3}T_{2n}-\frac{1}{3}T_n=S_n, \qquad (5.24)$$

$$\overline{S}=\frac{16}{15}S_{2n}-\frac{1}{15}S_n=C_n, \qquad (5.25)$$

$$\overline{C}=\frac{64}{63}C_{2n}-\frac{1}{63}C_n=R_n. \qquad (5.26)$$

(5.24)式,(5.25)式,(5.26)式分别称为梯形加速公式,Simpson 加速公式和 Cotes 加速公式. 式(5.26)即为 Romberg 公式.

上述方法即在变步长求积过程中,运用梯形加速公式,得到 Simpson 序列:

$$S_n = \frac{4}{3}T_{2n} - \frac{1}{3}T_n = \frac{4T_{2n}-T_n}{4^1-1}; \tag{5.27}$$

运用 Simpson 加速公式,得到 Cotes 序列

$$C_n = \frac{16}{15}S_{2n} - \frac{1}{15}S_n = \frac{4^2 S_{2n}-S_n}{4^2-1}; \tag{5.28}$$

运用 Cotes 加速公式,得到 Romberg 序列

$$R_n = \frac{64}{63}C_{2n} - \frac{1}{63}C_n = \frac{4^3 C_{2n}-C_n}{4^3-1}. \tag{5.29}$$

由此可知,由(5.27)式、(5.28)式、(5.29)式进行计算时,可以将粗糙的梯形值 T_n 逐步加工成精度较高的 Simpson 值,进而 Cotes 值,再进而 Romberg 值,这种求积方案称为 **Romberg 求积算法**,亦称为逐次分半线性加速收敛法.

为了统一上面的符号,记 $T_1(h) = T(h)$ 为将区间 n 等分的梯形值,则将上面由(5.27)式、(5.28)式、(5.29)式所表示的 Romberg 求积算法写成一般形式为

$$T_{m+1}(h) = \frac{4^m T_m\left(\frac{h}{2}\right) - T_m(h)}{4^m - 1}, \quad m=1,2,\cdots \tag{5.30}$$

其中 m 表示加速次数.

可以验证 $T_2(h)$ 为复化 Simpson 求积公式,$T_3(h)$ 为复化 Cotes 求积公式. 一般说来,$T_m(h)$ 的误差阶是 $2m$ 次,但随着 m 的增大,舍入误差也不断积累,因此一般计算到 $T_4(h)$ 即可,$T_4(h)$ 即为 Romberg 序列.

综上符号所记可知,由 $T_1\left(\dfrac{b-a}{2^k}\right), k=0,1,2,\cdots$ 表示的即是梯形公式序列:$T_1, T_2, T_4, T_8, \cdots$;由 $T_2\left(\dfrac{b-a}{2^k}\right), k=0,1,2,\cdots$ 表示的即是 Simpson 公式序列:$S_1, S_2, S_4, S_8, \cdots$;由 $T_3\left(\dfrac{b-a}{2^k}\right), k=0,1,2,\cdots$ 表示的即是 Cotes 公式序列:$C_1, C_2, C_4, C_8, \cdots$;由 $T_4\left(\dfrac{b-a}{2^k}\right), k=0,1,2,\cdots$ 表示的即是 Romberg 公式序列:$R_1, R_2, R_4, \cdots$,一般为记录方便将 $T_i\left(\dfrac{b-a}{2^k}\right)$ 记为 $T_{i,k}$(特别地,$T_{1,0} = \dfrac{b-a}{2}[f(a)+f(b)]$ 为梯形公式),其中 $i=1,2,3,4; k=1,2,\cdots$ 表示区间 $[a,b]$ 逐次分半次数,则由(5.30)式表示的 Romberg 加速公式可记为

$$T_{m+1,k} = \frac{4^m T_{m,k} - T_{m,k}}{4^m - 1}, \quad m=1,2,3; k=0,1,2,\cdots \tag{5.31}$$

用 $T_{m+1,k}$ 表示的 Romberg 积分数值表,称为 T 数表(表 5-3).

5.3 Romberg 求积技术

表 5-3 T 数表

步长 h	梯形	Simpson	Cotes	Romberg
$b-a$	$T_{1,0}$			
$\dfrac{b-a}{2}$	$T_{1,1}$	$T_{2,0}$		
$\dfrac{b-a}{2^2}$	$T_{1,2}$	$T_{2,1}$	$T_{3,0}$	
$\dfrac{b-a}{2^3}$	$T_{1,3}$	$T_{2,2}$	$T_{3,1}$	$T_{4,0}$
$\dfrac{b-a}{2^4}$	$T_{1,4}$	$T_{2,3}$	$T_{3,2}$	$T_{4,1}$

T 数表在计算机上的计算步骤为

(1) $T_{1,0} = \dfrac{b-a}{2}[f(a)+f(b)]$；

(2) $T_{1,k} = \dfrac{T_{1,k-1}}{2} + \dfrac{b-a}{2^k}\sum\limits_{i=1}^{2^{k-1}}f\left(a+(2i-1)\dfrac{b-a}{2^k}\right),\quad k=1,2,\cdots$；

(3) $T_{m+1,k} = \dfrac{4^m T_{m,k+1} - T_{m,k}}{4^m - 1},\quad m=1,2,3; k=0,1,2,\cdots$；

(4) 对给定的精度 ε，若 $|T_{4,k+1} - T_{4,k}| < \varepsilon$，计算终止. 则取 $T_{4,k}$ 作为积分的近似值.

算法 5.3（Romberg 求积算法）：

```
% input 积分下限 a,积分上限 b,误差控制 eps
% onput 积分近似值 quad,Romberg 表 R
  1 M=1;h=b-a;err=1;K=0;R=zeros(4,4);
  2 R(1,0)=h*(f(a)+f(b))/2;
  3 while(err> eps)
    3.1 K=K+ 1;
    3.2 h=h/2;
    3.3 x=a+h:2*h:b-h;
    3.4 R(1,K+1)=R(1,K)/2+h*sum(f(x));
    3.5 for M=1:min(3,K)
        3.5.1 R(M+1,K+1)=R(M,K+1)+(R(M,K+1)-R(M,K))/(4^M-1);
    3.6 end
    3.7 if(k>3)
        3.7.1 err=abs(R(4,K+1)-R(4,K));
```

3.8 end
4 end
5 quad=R(4,K).

3. 人口统计问题的解决

例 5.8 某城市 1990 年的人口密度近似为 $P(r)=\dfrac{4}{r^2+20}$,距市中心 2 千米区域内的人口数为 $N=\int_0^2 \dfrac{4}{r^2+20}2\pi r\mathrm{d}r$. 利用(5.22)式,(5.27)~(5.29)式所表示的 Romberg 求积技术求解此积分.

解 第一步,计算 $f(0),f(2),T_1$:

$$f(0)=0, f(2)=\dfrac{2}{3}\pi,$$

$$T_1=\dfrac{2-0}{2}[f(0)+f(2)]=\dfrac{2}{3}\pi\approx 2.094395.$$

第二步(区间分半,$n=1$),计算 $f(1),T_2,S_1$:

$$f(1)=\dfrac{8}{21}\pi,$$

$$T_2=\dfrac{1}{2}T_1+\dfrac{2-0}{2\cdot 1}\cdot f(1)=\dfrac{1}{2}\cdot\dfrac{2}{3}\pi+\dfrac{8}{21}\pi=\dfrac{5}{7}\pi\approx 2.243995,$$

$$S_1=\dfrac{4}{3}T_2-\dfrac{1}{3}T_1=\dfrac{4}{3}\cdot\dfrac{5}{7}\pi-\dfrac{1}{3}\cdot\dfrac{2}{3}\pi=\dfrac{46}{63}\pi\approx 2.293861.$$

第三步(区间再分半,$n=2$),计算 $f\left(\dfrac{1}{2}\right),f\left(\dfrac{3}{2}\right),T_4,S_2,C_1$:

$$f\left(\dfrac{1}{2}\right)=\dfrac{16}{81}\pi, \quad f\left(\dfrac{3}{2}\right)=\dfrac{48}{89}\pi,$$

$$T_4=\dfrac{1}{2}T_2+\dfrac{2-0}{2\cdot 2}\cdot\left[f\left(\dfrac{1}{2}\right)+f\left(\dfrac{3}{2}\right)\right]$$

$$=\dfrac{1}{2}\cdot\dfrac{5}{7}\pi+\dfrac{1}{2}\cdot\left[\dfrac{16}{81}\pi+\dfrac{48}{89}\pi\right]\approx 2.279449,$$

$$S_2=\dfrac{4}{3}T_4-\dfrac{1}{3}T_2=\dfrac{4}{3}\cdot\left(\dfrac{5}{14}\pi+\dfrac{8}{81}\pi+\dfrac{24}{89}\pi\right)-\dfrac{1}{3}\cdot\dfrac{5}{7}\pi\approx 2.291267,$$

$$C_1=\dfrac{16}{15}S_2-\dfrac{1}{15}S_1\approx\dfrac{16}{15}\times 2.291267-\dfrac{1}{15}\times 2.293861=2.291094.$$

第四步(区间再分半,$n=4$),计算 $f\left(\dfrac{1}{4}\right),f\left(\dfrac{3}{4}\right),f\left(\dfrac{5}{4}\right),f\left(\dfrac{7}{4}\right),T_8,S_4,$

5.3 Romberg 求积技术

C_2,R_1:

$$T_8 = \frac{1}{2}T_4 + \frac{2-0}{2\cdot 4}\cdot\left[f\left(\frac{1}{4}\right)+f\left(\frac{3}{4}\right)+f\left(\frac{5}{4}\right)+f\left(\frac{7}{4}\right)\right]$$

$$= \frac{5}{28}\pi + \frac{4}{81}\pi + \frac{12}{89}\pi + \frac{1}{4}\cdot\left[\frac{32}{321}\pi + \frac{96}{329}\pi + \frac{160}{345}\pi + \frac{224}{369}\pi\right] \approx 2.288209,$$

$$S_4 = \frac{4}{3}T_8 - \frac{1}{3}T_4 \approx \frac{4}{3}\cdot 2.288209 - \frac{1}{3}\cdot 2.279449 = 2.291129,$$

$$C_2 = \frac{16}{15}S_4 - \frac{1}{15}S_2 \approx \frac{16}{15}\times 2.291129 - \frac{1}{15}\times 2.291267 = 2.291120,$$

$$R_1 = \frac{64}{63}C_2 - \frac{1}{63}C_1 \approx \frac{64}{63}\times 2.291120 - \frac{1}{63}\times 2.291094 = 2.291120.$$

即距市中心 2 千米区域内的人口数为

$$N = \int_0^2 \frac{4}{r^2+20}2\pi r\mathrm{d}r \approx 2.291120.$$

5.3.3 软件介绍

在本节里,将通过数值例子和 Matlab 程序介绍本节提出的 Romberg 求积技术的上机实现方法.

由 T 数表在计算机上的计算步骤及算法 5.3(Romberg 求积算法)编写名为 romberg.m 的 Matlab 程序.

输入量:fun 是被积函数 $f(x)$,a,b 分别是积分下、上限,m 是 Romberg 积分表中行的最大数目,wucha 是两次相邻迭代值的绝对误差限,即 $|T_{j+1,j+1} - T_{j+1,j}|$ 小于 wucha.

输出量:RT 是 Romberg 积分表,R 是利用 Romberg 求积公式计算定积分 $\int_a^b f(x)\mathrm{d}x$ 的数值积分值,wugu 是误差估计,h 是最小步长.

```
function[RT,R,wugu,h]=romberg(fun11,a,b,wucha,m)
n=1;
h=b-a;
wugu=1;
x=a;
k=0;
RT=zeros(4,4);
RT(1,1)=h*(feval(fun11,a)+feval(fun11,b))/2;
while ((wugu>wucha)&&(k<m)||(k<4))
    k=k+1;
```

```
            h=h/2;
            s=0;
            for j=1:n
                x=a+h*(2*j-1);
                s=s+feval(fun11,x);
            end
            RT(k+1,1)=RT(k,1)/2+h*s;
            n=2*n;
            for i=1:k
                RT(k+1,i+1)=((4^i)*RT(k+1,i)-RT(k,i))/(4^i-1);
            end
            wugu=abs(RT(k+1,k)-RT(k+1,k+1));
      end
      R=RT(k+1,k+1);
```

例 5.9 采用 Romberg 求积公式 Matlab 程序上机实现人口统计问题 $N = \int_0^2 \frac{4}{r^2+20} 2\pi r dr$ 的题解.

解 （1）建立并保存名为 fun12.m 文件命名的 M 文件函数.

```
      function P=fun12(x)
      P=2*pi*x.*4./(x.^2+20);
```

（2）取 $|T_{j+1,j+1} - T_{j+1,j}| < \varepsilon$ 作为计算终止的条件，输入程序：

```
[RT,R,wugu,h]=romberg(@ fun12,0,2,1.e-5,13)
syms x
fi=int(2*pi*x.*4./(x.^2+20),x,0,2);
Fs=double(fi)
wR=double(abs(fi-R))
wR1=wR-wugu
```

运行后显示计算结果如下：

```
RT=2.0944       0         0         0         0
    2.2440   2.2939        0         0         0
    2.2794   2.2913    2.2911        0         0
    2.2882   2.2911    2.2911    2.2911        0
    2.2904   2.2911    2.2911    2.2911    2.2911
R=2.2911        wugu=3.8092e-010       h=0.1250
Fs=2.2911       wR=1.1971e-010         wR1=-2.6121e-010
```

5.3 Romberg 求积技术

其中,RT 是 Romberg 积分表,R 是 Romberg 积分公式计算 2 千米区域内的人口数的近似值,Fs 是精确值,wR 是 R 与精确值的绝对误差,wR1 是 wR 与误差估计 wugu 之间的误差.

例 5.10 取精度为 $\varepsilon = 10^{-5}$,用 $|T_{j+1,j+1} - T_{j+1,j}| < \varepsilon$ 作为计算终止的条件,用 romberg.m 程序(Romberg 求积公式)计算定积分 $I = \int_{-2}^{2} x^3 \sin x \, dx$,并输出积分表,最小步长 h=0.125. 并将数值积分值与精确值进行比较.

解 (1) 建立并保存名为 fun11.m 文件命名的 M 文件函数.
```
function y=fun11(x)
y=x^3* sin(x);
```
(2) 取 $|T_{j+1,j+1} - T_{j+1,j}| < \varepsilon$ 作为计算终止的条件,输入程序:
```
[RT,R,wugu,h]=romberg(@ fun11,-2,2,1.e-5,13)
syms x
fi=int(x^3*sin(x),x,-2,2)
Fs=double(fi)
wR=double(abs(fi-R))
wR1=wR-wugu
```
运行后显示计算结果如下:

```
RT=29.0975        0         0         0         0         0
   14.5488    9.6992        0         0         0         0
    8.9573    7.0935    6.9198        0         0         0
    7.9051    7.5544    7.5851    7.5957        0         0
    7.6618    7.5807    7.5824    7.5824    7.5823        0
    7.6022    7.5823    7.5824    7.5824    7.5824    7.5824
R=7.5824                    wugu=4.6212e-008    h=0.1250
fi=8*cos(2)+ 12*sin(2)   Fs=7.5824              wR=3.5182e-008
wR1=-1.1030e-008
```

其中,RT 是 Romberg 积分表,R 是 Romberg 积分公式计算 I 的近似值,Fs 是精确值,wR 是 R 与精确值的绝对误差,wR1 是 wR 与误差估计 wugu 之间的误差.

由于实际问题计算时要考虑到精度要求和计算量,因而不同求积公式各有特点. 梯形求积公式和 Simpson 求积公式虽然计算简单、使用方便,但是精度较差,但对于光滑性较差的被积函数有时比高精度方法更为有效. 尤其梯形公式对被积函数是周期函数的效果更为突出. $n > 7$ 时,Newton-Cotes 公式是不稳定的,而复化梯形公式和复化 Simpson 求积公式既保留了低阶公式的优点,又能获得较高的精度,因此在实际计算中应用的最为广泛. 利用二分技术得到的 Romberg 算法较简单,精度较高,易于编程实现,是一个在计算机上求积的有效算法.当节点加密提高积分近似精度时,前面计算的结果可以为后面所用,对减少计算量很有好处,并有比较简单的误差估计,能得到若干积分序列,如果在做收敛性控制时,同时检查各行、各列,对于不同性态的函数可以用其中最快的收敛序列来逼近积分.

5.4 数值微分技术

5.4.1 从人口增长率的问题谈起

计算给定的人口数据对应的人口增长率.已知 20 世纪美国人口统计数据如表 5-4 所示,计算所列年份的人口增长率.

表 5-4

年份	1900	1910	1920	1930	1940	1950	1960	1970	1980	1990
人口$/10^6$	76.0	92.0	106.5	123.2	131.7	150.7	178.3	204.0	226.5	251.4

若视 1900 年为初始时刻 $x_0=1900, h=10$,则 1900—1990 年份分别为时刻 $x_1=1910, x_2=1920, \cdots, x_9=1990$. 相应的人口记为 y_k,年增长率为 $r_k(k=0,1,2,\cdots,9)$,则相应的人口(相对)增长率为 $r(t) = \dfrac{\mathrm{d}y(t)}{\mathrm{d}t}/y(t)$,表示每 10 年人口增长的比例.

以下先介绍数值微分技术,再利用数值微分方法来解决此问题.

5.4.2 差商型数值微分

当函数 $f(x)$ 是以离散数据给出或函数的表达式很复杂时,常用数值微分近似计算 $f(x)$ 的导数 $f'(x)$. 在微积分中,导数 $f'(x)$ 有以下三种定义形式:

$$f'(x) = \lim_{h \to 0} \frac{f(x+h)-f(x)}{h} = \lim_{h \to 0} \frac{f(x)-f(x-h)}{h}$$
$$= \lim_{h \to 0} \frac{f(x+h)-f(x-h)}{2h}, \tag{5.32}$$

即用函数差商的极限来定义函数导数.在数值计算中,常取用差商作为导数的近似值.

将 $f(x_0+h), f(x_0-h)$ 分别在点 x_0 处泰勒展开

$$f(x_0+h) = f(x_0) + hf'(x_0) + \frac{h^2}{2!}f''(x_0) + \frac{h^3}{3!}f'''(x_0) + \cdots,$$
$$f(x_0-h) = f(x_0) - hf'(x_0) + \frac{h^2}{2!}f''(x_0) - \frac{h^3}{3!}f'''(x_0) + \cdots. \tag{5.33}$$

5.4 数值微分技术

由(5.32)式及(5.33)式,可得到几种带余项的数值微分公式:

$$f'(x_0) \approx \frac{f(x_0+h)-f(x_0)}{h} + \frac{h}{2}f''(\xi_1), \quad x_0 \leqslant \xi_1 \leqslant x_0+h, \quad (5.34)$$

$$f'(x_0) \approx \frac{f(x_0)-f(x_0-h)}{h} + \frac{h}{2}f''(\xi_2), \quad x_0-h \leqslant \xi_2 \leqslant x_0, \quad (5.35)$$

$$f'(x_0) \approx \frac{f(x_0+h)-f(x_0-h)}{2h} + \frac{h^2}{3!}f'''(\xi_3), \quad x_0-h \leqslant \xi_3 \leqslant x_0+h. \quad (5.36)$$

(5.34)式、(5.35)式、(5.36)式所表示导数的近似值分别称为向前差商公式,向后差商公式,中心差商公式. 其误差阶分别为 $O(h), O(h), O(h^2)$. 其中(5.36)式又称作中心方法,它是前两种方法的算术平均且误差阶提高了一阶,它是一种最常用的方法.

5.4.3 插值型数值微分

对于给定的列表函数 $f(x)$,建立插值多项式 $P_n(x)$ 来近似函数 $f(x)$. 用 $P_n(x)$ 的导数 $P'_n(x)$ 值作为 $f'(x)$ 的近似值. 即公式 $P'_n(x) \approx f'(x)$ 统称为插值型的求导公式.

设 $P_n(x)$ 的插值余项为 $R_n(x)$,由插值余项定理知,$R_n(x) = \frac{f^{(n+1)}(\xi)}{(n+1)!}\omega_{n+1}(x)$,则求导公式的余项

$$R'_n(x) = f'(x) - P'_n(x) = \frac{f^{(n+1)}(\xi)}{(n+1)!}\omega'_{n+1}(x) + \frac{\omega_{n+1}(x)}{(n+1)!}\frac{\mathrm{d}}{\mathrm{d}x}f^{(n+1)}(\xi),$$

式中 $\omega_{n+1}(x) = \prod_{i=0}^{n}(x-x_i)$. 在节点 $x_0, x_1, \cdots, x_n$ 给定的条件下,ξ 与 x 有关,而 $f^{(n+1)}(\xi)$ 是无法知道的,所以无法对余项中的第二项 $\frac{\omega_{n+1}(x)}{(n+1)!}\frac{\mathrm{d}}{\mathrm{d}x}f^{(n+1)}(\xi)$ 给出进一步的说明. 故在非插值节点处 $f'(x) \approx P'_n(x)$ 时,余项 $R'_n(x)$ 无法估计. 但对于某个节点 x_k 处的导数值,余项中的第二项为零,这时余项 $R'_n(x_k) = \frac{f^{(n+1)}(\xi)}{(n+1)!}\omega'_{n+1}(x_k)$. 则有带余项的求导公式

$$f'(x_k) = P'_n(x_k) + \frac{f^{(n+1)}(\xi)}{(n+1)!}\omega'_{n+1}(x_k), \quad k=0,1,\cdots,n. \quad (5.37)$$

(5.37)式又称为节点 x_k 处的数值微分公式.

下面仅仅考虑等距节点 $x_k = x_0 + kh$ 处的几个常用的数值微分公式.

1. 两点公式

设给定的两个节点 x_0, x_1 上的函数值 $f(x_0), f(x_1)$,对线性插值公式两端求

导,记 $h=x_1-x_0$,有

$$P'_1(x)=\left[\frac{x-x_1}{x_0-x_1}f(x_0)+\frac{x-x_0}{x_1-x_0}f(x_1)\right]'=\frac{f(x_1)-f(x_0)}{x_1-x_0}$$

$$=\frac{1}{h}[f(x_1)-f(x_0)].$$

于是有下列两点求导公式:

$$P'_1(x_0)=\frac{1}{h}[f(x_1)-f(x_0)],$$

$$P'_1(x_1)=\frac{1}{h}[f(x_1)-f(x_0)].$$

又余项为

$$R'_1(x_k)=\frac{f''(\xi)}{2}\omega'_2(x_k)=\frac{f''(\xi)}{2}[(x-x_0)(x-x_1)]'|_{x=x_k}$$

$$=\frac{f''(\xi)}{2}(2x-x_0-x_1)|_{x=x_k}=\begin{cases}-\dfrac{f''(\xi)}{2}h,&k=0,\\[2mm]\dfrac{f''(\xi)}{2}h,&k=1.\end{cases}$$

所以带余项的两点公式为

$$f'(x_0)=\frac{1}{h}[f(x_1)-f(x_0)]-\frac{h}{2}f''(\xi_0),$$

$$f'(x_1)=\frac{1}{h}[f(x_1)-f(x_0)]+\frac{h}{2}f''(\xi_1),$$

其截断误差为$O(h)$.

2. 三点公式

设给定的三个节点 $x_0,x_1=x_0+h,x_2=x_0+2h$ 上的函数值 $f(x_0),f(x_1)$, $f(x_2)$,对二次插值公式两端求导,有

$$P'_2(x)=\left[\frac{(x-x_1)(x-x_2)}{(x_0-x_1)(x_0-x_2)}f(x_0)+\frac{(x-x_1)(x-x_2)}{(x_1-x_0)(x_1-x_2)}f(x_1)+\frac{(x-x_0)(x-x_1)}{(x_2-x_0)(x_2-x_1)}f(x_2)\right]'$$

$$=\frac{2x-x_1-x_2}{2h^2}f(x_0)+\frac{2x-x_0-x_2}{-h^2}f(x_1)+\frac{2x-x_0-x_1}{2h^2}f(x_2).$$

于是有下列三点求导公式:

$$P'_2(x_0)=\frac{1}{2h}[-3f(x_0)+4f(x_1)-f(x_2)],$$

$$P'_2(x_1)=\frac{1}{2h}[-f(x_0)+f(x_2)],$$

5.4 数值微分技术

$$P'_2(x_2) = \frac{1}{2h}[f(x_0) - 4f(x_1) + 3f(x_2)].$$

又余项

$$R'_2(x_k) = \frac{f'''(\xi)}{3!}\omega'_3(x_k) = \frac{f'''(\xi)}{6}[(x-x_0)(x-x_1)(x-x_2)]'|_{x=x_k}$$

$$= \frac{f'''(\xi)}{6}[(x-x_1)(x-x_2) + (x-x_0)(x-x_2) + (x-x_0)(x-x_1)]|_{x=x_k}$$

$$= \begin{cases} -\dfrac{f'''(\xi_0)}{3}h^2, & k=0, \\ \dfrac{f'''(\xi_1)}{-6}h^2, & k=1, \\ \dfrac{f'''(\xi_2)}{3}h^2, & k=2. \end{cases}$$

所以带余项的三点公式为

$$f'(x_0) = \frac{1}{2h}[-3f(x_0) + 4f(x_1) - f(x_2)] + \frac{h^2}{3}f'''(\xi_0), \quad (5.38)$$

$$f'(x_1) = \frac{1}{2h}[-f(x_0) + f(x_1)] - \frac{h^2}{6}f'''(\xi_1), \quad (5.39)$$

$$f'(x_2) = \frac{1}{2h}[f(x_0) - 4f(x_1) + 3f(x_2)] + \frac{h^2}{3}f'''(\xi_2), \quad (5.40)$$

其中(5.38)式,(5.39)式称为端点公式,(5.40)式称为中点公式.其截断误差为$O(h^2)$.

注 利用插值型求导方法也可以推导函数$f(x)$的高阶导数值,以及利用数值积分,三次样条函数来求数值微分的方法在这里不再叙述,相关内容可参考文献[18].

3. 人口增长率问题的解决

例 5.11 由表 5-4 给出的数据,利用(5.38)式,(5.39)式,(5.40)式表示的三点公式计算所列年份的人口(相对)增长率$r(t) = \dfrac{\mathrm{d}y(t)}{\mathrm{d}t}\bigg/y(t)$.

解 由(5.38)式,(5.39)式,(5.40)式表示的三点公式得

$$r_k = \frac{y_{k+1} - y_{k-1}}{20y_k}, \quad k=1,2,\cdots,8,$$

$$r_0 = \frac{-3y_0 + 4y_1 - y_2}{20y_0}, \quad r_9 = \frac{y_7 - 4y_8 + 3y_9}{20y_9},$$

所以

$$r_0 = \frac{-3 \times 76 + 4 \times 92 - 106.5}{20 \times 76} \approx 0.022039,$$

$$r_9 = \frac{204 - 4 \times 226.5 + 3 \times 251.4}{20 \times 251.4} \approx 0.010382,$$

$$r_1 = \frac{y_2 - y_0}{20 y_1} = \frac{106.5 - 76}{20 \times 92} \approx 0.016576.$$

同理,得

$r_2 = 0.014648$, $r_3 = 0.010227$, $r_4 = 0.010440$, $r_5 = 0.015461$,

$r_6 = 0.014947$, $r_7 = 0.011814$, $r_8 = 0.010464$.

5.4.4 软件介绍

在本节里,将通过数值例子和 Matlab 程序介绍本节提出的数值微分技术的上机实现方法.

在 Matlab 软件的函数库中有符号求导的程序 diff.m,其调用格式及功能如表 5-5 所示.

表 5-5

调用格式	功能
yx=diff(f(x),x)	求函数 $y = f(x)$ 对 x 的一阶导数 $y' = f'(x)$
yxx=diff(f(x),x,2)	求函数 $y = f(x)$ 对 x 的二阶导数 $y'' = f''(x)$
…	…

由(5.38)式,(5.39)式,(5.40)式表示的三点公式编写 Matlab 程序如下.

输入量:导数点组成的向量 $x_i = (x_0, x_1, \cdots, x_n)$,其中 $x_0, x_1, \cdots, x_n$ 是等距节点,步长为 h,函数 $y = f(x)$ 在节点 $x_0, x_1, \cdots, x_n$ 处的函数值组成的向量 fi,$M = \max\limits_{x_1 < \xi < x_n} \{|f'''(\xi)|\}$.

输出量:向量 $x = (x_0, x_1, \cdots, x_n)$,yx 是函数 $y = f(x)$ 在 $x = (x_0, x_1, \cdots, x_n)$ 处的导数的近似值,wuc 是误差估计.

```
function [n,xi,yx,wuc]=sandian(h,xi,fi,M)
n=length(fi);
yx=zeros(1,n);
wuc=zeros(1,n);
x1=xi(1);
x2=xi(2);
x3=xi(3);
y1=fi(1);
```

```
y2=fi(2);
y3=fi(3);
xn=xi(n);
xn1=xi(n-1);
xn2=xi(n-2);
yn=fi(n);
yn1=fi(n-1);
yn2=(n-2);
for k=2:n-1
    yx(1)=(-3*y1+ 4*y2-y3)/(2*h);
    yx(n)=(yn2-4*yn1+ 3*yn)/(2*h);
    yx(2)=(fi(3)-fi(1))/(2*h);
    yx(k)=(fi(k+ 1)-fi(k-1))./(2*h);
    wuc(1)=abs(h.^2.*M./3);
    wuc(n)=abs(h.^2);
    wuc(2:n-1)=abs(-h.^2.*M/6);
end
```

例 5.12 由表 5-4 给出的数据,采用(5.38)式,(5.39)式,(5.40)式表示的三点公式的 Matlab 程序上机实现人口增长率问题的题解 $r(t)=\dfrac{\mathrm{d}y(t)}{\mathrm{d}t}\Big/y(t)$.

解 在 Matlab 工作窗口输入以下程序:

```
h=10;
xi=1900:10:1990;
M=1;
fi=[76.0, 92.0, 106.5, 123.2, 131.7, 150.7, 178.3, 204.0, 226.5, 251.4];
[n,xi,yx,wuc]=sandian(h,xi,fi,M)
rk=(yx./fi)*100
```

运行后显示结果列表如表 5-6 所示.

表 5-6

年份	1900	1910	1920	1930	1940	1950	1960	1970	1980	1990
年增长率/(%)	2.2039	1.6576	1.4648	1.0227	1.0440	1.5461	1.4947	1.1814	1.0464	1.0382

例 5.13 设已给出 $y=f(x)$ 的数据如表 5-7 所示.

表 5-7

x	1.0000	1.1000	1.2000	1.3000	1.4000	1.5000	1.6000
$f(x)$	0.2500	0.2268	0.2066	0.1890	0.1736	0.1600	0.1479

试用三点公式的 Matlab 程序上机实现：当 $h=0.1$ 时，$y=f(x)$ 在 $x=1.0000$，1.1000，1.2000，1.3000，1.4000，1.5000，1.6000 处的一阶导数的近似值，并估计误差.

解 （1）保存 M 文件 sandian.m.
（2）在 Matlab 工作窗口输入如下程序：
syms x,y=1/((1+x)^2);
yx=diff(y,x,1)
yx3=diff(y,x,3)
运行后显示：
yx=-2/(1+x)^3   yxx=-24/(1+x)^5
（3）在 Matlab 工作窗口输入如下程序：
h=0.1;
xi=1.0000:h:1.6000;
fi=[0.2500,0.2268,0.2066,0.1890,0.1736,0.1600,0.1479];
x=1:0.001:1.6;
yx3=-24./(1+x).^5;
M=max(abs(yx3));
[n1,x1,yx1,wuc1]=sandian(h,xi,fi,M)
yxj1=-2./(1+xi).^3
wuyxj1=abs(yxj1-yx1)
运行后显示如下：
n1=7
x1=1.0000 1.1000 1.2000 1.3000 1.4000 1.5000 1.6000
yx1=-0.2470 -0.2170 -0.1890 -0.1650 -0.1450 -0.1285
24.0185
wuc1=0.0025 0.0013 0.0013 0.0013 0.0013 0.0013 0.0100
yxj1=-0.2500 -0.2160 -0.1878 -0.1644 -0.1447 -0.1280
  -0.1138
wuyxj1=0.0030 0.0010 0.0012 0.0006 0.0003 0.0005 24.1323

其中 n1 是节点个数，x1 是节点组成的向量，yx1 是用三点公式计算的导数的近似值组成的向量，wuc1 是误差估计，yxj1 是导数的精确值组成的向量，wuyxj1 是近似值与精确值之间的绝对误差.

第6章　常微分方程的数值求解技术

在大量实际问题中,反映变量之间关系的表达式往往不能直接给出,却可以建立起这些变量与它们的导数(或微分)的关系式.这种联系自变量、未知函数和它们导数(或微分)的关系式,数学上称为微分方程.微分方程是一门独立的数学学科,有完整的数学体系,微分方程是数学联系实际,并应用与实际的重要桥梁,是各个学科进行科学研究的强有力的工具.微分方程在物理学、经济学和管理科学等实际问题中具有广泛的应用,现实世界中的许多实际问题都可以抽象为微分方程的问题,例如物体的冷却、人口的增长、琴弦的震动、电磁波的传播、人才的分配、价格的调整等,都可以归结为微分方程的问题.很多微分方程的解虽然存在,但其解析解的表达式很难给出,往往去寻求微分方程的数值解.本章重点讨论了常微分方程初值问题

$$\begin{cases} \dfrac{\mathrm{d}y}{\mathrm{d}x}=f(x,y), \\ y(x_0)=y_0 \end{cases} \quad (a \leqslant x \leqslant b) \tag{6.1}$$

的数值求解方法.方程中要求 $f(x,y)$ 对 y 满足 Lipschitz(利普希茨)条件,即存在常数 $L>0$,使对 $\forall y_1, y_2$,有

$$|f(x,y)-f(x,\bar{y})|<L|y_1-y_2|, \tag{6.2}$$

则初值问题(6.1)的解 $y=y(x)$ 存在且唯一.

所谓数值解法,就是寻求 $y(x)$ 在系列离散点

$$x_1<x_2<\cdots<x_n<x_{n+1}<\cdots$$

上的近似值 $y_1, y_2, \cdots, y_n, y_{n+1}, \cdots$,顺着节点的次序按递推公式由已知的 y_1, $y_2, \cdots, y_i$,求出 y_{i+1}.将区间 $[a,b]$ n 等分,取步长 $h=\dfrac{b-a}{n}$,节点 $x_k=a+kh(k=0,1,2,\cdots,n)$,其中 $x_0=a, x_n=b$.

常微分方程的数值解法常用的有单步法和线性多步法.本章将着重介绍单步法的 Euler(欧拉)法、Taylor(泰勒)展开法和 Runge-Kutta(龙格-库塔)法,线性多步法的 Adams(阿当姆斯)法.

6.1　Euler 方法

6.1.1　从一个人口增长(Malthus)模型谈起

英国人口统计学家马尔萨斯(Malthus,1766—1834)调查了英国 100 多年人口出生统计资料,发现人口出生率稳定于一个常数.并提出了著名的 Malthus 人口增长模型.此模型的基本假设是:在考虑一个国家或地区的人口总数随时间变化的人口自然增长过程中,略去迁移、自然环境条件等因素对人口变化的影响,视净相对增长率(出生率与死亡率之差)是常数.即单位时间内人口的增长量与人口成正比,比例系数为 r. 此假设就是一个常微分方程的问题.

记 $x(t)$ 为时刻 t 的人口,视 $x(t)$ 为连续、可微函数.据 Malthus 的假设,在 t 到 $t+\Delta t$ 时间内人口的增长量为 $x(t+\Delta t)-x(t)=r \cdot x(t) \cdot \Delta t$,又设 $t=t_0$ 时的人口为 x_0,令 $\Delta t \to 0$ 时,可得 $x(t)$ 满足方程

$$\begin{cases} \dfrac{dx}{dt}=rx, \\ x(0)=x_0. \end{cases}$$

假设取 1790 年为初始状态 $t_0=0$,已知 $x_0=3.9\times 10^6$ 与 1800 年的实际人口 $x(1)=5.3\times 10^6$,由最小二乘法拟合,可以定出 $r=0.307$. 计算 1790—1880 年间的人口(百万),$h=1$,即求解微分方程

$$\begin{cases} \dfrac{dx}{dt}=0.307x, \\ x(0)=3.9. \end{cases}$$

下面先介绍 Euler 方法,再给出此微分方程的数值解.

6.1.2　Euler 方法推导

1. Euler 公式

将微分方程(6.1)在区间 $[x_n, x_{n+1}]$ 上积分,得

$$y(x_{n+1}) = y(x_n)+\int_{x_n}^{x_{n+1}} f(x,y)dx. \tag{6.3}$$

将右边的积分用左矩形公式 $hf(x,y)$ 来近似,并用 y_{n+1}, y_n 近似 $y(x_{n+1})$, $y(x_n)$,则得

$$y_{n+1}=y_n+hf(x_n,y_n), \quad n=0,1,2,\cdots. \tag{6.4}$$

由初值 $y(x_0)=y_0$,依次可计算 $y_1, y_2, \cdots, y_n, y_{n+1}, \cdots$. 此公式即为著名的 Euler 公式.

6.1 Euler 方法

亦可用其他方法推导出 Euler 公式.

(1) 差商近似.

在微分方程(6.1)中,将 x_n 处的导数 $y'(x_n)$ 用向前差商近似 $y'(x_n) \approx \dfrac{y(x_{n+1})-y(x_n)}{h}$,并用 y_{n+1}, y_n 近似 $y(x_{n+1}), y(x_n)$,即得 Euler 公式

$$y_{n+1} = y_n + hf(x_n, y_n).$$

(2) Taylor 级数展开.

将 $y(x_{n+1})$ 在 x_n 处进行 Taylor 级数展开,得

$$y(x_{n+1}) = y(x_n+h) = y(x_n) + hy'(x_n) + \frac{h^2}{2}y''(x_n) + \cdots,$$

取 h 的线性部分,并用 y_{n+1}, y_n 近似 $y(x_{n+1}), y(x_n)$,即得 Euler 公式 $y_{n+1} = y_n + hf(x_n, y_n)$.

Euler 公式的几何意义如图 6-1 所示,方程(6.1)的精确解 $y = y(x)$ 称为积分曲线上任一点 (x, y) 的切线斜率,等于已知函数 $f(x, y)$. 曲线 $y = y(x)$ 和数值解都是从初值点 $P_0(x_0, y_0)$ 开始,用该点的斜率 $f(x_0, y_0)$ 作一直线段,在 $x = x_1$ 处得到 $P_1(x_1, y_1)$ 点,其中 $y_1 = y_0 + hf(x_0, y_0)$. 再从 P_1 出发,以 $f(x_1, y_1)$ 为斜率作直线段推进到 $x = x_2$ 处,得到 $P_2(x_2, y_2)$ 点,其中 $y_2 = y_1 + hf(x_1, y_1)$. 继续下去,得到折线 $P_0 P_1 P_2 \cdots$,可作为积分曲线 $y = y(x)$ 的近似.

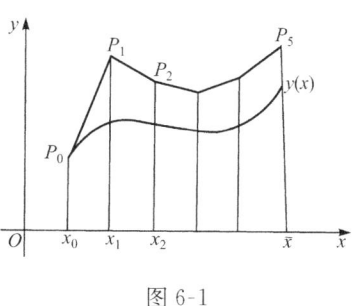

图 6-1

算法 6.1(Euler 公式):

```
% input x₀,y₀,h,n;其中 h 为步长,n 为正整数.
% output (xᵢ,yᵢ)    i=1,2,…,n
1 x=x₀;y=y₀;
2 for i=1:n
  2.1 y=y+hf(x,y)    % f(x,y)需预先定义
  2.2 x=x+h
  end
```

2. 后退 Euler 公式

在微分方程(6.1)中,将 x_{n+1} 处的导数 $y'(x_{n+1}) = f(x_{n+1}, y_{n+1})$ 用向后差商近似

$$y'(x_{n+1})=f(x_{n+1},y_{n+1})\approx\frac{y(x_{n+1})-y(x_n)}{h},$$

并用 y_{n+1},y_n 近似 $y(x_{n+1}),y(x_n)$,即得后退 Euler 公式

$$y_{n+1}=y_n+hf(x_{n+1},y_{n+1}). \tag{6.5}$$

后退 Euler 公式和 Euler 公式有本质的不同,Euler 公式右端不含有 y_{n+1},是一个关于 y_{n+1} 的直接公式,是利用 x_n 和 y_n 的显式给出的,此类公式称为显式公式.而后退 Euler 公式的右端含有未知量 y_{n+1},不能直接由 y_n 算出 y_{n+1},这类公式又称为隐式公式.它实际上是一个关于 y_{n+1} 的函数方程,当 $f(x,y)$ 是非线性时,需要用求非线性方程的根的方法来求解,一般采用迭代法.首先用 Euler 公式提供迭代初值,再用后退 Euler 公式进行迭代,因此得迭代格式

$$\begin{cases} y_{n+1}^{(0)}=y_n+hf(x_n,y_n),\\ y_{n+1}^{(k+1)}=y_n+hf(x_{n+1},y_{n+1}^{(k)}) \end{cases} (k=0,1,2,\cdots).$$

如果迭代过程收敛,则极限值 $y_{n+1}=\lim\limits_{k\to\infty}y_{n+1}^{(k)}$ 为隐式方程的解.

3. 梯形公式与改进的 Euler 公式

(1) 梯形公式.

在(6.3)式中,将右边的积分用梯形公式来近似,可预期得到比欧拉公式精度更高的计算公式,得

$$y(x_{n+1})=y(x_n)+\frac{h}{2}[f(x_n,y(x_n))+f(x_{n+1},y(x_{n+1}))].$$

同样,用 y_{n+1},y_n 近似 $y(x_{n+1}),y(x_n)$,并忽略误差后梯形公式为

$$y_{n+1}=y_n+\frac{h}{2}[f(x_n,y_n)+f(x_{n+1},y_{n+1})]. \tag{6.6}$$

此公式不同于 Euler 公式之处在于右端含有 y_{n+1},为隐式格式.一般需要用迭代方法求解.常用方法为,先用 Euler 公式提供初始值,然后再用梯形公式迭代.迭代公式为

$$\begin{cases} y_{n+1}^{(0)}=y_n+hf(x_n,y_n),\\ y_{n+1}^{(k+1)}=y_n+\frac{h}{2}[f(x_n,y_n)+f(x_{n+1},y_{n+1}^{(k)})] \end{cases} (k=0,1,2,\cdots),$$

其中 n 为节点个数,k 为迭代次数.用迭代法求解要考虑迭代过程的收敛条件,有公式

$$|y_{n+1}^{(k+1)}-y_{n+1}^{(k)}|=\frac{h}{2}|f(x_{n+1},y_{n+1}^{(k)})-f(x_{n+1},y_{n+1}^{(k-1)})|\leqslant\frac{h}{2}L|y_{n+1}^{(k)}-y_{n+1}^{(k-1)}|,$$

这里 L 为 Lipschitz 常数.因此,当 $0<\dfrac{hL}{2}<1$ 时迭代过程收敛.

6.1 Euler 方法

(2) 改进的 Euler 公式.

Euler 公式是显式算法,计算量小,但精度低;梯形公式是隐式算法,比 Euler 公式精度高,但梯形公式计算要进行迭代,计算量大,故在实际中常综合上述两种方法.已知 y_n,在求 y_{n+1} 时,先用 Euler 公式计算一个初值,称为预报值,再将它代入梯形公式计算一次,称为校正,这样就构成一组预报-校正公式

$$\begin{cases} \bar{y}_{n+1} = y_n + hf(x_n, y_n), \\ y_{n+1} = y_n + \dfrac{h}{2}[f(x_n, y_n) + f(x_{n+1}, \bar{y}_{n+1})]. \end{cases} \quad (6.7)$$

此公式称为改进的 Euler 公式,它也可写成一个显式公式

$$y_{n+1} = y_n + \dfrac{h}{2}[f(x_n, y_n) + f(x_{n+1}, y_n + hf(x_n, y_n))], \quad (6.8)$$

或

$$\begin{cases} k_1 = f(x_n, y_n), \\ k_2 = f(x_n + h, y_n + hk_1), \\ y_{n+1} = y_n + \dfrac{h}{2}(k_1 + k_2). \end{cases} \quad (6.9)$$

算法 6.2(改进的 Euler 公式):

```
%  input x₀,y₀,h,n
%  output(xᵢ,yᵢ)    i=1,2,…,n
1  x=x₀;y=y₀;
2  for i=1:n
  2.1  y₁=y+hf(x,y)      % f(x,y)需预先定义
  2.2  y₂=y+hf(x+h,y₁)
  2.3  y=(y₁+y₂)/2
  2.4  x=x+h
   End
```

4. 人口增长(Malthus)模型的题解

例 6.1 取 1790 年为初始状态 $t_0 = 0$,已知 $x_0 = 3.9 \times 10^6$ 与 1800 年的实际人口 $x(1) = 5.3 \times 10^6$,由最小二乘法拟合,可以定出 $r = 0.307$.用改进的 Euler 公式计算 1790—1880 年间的人口(百万),即求解微分方程

$$\begin{cases} \dfrac{\mathrm{d}x}{\mathrm{d}t} = 0.307x, \\ x(0) = 3.9, \end{cases}$$

其中 $0 \leqslant x \leqslant 9, h = 1$.

解 改进的 Euler 公式为

$$\begin{cases} \bar{x}_{i+1}=x_i+hf(t_i,x_i), \\ x_{i+1}=x_i+\dfrac{h}{2}[f(t_i,x_i)+f(t_{i+1},\bar{x}_{i+1})], \\ x(t_0)=x_0. \end{cases}$$

具体的计算公式为

$$\begin{cases} \bar{x}_{i+1}=x_i+0.307x_i=1.307x_i, \\ x_{i+1}=x_i+\dfrac{1}{2}(0.307x_i+0.307\times1.307x_i)=1.3541245x_i, \\ x_0=3.9. \end{cases}$$

计算结果如表 6-1.

表 6-1

年份	1790	1800	1810	1820	1830	1840	1850	1860	1870	1880
t_i	0	1	2	3	4	5	6	7	8	9
x_i	3.9	5.2811	7.1512	9.6837	13.1129	17.7565	24.0445	32.5593	44.0893	59.7024

6.1.3 Euler 方法的收敛性与稳定性

1. 收敛性

以上所述的 Euler 公式及改进的 Euler 公式中只含有 y_n 和 y_{n+1}, 都是初值问题(6.1)的显式单步法. 显式单步法的共同特点是它们都是将 y_n 加上某种形式的增量, 得出 y_{n+1}. 其一般形式为

$$y_{n+1}=y_n+h\varphi(x_n,y_n,h). \qquad (6.10)$$

其中多元函数 $\varphi(x_n,y_n,h)$ 为增量函数, 与 $f(x,y)$ 有关.

不同的单步法对应于不同的增量函数. 例如, Euler 公式, 其增量函数为

$$\varphi(x_n,y_n,h)=f(x,y);$$

改进的 Euler 公式, 其增量函数为

$$\varphi(x,y,h)=\dfrac{1}{2}[f(x,y)+f(x+h,y+hf(x,y))]. \qquad (6.11)$$

定义 6.1 如果一种数值解法, 对任意固定的 $x_n=x_0+nh$, 当 $h\to 0$ 时, 有 $y_n\to y(x_n)$, 称该方法收敛.

定义 6.2 设 $y(x)$ 是初值问题(6.1)的精确解, 则称

$$T_{n+1}=y(x_{n+1})-y_n-h\varphi(x_n,y_n,h) \qquad (6.12)$$

6.1 Euler 方法

为显式单步法(6.10)在 x_{n+1} 处的**局部截断误差**.

T_{n+1} 之所以称为局部,是假设在 x_n 前各步没有误差,当 $y_n = y(x_n)$ 时,计算一步,则有

$$y(x_{n+1}) - y_{n+1} = y(x_{n+1}) - y(x_n) - h\varphi(x_n, y(x_n), h) = T_{n+1}.$$

所以局部截断误差可理解为用方法(6.10)计算一步的误差,即在(6.10)式中用精确解 $y(x_n)$ 代替数值解 y_n 产生的公式误差.

定义 6.3 设 $y(x)$ 是初值问题(6.1)的精确解,若存在最大整数 p,使显式单步法(6.10)的局部截断误差满足

$$T_{n+1} = y(x_{n+1}) - y_{n+1} = o(h^{p+1}), \tag{6.13}$$

则称方法(6.10)具有 **p 阶精度**,亦称方法(6.1.8)为 **p 阶方法**.

定义 6.4 设方法(6.10)是 p 阶方法,若将局部截断误差的展开式写成

$$T_{n+1} = \psi(x_n, y(x_n))h^{p+1} + o(h^{p+2}), \tag{6.14}$$

则称 $\psi(x_n, y(x_n))h^{p+1}$ 为局部截断误差的主项.

定理 6.1 (1) Euler 公式和后退 Euler 公式都具有一阶精度.其局部截断误差

$$T_{n+1} = y(x_{n+1}) - y_{n+1} = \pm \frac{1}{2} h^2 y''(x_n) + o(h^3) = o(h^2),$$

其中 $\frac{1}{2} h^2 y''(x_n)$, $-\frac{1}{2} h^2 y''(x_n)$ 分别为 Euler 公式和后退 Euler 公式的局部截断误差主项.

(2) 梯形公式和改进的 Euler 公式都具有二阶精度.其局部截断误差都为

$$T_{n+1} = y(x_{n+1}) - y_{n+1} = -\frac{1}{12} h^3 y'''(x_n) + o(h^4) = o(h^3),$$

其中 $-\frac{1}{12} h^3 y'''(x_n)$ 为其局部截断误差主项.

下面只对 Euler 公式和改进的 Euler 公式的精度给出证明,其他的以相同的方法可以证明.

证明 (1) Euler 公式.

将 $y(x_{n+1})$ 在 x_n 处进行 Taylor 级数展开,得

$$\begin{aligned} y(x_{n+1}) &= y(x_n + h) = y(x_n) + hy'(x_n) + \frac{h^2}{2} y''(x_n) + \cdots \\ &= y(x_n) + hf(x_n, y(x_n)) + \frac{h^2}{2} y''(x_n) + o(h^3), \end{aligned}$$

而

$$y_{n+1} = y_n + hf(x_n, y_n),$$

根据局部截断误差的定义，$y_n = y(x_n)$，则 Euler 公式的局部截断误差为

$$T_{n+1} = y(x_{n+1}) - y_{n+1} = \frac{1}{2}h^2 y''(x_n) + o(h^3) \sim o(h^2).$$

所以 Euler 公式是一阶精度的.

(2) 改进的 Euler 公式.

将 $f(x_{n+1}, y(x_{n+1}))$ 在 (x_n, y_n) 处进行 Taylor 级数展开，得

$$\begin{aligned}
f(x_{n+1}, y(x_{n+1})) &= f(x_n + h, y_n + hf(x_n, y_n)) \\
&= f(x_n, y_n) + h[f'_x(x_n, y_n) + y'(x_n) \cdot f'_y(x_n, y_n)] \\
&\quad + \frac{h^2}{2}\left[\frac{\partial f}{\partial x}(f'_x + y' \cdot f'_y) + \frac{\partial f}{\partial y}(f'_x + y' \cdot f'_y)\right] + \cdots \\
&= y'(x_n) + hy''(x_n) + \frac{h^2}{2}y'''(x_n) + o(h^3),
\end{aligned}$$

其中 $f'_x + y' \cdot f'_y = f'_x(x_n, y_n) + y'(x_n) \cdot f'_y(x_n, y_n)$. 所以

$$\begin{aligned}
y_{n+1} &= y_n + \frac{h}{2}\left[2y'(x_n) + hy''(x_n) + \frac{h^2}{2}y'''(x_n) + o(h^3)\right] \\
&= y_n + hy'(x_n) + \frac{h^2}{2}y''(x_n) + \frac{h^3}{4}y'''(x_n) + o(h^4).
\end{aligned}$$

将 $y(x_{n+1})$ 在 x_n 处进行 Taylor 级数展开，得

$$y(x_{n+1}) = y(x_n + h) = y(x_n) + hy'(x_n) + \frac{h^2}{2!}y''(x_n) + \frac{h^3}{3!}y'''(x_n) + o(h^4).$$

根据局部截断误差的定义，$y_n = y(x_n)$，则改进的 Euler 公式的局部截断误差为

$$T_{n+1} = y(x_{n+1}) - y_{n+1} = \left(\frac{1}{3!} - \frac{1}{4}\right)h^3 y'''(x_n) + o(h^4) \sim o(h^3).$$

所以改进的 Euler 公式是二阶精度的.

定义 6.5 称 $e_n = y(x_n) - y_n$ 为某一种方法在 x_n 处的**整体截断误差**.

显然，e_n 不单与 x_n 这步的计算有关，而且与以前的计算有关，因此误差是整体的.

方法的收敛性就是讨论当 $x = x_n$ 固定，且 $h = \dfrac{x_n - x_0}{n} \to 0$ 时，$e_n \to 0$ 的问题.

定理 6.2 设单步法 (6.10) 具有 p 阶精度，其增量函数 $\varphi(x_n, y_n, h)$ 关于 y 满足 Lipschitz 条件，即存在常数 L，使对任何的 $y, \bar{y}$ 以及任意的 x，有

$$|\varphi(x, y, h) - \varphi(x, \bar{y}, h)| < L_\varphi |y - \bar{y}|, \tag{6.15}$$

又设初始值 $y_0 = y(x_0)$，则整体截断误差是 p 阶的. 即

$$e_n = y(x_n) - y_n = o(h^p),$$

特别地，当 $p \geqslant 1$ 时，不论 n 为何值，总有 $\lim\limits_{h \to 0} e_n = 0$，故方法收敛.

注 定理证明略,详细证明过程参见相关参考文献[18].

根据定理 6.2,判断单步法(6.10)的收敛性,归结为验证增量函数 φ 能否满足 Lipschitz 条件(6.15).

对于 Euler 公式,其增量函数 $\varphi(x_n,y_n,h)=f(x,y)$,故当 $f(x,y)$ 关于 y 满足 Lipschitz 条件时它是收敛的;对于改进的 Euler 公式,其增量函数为

$$\varphi(x,y,h)=\frac{1}{2}[f(x,y)+f(x+h,y+hf(x,y))],$$

这时有

$$|\varphi(x,y,h)-\varphi(x,\bar{y},h)|\leqslant \frac{1}{2}[|f(x,y)-f(x,\bar{y})|$$
$$+|f(x+h,y+f(x,y))-f(x+h,\bar{y}+hf(x,\bar{y}))|].$$

假设 $f(x,y)$ 关于 y 满足 Lipschitz 条件,记 Lipschitz 常数为 L,则由上式推得

$$|\varphi(x,y,h)-\varphi(x,\bar{y},h)|\leqslant \frac{1}{2}L|y-\bar{y}|+\frac{1}{2}L|y+hf(x,y)-(\bar{y}+hf(x,\bar{y}))|$$
$$\leqslant \frac{1}{2}L|y-\bar{y}|+\frac{1}{2}L|y-\bar{y}|+\frac{1}{2}L^2h\cdot|y-\bar{y}|$$
$$=L(1+\frac{h}{2}L)\cdot|y-\bar{y}|,$$

限定 $h\leqslant h_0$(h_0 为常数),上式表明,φ 关于 y 的 Lipschitz 常数 $L\varphi=L\left(1+\dfrac{h_0}{2}L\right)$ 满足 Lipschitz 条件,因此改进的 Euler 公式也是收敛的.

2. 稳定性

前面关于收敛性的讨论,必须假定数值方法本身的计算是准确的.而实际情形并不是这样,方程的求解还会有计算误差,譬如由于数字的舍入而引起的小扰动,这类小扰动在传播过程中可能会增长而影响计算的精度.在实际计算中我们是希望某一步产生的扰动值,在后面计算中能够被控制,甚至是逐步衰减的.而稳定性就是讨论舍入误差的积累能否对计算结果有严重影响的问题.

定义 6.6 若某一种数值解法,仅在节点值 y_n 上有大小为 δ 的扰动,于后面各节点值 y_m($m>n$)上产生的偏差均不超过 δ,则称该方法是稳定的.

由于各种方法的稳定性依赖于步长 h 的大小和右端函数 $f(x,y)$,这给方程的数值解法的稳定性的讨论带来困难.为了只考虑数值方法本身,通常只检验将数值方法用于解模型方程的稳定性,模型方程为

$$y'=\lambda y, \tag{6.16}$$

其中 λ 为复数且 $\operatorname{Re}(\lambda)<0$.

下面先研究 Euler 公式的稳定性,模型方程 $y'=\lambda y$ 的 Euler 公式为
$$y_{n+1}=(1+\lambda h)y_n. \quad (6.17)$$
设在节点值 y_n 上扰动值 ε_n,它的传播使节点值 y_{n+1} 产生大小为 ε_{n+1} 的扰动值,假设用 $y_n^*=y_n+\varepsilon_n$ 按 Euler 公式得出 $y_{n+1}^*=y_{n+1}+\varepsilon_{n+1}$ 的计算过程不再有新的误差,则扰动值满足
$$\varepsilon_{n+1}=(1+h\lambda)\varepsilon_n.$$
可见扰动值满足方程(6.17). 所以,若方程的解是不增长的,即有 $y_{n+1} \leqslant y_n$,则此方法就是稳定的. 这一论断对于其他方法同样适用.

显然,为了使方程(6.17)的解不增长,只要选取 h 充分小,使
$$|1+\lambda h| \leqslant 1. \quad (6.18)$$
假设用其他数值方法解模型方程(6.16)得到
$$y_{n+1}=E(\lambda h)y_n, \quad (6.19)$$
我们有下述定义.

定义 6.7 若(6.19)式中 $|E(\lambda h)| \leqslant 1$,则称单步法(6.10)是绝对稳定的. 在复平面上,λh 满足 $|E(\lambda h)| \leqslant 1$ 的区域称为方法的绝对稳定区域,它与实轴的交称为绝对稳定区间.

定理 6.3 对于 Euler 方法有如下结论:

(1) Euler 公式的绝对稳定区域为
$$|1+\lambda h| \leqslant 1,$$
是以 -1 为中心,1 为半径的圆域. 相应的绝对稳定区间为 $-2 \leqslant \lambda h \leqslant 0$.

(2) 后退的 Euler 公式的绝对稳定区域为
$$|1-\lambda h| \geqslant 1,$$
是以 1 为圆心的单位圆外域. 相应的绝对稳定区间为 $-\infty < \lambda h \leqslant 0$. 若只考虑 $\lambda < 0$ 的实数,则相应的绝对稳定区间对于任意 h 均成立. 因此,后退的 Euler 公式是无条件稳定的.

(3) 梯形公式和改进的 Euler 公式的绝对稳定区域为
$$|2+\lambda h| \leqslant |2-\lambda h|,$$
绝对稳定区域是左半平面. 相应的绝对稳定区间仍为 $-\infty < \lambda h \leqslant 0$. 梯形公式也是无条件收敛的.

6.1.4 软件介绍

在本节里,将通过数值例子和 Matlab 程序介绍本节提出的 Euler 公式及改进的 Euler 公式的上机实现方法.

(1) 根据(6.4)式及算法 6.1 所表示的 Euler 公式,编写 Matlab 程序(函数名:Euler_f.m).

6.1 Euler 方法

```
function [x,y]=Euler_f(fun1,x0,y0,h,N)
%   fun1 为一阶微分方程的函数;
%   x0,y0 为初始条件;
%   h 为区间步长;
%   N 为区间的个数;
%   x 为 Xn 构成的向量;
%   y 为 Yn 构成的向量;
x=zeros(1,N+1);
y=zeros(1,N+1);
x(1)=x0;
y(1)=y0;
for n=1:N
    x(n+1)=x(n)+h;
    y(n+1)=y(n)+h*feval(fun1,x(n),y(n));
end
```

(2) 根据(6.9)式及算法 6.2 所表示的改进的 Euler 公式,编写 Matlab 程序(函数名:Euler_r.m).

```
function [x,y]=Euler_r(fun1,x0,y0,h,N)
%   fun1 为一阶微分方程的函数;
%   x0,y0 为初始条件;
%   h 为区间步长;
%   N 为区间的个数;
%   x 为 Xn 构成的向量;
%   y 为 Yn 构成的向量;
x=zeros(1,N+1);
y=zeros(1,N+1);
x(1)=x0;
y(1)=y0;
for n=1:N
    x(n+1)= x(n)+h;
    ybar=y(n)+h * feval(fun1,x(n),y(n));
    y(n+ 1)=y(n)+h/2 *(feval(fun1,x(n),y(n))+feval(fun1,x(n+1),ybar));
end
```

例 6.2 采用 Euler 公式(Euler_f.m)和改进的 Euler 公式(Euler_r.m)的

Matlab 程序，上机实现人口指数增长（Malthus）模型所反映的微分方程
$\begin{cases} \dfrac{\mathrm{d}y}{\mathrm{d}x}=0.307y \\ y(0)=3.9 \end{cases}$，其中 $0 \leqslant x \leqslant 9, h=1$.

解 利用 Matlsb 编程过程如下：

求精确解

```
>>y=dsolve('Dy=0.307*y','y(0)=3.9','x')
```

运行后显示精确解

y=39/10*exp(307/1000*x);

(1) 建立并保存名为 fun11.m 的 M 文件函数：

```
function f=fun1(x,y)
f=0.307*y;
```

(2) 建立并保存名为 Euler_f.m 和 Euler_r.m 的 M 文件函数.

(3) 在 Matlab 工作窗口输入以下程序：

```
% 求精确解 y=dsolve('Dy=0.307*y','y(0)=3.9','x')
% y=39/10*exp(307/1000*x);
% y1 为用欧拉公式计算的数值解；
% y2 为用改进的欧拉公式计算的数值解；
x=0:1:9;
y=39/10*exp(307/1000*x);
[x,y1]=Euler_f(@ fun1,0,3.9,1,9)
[x,y2]=Euler_r(@ fun1,0,3.9,1,9)
plot(x,y1,'*r',x,y2,'pb',x,y)
legend('用欧拉公式计算 dy/dx=0.307y,y(0)=3.9 在[0,9]上的数值
    解','用改进的欧拉公式计算 dy/dx=0.307y,y(0)=3.9 在[0,9]上的
    数值解','dy/dx=0.307y,y(0)=3.9 在[0,9]上的精确解')
```

运行后的计算结果如表 6-2 所示.

表 6-2

年份	1790	1800	1810	1820	1830	1840	1850	1860	1870	1880
x_i	0	1	2	3	4	5	6	7	8	9
y_1	3.9000	5.0973	6.6622	8.7075	11.3806	14.8745	19.4410	25.4094	33.2100	43.4055
y_2	3.9000	5.2811	7.1512	9.6837	13.1129	17.7565	24.0445	32.5593	44.0893	59.7024
y	3.9000	5.3014	7.2065	9.7960	13.3161	18.1012	24.6057	33.4475	45.4665	61.8045

其数值解与精确解的图形如图 6-2 所示.

6.1 Euler 方法

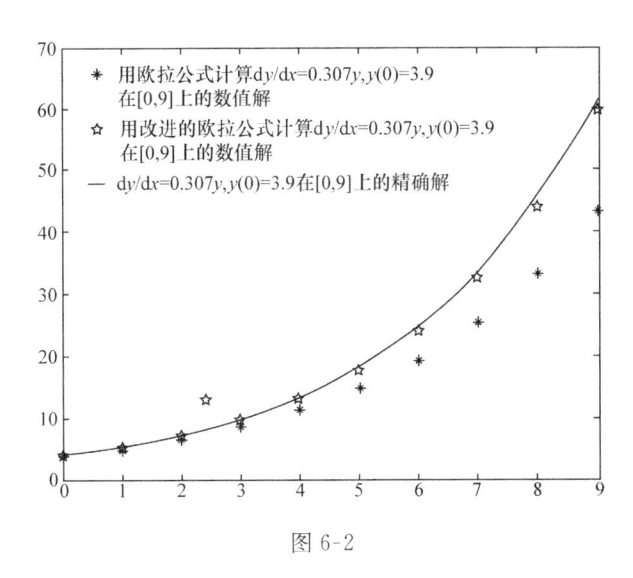

图 6-2

例 6.3 用 Euler 公式和改进的 Euler 公式求初值问题：
$$\begin{cases} y' = -3y + 8x - 7, \\ y(0) = 1 \end{cases} \quad (0 \leqslant x \leqslant 1)$$
的数值解(取 $h = 0.1$)，并作出此数值解和该微分方程的精确解的图像．

解 具体的计算公式为

Euler 公式
$$\begin{cases} y_{i+1} = y_i + 0.1(-3y_i + 8x_i - 7) = 0.7y_i + 0.8x_i - 0.7, \\ y_0 = 1. \end{cases}$$

改进的 Euler 公式
$$\begin{cases} \bar{y}_{i+1} = 0.7y_i + 0.8x_i - 0.7, \\ y_{i+1} = y_i + \dfrac{0.1}{2}[-3y_i + 8x_i - 0.7 + (-3\bar{y}_{i+1} + 8x_{i+1} - 0.7)] \\ \quad\quad = y_i + \dfrac{0.1}{2}\{-3y_i + 8x_i - 0.7 + [-3(0.7y_i + 0.8x_i - 0.7) + 8x_{i+1} - 0.7]\} \\ \quad\quad = 0.745y_i + 0.28x_i + 0.4x_{i+1} + 0.035, \\ y_0 = 1. \end{cases}$$

利用 Matlab 编程过程如下：

求精确解

```
>>y=dsolve('Dy= 8*x-3*y-7','y(0)=1','x')
```

运行后显示精确解：

```
y=8/3*x-29/9+38/9*exp(-3*x)
```

(1) 建立并保存名为 fun12.m 的 M 文件函数：
```
function f=fun12(x,y)
f=8*x-3*y-7;
```
(2) 建立并保存名为 Euler_f.m 和 Euler_r.m 的 M 文件函数.
(3) 在 Matlab 工作窗口输入以下程序：
```
% 求精确解 y=dsolve('Dy=-3*y+8*x-7','y(0)=1','x')
% y=8/3*x-29/9+ 38/9*exp(-3*x)为精确解；
% y1 为 Euler 公式计算的数值解；
% y2 为改进的 Euler 公式计算的数值解；
x=0:0.1:1;
y=8/3*x-29/9+38/9*exp(-3*x)
[x,y1]=Euler_f(@ fun12,0,1,0.1,10)
[x,y2]=Euler_r(@ fun12,0,1,0.1,10)
plot(x,y1,'*r',x,y2,'pb',x,y)
legend('用欧拉公式计算 dy/dx=-3y+8x-7,y(0)=1 在[0,1]上的数值
    解','用改进的欧拉公式计算 dy/dx=-3y+8x-7,y(0)=1 在[0,1]上
    的数值解','dy/dx=-3y+8x-7,y(0)=1 在[0,1]上的精确解')
```
运行后的计算结果如表 6-3 所示.

表 6-3

x_n	y_1	y_2	y
0	1.0000	1.0000	1.0000
0.1000	0	0.1900	0.1723
0.2000	−0.6200	−0.3455	−0.3717
0.3000	−0.9740	−0.6764	−0.7056
0.4000	−1.1418	−0.8549	−0.8838
0.5000	−1.1793	−0.9199	−0.9468
0.6000	−1.1255	−0.9003	−0.9243
0.7000	−1.0078	−0.8177	−0.8385
0.8000	−0.8455	−0.6882	−0.7059
0.9000	−0.6518	−0.5237	−0.5385
1.0000	−0.4363	−0.3332	−0.3453

其精确解和数值解的图形如图 6-3 所示.

图 6-3

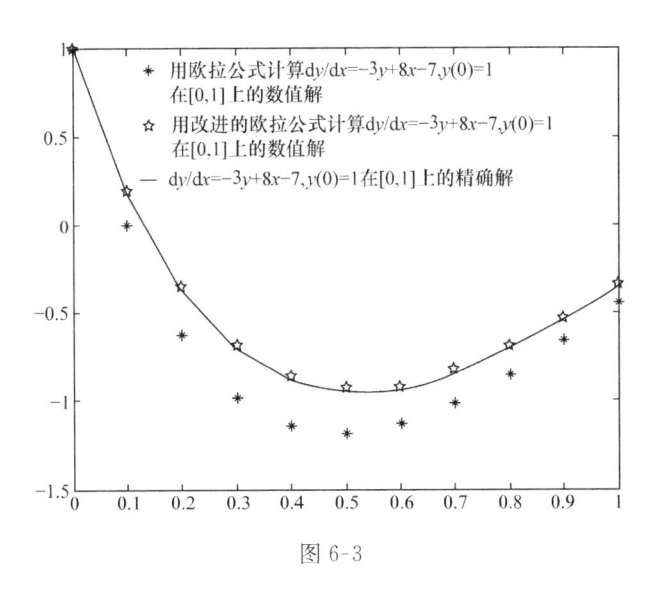

由例 6.2 及例 6.3 的数据及数值解与精确解的图形可以看出,改进的 Euler 公式比 Euler 公式的精度要高.

6.2 Taylor 展开方法

6.2.1 从一个新产品的推销与广告模型谈起

假设有一批新产品(如微波炉)需要上市,来分析微波炉的推销速度问题. 记时刻 t 时已售出的微波炉总数为 $x(t)$,若已知初始状态 $t=0$ 时,通过宣传品的作用或其他方式推销,微波炉已有 x_0 台在使用. 由实际情况可知,微波炉的需求是有上界的,记此上界为 N,则尚未使用的人数大致为 $N-x$. 由统计规律知,推销速度 $\dfrac{\mathrm{d}x}{\mathrm{d}t}$ 与 $x(N-x)$ 成正比,记比例系数为 k,则 $x(t)$ 满足

$$\frac{\mathrm{d}x}{\mathrm{d}t}=kx(N-x).$$

假设新产品上市的一年里的第一个月为初始状态 $t=0$,若 $x(0)=x_0=20, k=0.3, N=1000$,试估计这一年 12 个月里微波炉的销售情况. 即求解微分方程:

$$\begin{cases} \dfrac{\mathrm{d}x}{\mathrm{d}t}=0.3x(1000-x), \\ x(0)=20. \end{cases}$$

以下先介绍 Taylor 公式,再给出此微分方程的解.

6.2.2 Taylor 展开方法

Taylor 展开方法和 6.3 节讲述的 Runge-Kutta 方法都是属于高阶的单步法. Taylor 展开方法也是微分方程离散化的一个重要途径.

设初值问题(6.1)有解 $y=y(x)$,将 $y(x_{n+1})$ 在 x_n 处进行 Taylor 级数展开,得

$$y(x_{n+1})=y(x_n)+hy'(x_n)+\frac{h^2}{2!}y''(x_n)+\cdots+\frac{h^p}{p!}y^{(p)}(x_n)+\cdots. \quad (6.20)$$

因为 $y'=f(x,y)$,所以(6.20)式中 $y(x)$ 的各阶导数可以用函数 f 来表示,引进函数序列 $f^{(i)}(x,y)(i=0,1,2,\cdots)$ 来描述求导过程,则有

$$y''(x)=[f(x,y(x))]'=\frac{\partial f}{\partial x}+\frac{\partial f}{\partial y}\cdot f=f_x+f\cdot f_y,$$

$$y'''(x)=f''(x,y(x))=(f_x+f\cdot f_y)'=f_{xx}+2f_{xy}+f^2\cdot f_{yy}+f_y\cdot f_x+f\cdot f_y^2,$$

$$\cdots\cdots$$

$$y^{(j)}(x)=f^{(j-1)}(x,y(x))=\frac{\partial f^{(j-2)}}{\partial x}+f\frac{\partial f^{(j-2)}}{\partial x},$$

则有

$$y(x_{n+1})=y(x_n)+hf(x_n,y(x_n))+\frac{h^2}{2!}f^{(1)}(x_n,y(x_n))+\cdots+\frac{h^p}{p!}f^{(p-1)}(x_n,y(x_n))+\cdots. \quad (6.21)$$

在展开式(6.21)的右端一般截取 $p+1$ 项,并用 y_{n+1},y_n 近似 $y(x_{n+1}),y(x_n)$,即得下列的 Taylor 公式:

$$y_{n+1}=y_n+hf(x_n,y_n)+\frac{h^2}{2!}f^{(1)}(x_n,y_n)+\cdots+\frac{h^p}{p!}f^{(p-1)}(x_n,y_n). \quad (6.22)$$

当 $p=1$ 时,Taylor 公式为

$$y_{n+1}=y_n+hf(x_n,y_n),$$

即为 Euler 公式.

显然,(6.22)式的局部截断误差为 $o(h^{p+1})$,即 Taylor 公式是用 Taylor 展开方法得到的求解初值问题(6.1)的 p 方法.而提高 Taylor 公式的阶 p,即可提高计算的精度.从理论上讲,只要 $y(x)$ 充分光滑,Taylor 展开方法可以构造任意有限阶的计算公式,但事实上,Taylor 展开方法中涉及到复合函数 $f(x,y(x))$ 的高阶导数的问题,往往是相当困难的.因此,Taylor 展开方法一般不直接使用.

下面用三阶的 Taylor 公式给出上面提出的新产品的推销与广告模型所反映的微分方程:

$$\begin{cases} \dfrac{\mathrm{d}x}{\mathrm{d}t}=0.3x(1000-x), \\ x(0)=20 \end{cases}$$

的计算格式. 在这里仅给出其求解的计算格式, 在 6.3 节里有相同类型的微分方程介绍与方法求解.

6.2.3　新产品的推销与广告模型的题解的计算格式

例 6.4　取步长 $h=1$, 应用三阶的 Taylor 公式求解初值问题

$$\begin{cases} \dfrac{\mathrm{d}x}{\mathrm{d}t}=0.3x(1000-x), \\ x(0)=20. \end{cases}$$

解　首先函数 $f(t,x)=0.3x(1000-x)$ 的一阶、二阶导数是

$$f^{(1)}(t,x)=(300x-0.3x^2)'_t=(300-0.6x)(300x-0.3x^2),$$
$$f^{(2)}(t,x)=(300x-0.3x^2)''=(300-0.6x)(300x-0.3x^2)'_t$$
$$=-0.6(300x-0.3x^2)^2+(300-0.6x)^2(300x-0.3x^2),$$

故可写出三阶的 Taylor 格式(其中 $h=1$):

$$\begin{cases} x_{n+1}\approx x_n+hf(t_n,x_n)+\dfrac{h^2}{2!}f^{(1)}(t_n,x_n)+\dfrac{h^3}{3!}f^{(2)}(t_n,x_n) \\ \quad =x_n+h(300x_n-0.3x_n^2)+\dfrac{h^2}{2}[(300-0.6x_n)(300x_n-0.3x_n^2)] \\ \quad\quad +\dfrac{h^3}{3!}[-0.6(300x_n-0.3x_n^2)^2+(300-0.6x_n)2(300x_n-0.3x_n^2)], \\ x(0)=20. \end{cases}$$

6.3　Runge-Kutta 方法

6.3.1　从一个阻滞增长(Logistic)模型谈起

从上面提出的人口指数增长(Malthus)模型可知, 作短期人口预测可以得到较好的结果, 但由模型的精确解 $x(t)=x_0\mathrm{e}^{rt}$ 可知, $\lim\limits_{t\to\infty}x(t)=\lim\limits_{t\to\infty}x_0\mathrm{e}^{rt}=+\infty$, 即用指数模型作长期预测人口, 人口将无限增长, 这是不合理的. 事实上, 自然资源、环境条件等因素对人口的增长起着阻滞作用, 并且随着人口的增加, 阻滞作用会越来越大, 于是对指数增长模型进行一种改进得到阻滞增长(Logistic)模型.

荷兰生物数学家 Verhulst 引入常数 x_m, 用来表示自然资源和环境条件所能容许的最大人口数, 并假定净增长率为

$$r(x(t))=r\left[1-\dfrac{x(t)}{x_m}\right].$$

即净增长率随着 $x(t)$ 的增加而减小. 当 $x(t)\to x_m$ 时, 净增长率趋于零. 其中 r,x_m

是根据人口统计数据或经验确定的常数,因子 $1-\dfrac{x(t)}{x_m}$ 体现了对人口增长的阻滞作用.上式还可解释为净增长率 $r(x(t))$ 与人口尚未实现部分(对最大容许量而言)的比例 $\dfrac{x_m-x(t)}{x_m}$ 成正比,比例系数为固有增长率 $r(r>0)$.所以由假设,指数增长模型被改为

$$\frac{\mathrm{d}x(t)}{\mathrm{d}t}=rx(t)\left(1-\frac{x(t)}{x_m}\right).$$

上式通常被称为阻滞增长(Logistic)模型.写为带初值问题的微分方程为

$$\begin{cases}\dfrac{\mathrm{d}x}{\mathrm{d}t}=rx\left(1-\dfrac{x}{x_m}\right),\\ x(0)=x_0.\end{cases}$$

假设取 1790 年为初始状态 $t_0=0$,已知 $x_0=3.9\times 10^6$,取 $r=0.3134$,$x_m=197\times 10^6$.计算 1790—1880 年间的人口(10^6),即求解微分方程

$$\begin{cases}\dfrac{\mathrm{d}x}{\mathrm{d}t}=0.3134\left(1-\dfrac{x}{197}\right)x,\\ x(0)=3.9,\end{cases}$$

其中 $0\leqslant x\leqslant 9$,$h=1$.

以下先介绍 Runge-Kutta 方法,再给出此微分方程的数值解.

6.3.2 Runge-Kutta 方法推导

1. Runge-Kutta 格式

由前述 Euler 方法及 Taylor 展开方法的局部截断误差可知,采用函数的 Taylor 展开式

$$y(x_{n+1})=y(x_n)+hy'(x_n)+\frac{h^2}{2!}y''(x_n)+\cdots+\frac{h^p}{p!}y^{(p)}(x_n)+\cdots,$$

泰勒余项 $o(h^{p+1})$ 决定数值方法的 p 阶精度.为了推导出 Runge-Kutta 方法,事先对 Euler 公式和改进的 Euler 公式作进一步的分析.

Euler 公式可改写为

$$\begin{cases}y_{n+1}=y_n+h\cdot k_1,\\ k_1=f(x_n,y_n),\end{cases}$$

即公式中计算一次函数值 $f(x,y)$.在其误差分析中,y_{n+1} 的表达式与 $y(x_{n+1})$ 的 Taylor 展开式的前两项完全相同,即 $y(x_{n+1})-y_{n+1}\sim o(h^2)$.

改进的 Euler 公式可改写为

6.3 Runge-Kutta 方法

$$\begin{cases} y_{n+1}=y_n+h\left(\dfrac{k_1}{2}+\dfrac{k_2}{2}\right), \\ k_1=f(x_n,y_n), \\ k_2=f(x_n+h,y_n+hk_1), \end{cases}$$

即公式中计算两次函数值 $f(x,y)$. 在其误差分析中,y_{n+1} 的表达式与 $y(x_{n+1})$ 的 Taylor 展开式的前三项完全相同,即 $y(x_{n+1})-y_{n+1}\sim o(h^3)$.

由以上分析可知,用 $f(x,y)$ 在某些点 $(x_n+\alpha_j h,y_n+\beta_j h)$ 上的函数值的线性组合来构造近似计算公式 y_{n+1},再把近似计算公式 y_{n+1} 和精确解 $y(x_{n+1})$ 的 Taylor 展开式相比较,使前若干项相吻合,从而达到一定精度,获得其数值计算公式. 问题是区间 $[x_n,y_n]$ 中的节点 $x_n+\alpha_j h(0\leqslant\alpha_j\leqslant 1)$ 处的函数值 $y(x_n+\alpha_j h)$ 并不知道. 由改进的 Euler 公式中的经验,$f(x_{n+1},y(x_{n+1}))$ 中的函数值 $y(x_{n+1})$ 可由 y_n 及 $k_1=f(x_n,y_n)$ 来作预报(将 $y(x_{n+1})$ 用 y_n+hk_1 来代替),故一般可设

$$\begin{cases} y_{n+1}=y_n+h\sum\limits_{i=1}^{p}\omega_i k_i, \\ k_1=f(x_n,y_n), \\ k_i=f\left(x_n+\alpha_i h,y_n+h\sum\limits_{j=1}^{i-1}\beta_{ij}k_j\right),i=2,3,\cdots,p. \end{cases} \quad (6.23)$$

称 (6.23) 式为 p 级显式 Runge-Kutta 方法,简称为 R-K 方法的一般格式,其中 ω_i,α_i,β_{ij} 为待定参数. 确定这些参数的原则是使 (6.23) 式对步长 h 具有尽可能高的数量级. 下面先就二级二阶 R-K 方法进行推导.

(1) 二级二阶 R-K 方法.

由以上 R-K 方法的一般格式 (6.23) 知,当 $p=2$ 时,R-K 格式为

$$\begin{cases} y_{n+1}=y_n+h(\omega_1 k_1+\omega_2 k_2), \\ k_1=f(x_n,y_n), \\ k_2=f(x_n+\alpha_2 h,y_n+h\beta_{21}k_1). \end{cases} \quad (6.24)$$

为使 $T_{n+1}=y(x_{n+1})-y_{n+1}=o(h^3)$,来选取参数 $\omega_1,\omega_2,\alpha_2,\beta_{21}$.

已知 $k_1=f(x_n,y_n)=y'(x_n)$,将 $f(x,y)$ 在点 (x_n,y_n) 处 Talor 展开,有

$$f(x,y)=f(x_n,y_n)+[f'_x(x_n,y_n)(x-x_n)+f'_y(x_n,y_n)y'(x_n)(y-y_n)]+\cdots.$$

记 $f'_x(x_n,y_n)=f'_x,f'_y(x_n,y_n)=f'_y$,得 $f(x_n+\alpha_2 h,y_n+\beta_{21}hk_1)$ 在点 (x_n,y_n) 处展开式为

$$\begin{aligned} k_2 &= f(x_n+\alpha_2 h,y_n+\beta_{21}hk_1)=f(x_n,y_n)+(f'_x\cdot\alpha_2 h+f'_y\cdot k_1\cdot\beta_{21}h)+o(h^2) \\ &= y'(x_n)+h(f'_x\cdot\alpha_2+f'_y\cdot\beta_{21}\cdot k_1)+o(h^2). \end{aligned}$$

所以

$$y_{n+1} = y_n + h(\omega_1 k_1 + \omega_2 k_2)$$
$$= y_n + h\omega_1 y'(x_n) + h\omega_2 [y'(x_n) + h(\alpha_2 f'_x + \beta_{21} f'_y \cdot y'(x_n))] + o(h^3)$$
$$= y_n + (\omega_1 + \omega_2) y'(x_n) h + \omega_2 (\alpha_2 f'_x + \beta_{21} f'_y \cdot y'(x_n)) h^2 + o(h^3). \quad (6.25)$$

而精确解 $y(x_{n+1})$ 在点 x_n 处的 Taylor 展开式为

$$y(x_{n+1}) = y(x_n + h) = y(x_n) + y'(x_n) h + \frac{1}{2!} y''(x_n) h^2 + o(h^3).$$

又 $y''(x_n) = (f(x_n, y_n))' = f'_x + f'_y \cdot y'(x_n)$，用 y_n 来代替 $y(x_n)$，所以上式为

$$y(x_{n+1}) = y_n + y'(x_n) h + \frac{1}{2} (f'_x + f'_y \cdot y'(x_n)) h^2 + o(h^3). \quad (6.26)$$

所以要使 $T_{n+1} = y(x_{n+1}) - y_{n+1} = o(h^3)$，则只要令(6.25)式和(6.26)式中的 h, h^2 项的系数对应相同. 可得

$$\begin{cases} \omega_1 + \omega_2 = 1, \\ \omega_2 \alpha_2 = \dfrac{1}{2}, \\ \omega_2 \beta_{21} = \dfrac{1}{2}. \end{cases} \quad (6.27)$$

方程组(6.27)中含有 3 个方程、4 个未知量，故方程组的解不唯一，它的每一组解所构成的 R-K 方法都是二阶的，所以其解族都称为二级二阶显式 R-K 公式. 如：

取 $\omega_1 = \omega_2 = \dfrac{1}{2}, \alpha_2 = 1, \beta_{21} = 1$ 所对应的二阶 R-K 公式为

$$\begin{cases} y_{n+1} = y_n + h\left(\dfrac{k_1}{2} + \dfrac{k_2}{2}\right), \\ k_1 = f(x_n, y_n), \\ k_2 = f(x_n + h, y_n + hk_1), \end{cases}$$

即为改进的 Euler 公式.

取 $\omega_1 = 0, \omega_2 = 1, \alpha_2 = \dfrac{1}{2}, \beta_{21} = \dfrac{1}{2}$ 所对应的二阶 R-K 公式为

$$\begin{cases} y_{n+1} = y_n + hk_2, \\ k_1 = f(x_n, y_n), \\ k_2 = f\left(x_n + \dfrac{1}{2}h, y_n + \dfrac{1}{2}hk_1\right), \end{cases}$$

其为变形的 Euler 公式.

(2) 三级三阶 R-K 方法.

由以上 R-K 方法的一般格式(6.23)，当 $p = 3$ 时，R-K 格式为

6.3 Runge-Kutta 方法

$$\begin{cases} y_{n+1}=y_n+h(\omega_1 k_1+\omega_2 k_2+\omega_3 k_3), \\ k_1=f(x_n,y_n), \\ k_2=f(x_n+\alpha_2 h,y_n+h\beta_{21}k_1), \\ k_3=f(x_n+\alpha_3 h,y_n+h\beta_{31}k_1+h\beta_{32}k_2). \end{cases} \quad (6.28)$$

与二阶推导相同,将 y_{n+1} 在点 (x_n,y_n) 处 Taylor 展开,将 $y(x_{n+1})$ 在点 x_n 处作 Taylor 展开.使局部截断误差为 $T_{n+1}=y(x_{n+1})-y_{n+1}=o(h^4)$,可得 8 个参数 ω_1, $\omega_2,\omega_3,\alpha_2,\alpha_3,\beta_{21},\beta_{31},\beta_{32}$ 所满足的方程组

$$\begin{cases} \omega_1+\omega_2+\omega_3=1, \\ \alpha_2\omega_2+\alpha_3\omega_3=\dfrac{1}{2}, \\ \alpha_2^2\omega_2+\alpha_3^2\omega_3=\dfrac{1}{3}, \\ \alpha_2\beta_{32}\omega_3=\dfrac{1}{6}, \\ \alpha_2=\beta_{21}, \\ \alpha_3=\beta_{31}+\beta_{32}. \end{cases} \quad (6.29)$$

因为方程组(6.29)含有 8 个未知数 6 个方程,所以有多组不同的解.确定其不同的值,即得三阶 R-K 公式.如取

$$\omega_1=\frac{1}{6}, \quad \omega_2=\frac{4}{6}, \quad \omega_3=\frac{1}{6}, \quad \alpha_2=\frac{1}{2}, \quad \alpha_3=1, \quad \beta_{21}=\frac{1}{2}, \quad \beta_{31}=-1, \quad \beta_{32}=2,$$

可得常用的一个三阶 R-K 公式

$$\begin{cases} y_{n+1}=y_n+\dfrac{h}{6}(k_1+4k_2+k_3), \\ k_1=f(x_n,y_n), \\ k_2=f\left(x_n+\dfrac{1}{2}h,y_n+\dfrac{1}{2}hk_1\right), \\ k_3=f(x_n+h,y_n-hk_1+2hk_2). \end{cases} \quad (6.30)$$

(3) 四级四阶 R-K 方法.

同上所述方法,在区间 $[x_n,x_{n+1}]$ 上取 $f(x,y)$ 在 p 个点处的数值作线性组合.即得到 p 级 R-K 方法,其格式如(6.23)式.当 $p=4$ 时,R-K 格式为

$$\begin{cases} y_{n+1}=y_n+h(\omega_1 k_1+\omega_2 k_2+\omega_3 k_3+\omega_4 k_4), \\ k_1=f(x_n,y_n), \\ k_2=f(x_n+\alpha_2 h,y_n+h\beta_{21}k_1), \\ k_3=f(x_n+\alpha_3 h,y_n+h\beta_{31}k_1+h\beta_{32}k_2), \\ k_4=f(x_n+\alpha_4 h,y_n+h\beta_{41}k_1+h\beta_{42}k_2+h\beta_{43}k_2), \end{cases} \quad (6.31)$$

其中待定参数 $\omega_i, \alpha_i, \beta_{ij}$ 共 13 个,同二阶 R-K 公式推导,可得到使局部截断误差 $T_{n+1}=y(x_{n+1})-y_{n+1}=o(h^5)$ 的 11 方程. 确定参数的值,即得四级四阶 R-K 方法.

在四级 R-K 方法中,最常用的是标准的(或经典的)四级四阶方法

$$\begin{cases} y_{n+1}=y_n+\dfrac{h}{6}(k_1+2k_2+2k_3+k_4), \\ k_1=f(x_n,y_n), \\ k_2=f\left(x_n+\dfrac{1}{2}h,y_n+\dfrac{1}{2}hk_1\right), \\ k_3=f\left(x_n+\dfrac{1}{2}h,y_n+\dfrac{1}{2}hk_2\right), \\ k_4=f(x_n+h,y_n+hk_3). \end{cases} \quad (6.32)$$

亦可写成如下等价形式:

$$\begin{cases} y_{n+1}=y_n+\dfrac{1}{6}(k_1+2k_2+2k_3+k_4), \\ k_1=hf(x_n,y_n), \\ k_2=hf\left(x_n+\dfrac{1}{2}h,y_n+\dfrac{1}{2}k_1\right), \\ k_3=hf\left(x_n+\dfrac{1}{2}h,y_n+\dfrac{1}{2}k_2\right), \\ k_4=hf(x_n+h,y_n+k_3). \end{cases} \quad (6.33)$$

由于(6.32)式每前进一步需计算 4 个点的函数值,称为四级公式. 按局部截断误差定义直接验证,可知局部截断误差为 $T_{n+1}=o(h^5)$,故知它为四阶方法.

一般讲,p 级 R-K 方法所达到的最高阶却不一定是 p 阶. R-K 方法中的级数表示公式中计算函数值 f 的次数. 表 6-4 给出了 R-K 方法中计算函数值 f 的次数与方法阶数之间的关系.

表 6-4

计算函数值的次数	1	2	3	4	5	6	7
方法的最高阶数	1	2	3	4	4	5	6

由此可见,四级以下的 R-K 方法其最高阶数与计算函数值的次数一致. 对一

6.3 Runge-Kutta 方法

一般 p 级 R-K 公式中,当 $p>4$ 时,随计算函数值的次数增加,方法的阶数并不一定增加,四级四阶 R-K 公式是应用最广泛的公式.

算法 6.3(经典的 R-K 方法):

```
%   inputx₀,y₀,h,n
%   output(xᵢ,yᵢ)    i=1,2,…,n
1 x=x₀;y=y₀
2 for i=1:n
    2.1 k₁=h*f(x,y);%  f(x,y)需预先定义
    2.2 k₂=h*f(x+h/2, y+k₁/2);
    2.3 k₃=h*f(x+h/2, y+k₂/2);
    2.4 k₄=h*f(x+h,y+k₃);
    2.5 y=y+(k₁+2*k₂+2*k₃+k₄)/6;
    2.6 x=x+h
  end
```

2. 阻滞增长(Logistic)模型的题解

例 6.5 以上提出的阻滞增长(Logistic)模型转化为求解微分方程

$$\begin{cases} \dfrac{\mathrm{d}y}{\mathrm{d}x}=0.3134\left(1-\dfrac{y}{197}\right)y, \\ y(0)=3.9, \end{cases}$$

试用经典的四阶 R-K 公式计算此微分方程的数值解,其中,1790—1880 年转化为自变量取值 $0 \leqslant x \leqslant 9$,步长 $h=1$.

解 由(6.32)式,此问题的经典的四阶 R-K 公式的具体格式为

$$\begin{cases} x=x_0+ih, i=0,1,2,\cdots,9, \\ k_1=f(x_n,y_n)=0.3134 y_n-\dfrac{0.3134}{197}y_n^2, \\ k_2=f(x_n+0.5h,y_n+0.5hk_1)=0.3134(y_n+0.5k_1)-\dfrac{0.3134}{197}(y_n+0.5k_1)^2, \\ k_3=f(x_n+0.5h,y_n+0.5hk_2)=0.3134(y_n+0.5k_2)-\dfrac{0.3134}{197}(y_n+0.5k_2)^2, \\ k_4=f(x_n+h,y_n+hk_3)=0.3134(y_n+k_3)-\dfrac{0.3134}{197}(y_n+k_3)^2, \\ y_{n+1}=y_n+\dfrac{h}{6}(k_1+2k_2+2k_3+k_4), \quad n=0,1,2,\cdots. \end{cases}$$

具体的数值解如表 6-5 所示.

表 6-5

年份	1790	1800	1810	1820	1830	1840	1850	1860	1870	1880
x_n	0	1	2	3	4	5	6	7	8	9
y_n	3.9000	5.2968	7.1752	9.6862	13.0157	17.3834	23.0333	30.2108	39.1219	49.8756

6.3.3 Runge-Kutta 方法的稳定性分析

类似于 Euler 方法的稳定性分析,可得如下结论.

定理 6.4 对于 Runge-Kutta 公式有如下结论.

(1) 二阶 Runge-Kutta 公式的绝对稳定区域为

$$\left|1+\lambda h+\frac{(\lambda h)^2}{2}\right| \leqslant 1,$$

相应的绝对稳定区间为 $-2 \leqslant \lambda h \leqslant 0$.

(2) 四阶 Runge-Kutta 公式的绝对稳定区域为

$$\left|1+\lambda h+\frac{(\lambda h)^2}{2!}+\frac{(\lambda h)^3}{3!}+\frac{(\lambda h)^4}{4!}\right| \leqslant 1,$$

相应的绝对稳定区间为 $-2.78 \leqslant \lambda h \leqslant 0$.

6.3.4 软件介绍

在本节里,将通过数值例子和 Matlab 程序介绍本节提出的经典四阶 Runge-Kutta 公式的上机实现方法.

根据(6.32)式及算法 6.3 所表示的经典四阶 Runge-Kutta 公式,编写 Matlab 程序(函数名:Runge_Kutta4.m).

```
function [x,y]= Runge_Kutta4(fun,x0,y0,h,N)
%    fun 为一阶微分方程的函数;
%    x0,y0 为初始条件;
%    h 为区间步长;
%    N 为区间的个数;
%    x 为 Xn 构成的向量;
%    y 为 Yn 构成的向量;
x=zeros(1,N+1);
y=zeros(1,N+1);
x(1)=x0;
y(1)=y0;
```

```
for n=1:N
    x(n+1)=x(n)+h;
    k1=h *feval(fun3,x(n),y(n));
    k2=h *feval(fun3,x(n)+1/2 *h,y(n)+1/2 *k1);
    k3=h *feval(fun3,x(n)+1/2 *h,y(n)+1/2 *k2);
    k4=h *feval(fun3,x(n)+h,y(n)+k3);
    y(n+1)=y(n)+1/6 *(k1+2 *k2+2 *k3+k4);
end
```

例 6.6 用经典的四阶 Runge-Kutta 公式的 Matlab 程序上机实现阻滞增长 (Logistic) 模型

$$\begin{cases} \dfrac{\mathrm{d}y}{\mathrm{d}x}=0.3134\left(1-\dfrac{y}{197}\right)y, \\ y(0)=3.9, \end{cases} \quad 0 \leqslant x \leqslant 9, \quad h=1$$

的数值解,并作出此数值解和该微分方程的精确解的图形.

解 先求精确解. 输入程序

`>>y=dsolve('Dy=0.3134*y*(1-y/197)','y(0)=3.9','x')`

运行后输出结果为精确解 y 如下:

`y=197/(1+1931/39*exp(-1567/5000*x))`

利用 Matlab 编程过程如下.

(1) 建立并保存名为 fun31.m 的 M 文件函数:

```
function f=fun31(x,y)
f=0.3134* (1-1/197* y) .* y;
```

(2) 建立并保存名为 Runge_Kutta4.m 的 M 文件函数.

(3) 在 Matlab 工作窗口输入程序:

```
% y=dsolve('Dy= 0.3134*y* (1-1/197*y)','y(0)=3.9','x');
% y=197/(1+1931/39* exp(-1567/5000*x))为精确解;
% y1 为用经典的四阶 R-K 公式计算的数值解;
x=0:1:9;
y=197./(1+1931./39*exp(-1567./5000*x))
[x,y1]=Runge_Kutta4(@ fun31,0,3.9,1,9)
plot(x,y1,'pb',x,y,'-r')
legend('用经典的四阶 R-K 公式求 dy/dx=0.3134(1-y/197),y(0)=3.9
    在[0,9]上的数值解','dy/dx=0.3134(1-y/197),y(0)=3.9 在[0,
    9]上的精确解')
```

运行后计算结果如表 6-6 所示.

表 6-6

年份	1790	1800	1810	1820	1830	1840	1850	1860	1870	1880
x	0	1	2	3	4	5	6	7	8	9
y_1	3.9000	5.2968	7.1752	9.6862	13.0157	17.3834	23.0333	30.2108	39.1219	49.8756
y	3.9000	5.2969	7.1755	9.6867	13.0165	17.3846	23.0352	30.2133	39.1253	49.8799

其数值解和精确解的图形如图 6-4 所示.

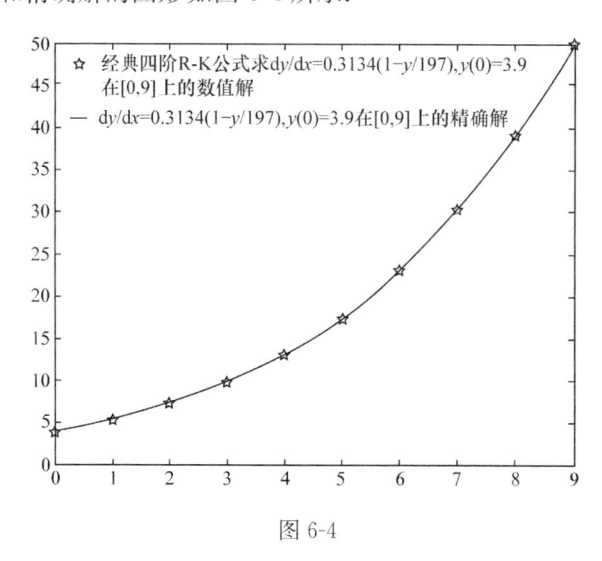

图 6-4

由表 6-2 及表 6-6,把用改进的 Euler 公式解决的 Malthus 模型题解结果(以下用 y_{GE} 表示),以及用经典的 R-K 公式解决的 Logistic 模型的题解结果(以下用 y_{RK} 表示),与实际人口数据(以下用 y_{SH} 表示)列表进行对照,如表 6-7 所示.

表 6-7

年份	1790	1800	1810	1820	1830	1840	1850	1860	1870	1880
y_{SH}	3.9	5.3	7.2	9.6	12.9	17.1	23.2	31.4	38.6	50.2
y_{GE}	3.9000	5.2811	7.1512	9.6837	13.1129	17.7565	24.0445	32.5593	44.0893	59.7024
y_{RK}	3.9000	5.2968	7.1752	9.6862	13.0157	17.3834	23.0333	30.2108	39.1219	49.8756

由表 6-7 知,总体上,阻滞增长(Logistic)模型比人口指数增长(Malthus)模型精确,四阶 R-K 方法比改进的 Euler 方法的计算精度要高.

例 6.7 用经典的四阶 Runge-Kutta 公式求初值问题:

6.3 Runge-Kutta 方法

$$\begin{cases} \dfrac{\mathrm{d}y}{\mathrm{d}x} = 1 - \dfrac{2xy}{1+x^2}, & (0 \leqslant x \leqslant 2) \\ y(0) = 0, \end{cases}$$

的数值解(取 $h=0.25$),并作出此数值解和该微分方程的精确解的图形.

解 先求精确解.输入程序
〉〉Y=dsolve('(Dy)+(2*x*y)/(1+x^2)-1=0','y(0)=0','x')
运行后输出结果为精确解 y 如下:
y=(x+1/3*x^3)/(1+x^2)
利用 Matlab 编程过程如下.
(1) 建立并保存名为 fun32.m 的 M 文件函数.
Function f=fun32(x,y)
f=1-(2* x* y)/(1+x^2);
(2) 建立并保存名为 Runge_Kutta4.m 的 M 文件函数.
(3) 在 Matlab 工作窗口输入程序:
% 求精确解 y=dsolve('(Dy)+(2*x*y)/(1+x^2)-1=0','y(0)=0','x');
% y=(x+1/3*x^3)/(1+x^2);
% y1 为用经典的四阶 R-K 公式计算的数值解.
x=0:0.25:2;
y=(x+1/3*x.^3)./(1+x.^2)
[x,y1]=Runge_Kutta4(@ fun32,0,0,0.25,8)
plot(x,y1,'pb',x,y,'-r')
legend('用经典四阶 R-K 公式计算 dy/dx=1-(2*x*y)/(1+x^2),y(0)=0
    在[0,2]上的数值解','dy/dx=1-(2*x*y)/(1+x^2),y(0)=0 在[0,
    2]的精确解')
运行后计算结果如表 6-8 所示.

表 6-8

x	0	0.2500	0.5000	0.7500	1.0000	1.2500	1.5000	1.7500	2.0000
y	5.2968	7.1752	9.6862	13.0157	17.3834	23.0333	30.2108	39.1219	49.8756
y_1	5.2969	7.1755	9.6867	13.0165	17.3846	23.0352	30.2133	39.1253	49.8799

其数值解和精确解的图形如图 6-4 所示.

由例 6.6 及例 6.7 的数据及数值解与精确解的图形可以看出,经典的四阶 R-K 公式的精度较高,数值解几乎与精确解重合.

图 6-5

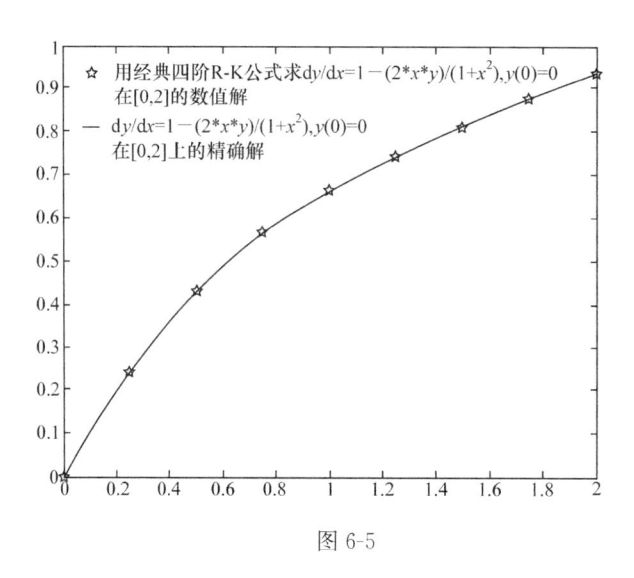

6.4 线性多步法

6.4.1 从一个市场动态均衡价格模型谈起

设某种商品的需求量 Q_d 与供给量 Q_s 只与该商品的价格 P 有关. 可设其需求函数与供给函数分别为

$$Q_d = \alpha - \beta P \quad (\alpha, \beta > 0),$$
$$Q_s = -\gamma + \delta P \quad (\gamma, \delta > 0),$$

则该商品的均衡价格为 $P_e = \dfrac{\alpha + \gamma}{\beta + \delta}$.

一般地,当市场上该商品供过于求($Q_s > Q_d$)时,价格将下跌;当供不应求($Q_s < Q_d$)时,价格将上涨. 因此,该商品在市场上的价格将随着时间的变化而围绕着均衡价格 P_e 上下波动,价格 P 是时间 t 的函数 $P = P(t)$. 根据上述供求关系变化影响价格变化的分析,可以假设 t 时刻价格 $P(t)$ 的变化率 $\dfrac{\mathrm{d}P}{\mathrm{d}t}$ 与 t 时刻的超额需求量 $Q_d - Q_s$ 成正比,即设

$$\frac{\mathrm{d}P}{\mathrm{d}t} = k(Q_d - Q_s),$$

其中 k 为正的常数,用来反映价格的调整速度.

将需求函数 Q_d 与供给函数 Q_s 代入上式,整理得市场动态均衡价格模型

6.4 线性多步法

$$\frac{\mathrm{d}P}{\mathrm{d}t}=\lambda(P_e-P),$$

其中 $\lambda=k(\beta+\delta)$.

假设需求函数 $Q_d=6-2P$,供给函数 $Q_s=-3+4P$,反映价格的调整速度的常数 $k=0.15$,则均衡价格 $P_e=\frac{\alpha+\gamma}{\beta+\delta}=\frac{6+3}{2+4}=1.5$,常数 $\lambda=k(\beta+\delta)=0.15\times 6=0.9$. 所以市场动态均衡价格模型为

$$\frac{\mathrm{d}P}{\mathrm{d}t}=0.9(1.5-P).$$

以下先介绍线性多步法的 Adams 方法,再来求解市场动态均衡价格模型所反映的此微分方程的数值解.

6.4.2 线性多步法的一般公式

前面介绍的 Euler 方法及 Runge-Kutta 方法都是单步公式,即知道了 y_n 便可求 y_{n+1}. 其中经典的四阶 R-K 方法可达到四阶精度,但每前进一步需调用右端函数 f 4 次,当 f 表达式较复杂时,其计算量将很大. 事实上,在计算 y_{n+1} 之前,已经求出了一系列的近似值 $y_0, y_1, \cdots, y_n$,若充分利用前面多步的信息来预测 y_{n+1},则可以期望得到较高的精度. 这就是构造线性多步法的基本思想. 下面推导其一般公式.

如果计算 y_{n+k} 时,除用 y_{n+k-1} 的值,还用到 $y_{n+i}(i=0,1,\cdots,k-2)$ 的值,则称此方法为线性多步法,其一般公式为

$$y_{n+k} = \sum_{i=0}^{k-1}\alpha_i y_{n+i} + h\sum_{i=0}^{k}\beta_i f_{n+i}, \tag{6.34}$$

其中 y_{n+i} 为 $y(x_{n+i})$ 的近似,$f_{n+i}=f(x_{n+i},y_{n+i})$,$x_{n+i}=x_0+ih$,$\alpha_i,\beta_i$ 为待定常数,α_0 及 β_0 不全为零,则称(6.34)式为线性 k 步法.

当 $\beta_k=0$ 时,称(6.34)式为显式 k 步法;当 $\beta_k\neq 0$ 时,称(6.34)式为隐式 k 步法.

(6.34)式中系数 α_i,β_i 可根据方法的局部截断误差及阶确定.

定义 6.8 设 $y(x)$ 是初值问题(6.1)的精确解,线性多步法(6.34)在 x_{n+k} 上的局部截断误差为

$$T_{n+k} = y(x_{n+k}) - \sum_{i=0}^{k-1}\alpha_i y(x_{n+i}) - h\sum_{i=0}^{k}\beta_i y'(x_{n+i}). \tag{6.35}$$

若 $T_{n+k}=O(h^{p+1})$,则称方法(6.34)为 p 阶方法.

由定义 6.8,对 T_{n+k} 在 x_n 处 Taylor 展开,由于

$$y'(x_n+ih)=y'(x_n)+ihy''(x_n)+\frac{(ih)^2}{2!}y'''(x_n)+\cdots,$$

代入(6.35)式,得
$$T_{n+k}=c_0 y(x_n)+c_1 h y'(x_n)+c_2 h^2 y''(x_n)+\cdots+c_p h^p y^{(p)}(x_n)+\cdots, \quad (6.36)$$
其中
$$c_0 = 1-(\alpha_1+\cdots+\alpha_{k-1}),$$
$$c_1 = k-[\alpha_1+2\alpha_2+\cdots+(k-1)\alpha_{k-1}]-(\beta_0+\beta_1+\cdots+\beta_k),$$
$$c_q = \frac{1}{q!}[k^q-(\alpha_1+2^q\alpha_2+\cdots+(k-1)^q\alpha_{k-1})]$$
$$-\frac{1}{(q-1)!}(\beta_1+2^{q-1}\beta_2+\cdots+k^{q-1}\beta_k), \quad q=2,3,\cdots. \quad (6.37)$$

若选取系数 α_i, β_i,使它满足 $c_0=c_1=\cdots=c_p=0, c_{p+1}\neq 0$.由定义可知此时所构造的多步法是 p 阶的.且
$$T_{n+k}=c_{p+1}h^{p+1}y^{(p+1)}(x_n)+o(h^{p+2}), \quad (6.38)$$
称右端第一项为局部截断误差主项,c_{p+1} 称为误差常数.

若 $c_0=c_1=0$,由(6.37)式得
$$\alpha_1+\cdots+\alpha_{k-1}=1,$$
$$\sum_{i=1}^{k-1}i\alpha_i+\sum_{i=0}^{k}\beta_i=k. \quad (6.39)$$

显然,当 $k=1$ 时,若 $\beta_0=0$,则由(6.39)式可求得 $\alpha_0=1,\beta_0=1$.此时(6.34)式为
$$y_{n+1}=y_n+hf_n,$$
即为 Euler 公式.从(6.37)式可求得 $c_2=\frac{1}{2}\neq 0$,故方法为一阶精度,且局部截断误差为
$$T_{n+1}=\frac{1}{2}h^2 y''(x_n)+o(h^3).$$
这和之前的讨论是一致的.

对 $k=1$,若 $\beta_0\neq 0$,此时方法为隐式公式.由 $c_0=c_1=c_2=0$,求得系数 $\alpha_0=1$, $\beta_0=\beta_1=\frac{1}{2}$,此时公式(6.34)为
$$y_{n+1}=y_n+\frac{h}{2}(f_n++f_{n+1}),$$
即为梯形公式.从(6.37)式可求得 $c_3=-\frac{1}{12}\neq 0$,故方法为二阶精度,且局部截断误差为
$$T_{n+1}=-\frac{1}{12}h^3 y''(x_n)+O(h^4).$$

6.4 线性多步法

这和之前的讨论也是一致的.

对于 $k \geqslant 2$ 的多步法公式都可利用(6.37)式确定系数 α_i, β_i,并由(6.38)式给出局部截断误差.下面只给出常用的几种多步法的推导公式,其他的具体过程可参考相关文献[13],[18].

6.4.3 Adams 方法

1. Adams(阿当姆斯)显式与隐式公式

形如

$$y_{n+k} = y_{n+k-1} + h\sum_{i=0}^{k}\beta_i f_{n+i} \tag{6.40}$$

的 k 步法,称为 Adams 方法.$\beta_k=0$ 时为显式方法;$\beta_k \neq 0$ 时为隐式方法,通常称为 Adams 显式公式与 Adams 隐式公式.这类公式可直接由微分方程(6.1)两端从 x_{n+k-1} 到 x_{n+k} 数值积分求得.这里利用(6.37)式由 $c_0=c_1=\cdots=c_p=0$ 推出.

对比(6.40)式和(6.34)式可知,此时系数 $\alpha_0=\alpha_1=\cdots=\alpha_{k-2}=0, \alpha_{k-1}=1$,显然 $c_0=0$.下面只需确定系数 $\beta_0, \beta_1, \cdots, \beta_k$,故可令 $c_1=\cdots=c_{k+1}=0$,可求得 $\beta_0, \beta_1, \cdots, \beta_k$(若 $\beta_k=0$,则令 $c_1=\cdots=c_k=0$,来求得 $\beta_0, \beta_1, \cdots, \beta_{k-1}$).下面以 $k=3$ 为例加以说明.

由 $c_1=c_2=c_3=c_4=0$,根据(6.37)式得

$$\begin{cases}\beta_0+\beta_1+\beta_2+\beta_3=1,\\ 2(\beta_1+2\beta_2+3\beta_3)=5,\\ 3(\beta_1+4\beta_2+9\beta_3)=19,\\ 4(\beta_1+8\beta_2+27\beta_3)=56.\end{cases}$$

若 $\beta_3=0$,则由前 3 个方程解得 $\beta_0=\dfrac{5}{12}, \beta_1=-\dfrac{16}{12}, \beta_2=\dfrac{23}{12}$,从而得到 $k=3$ 的 Adams 显式公式为

$$y_{n+3}=y_{n+2}+\frac{h}{12}(23f_{n+2}-16f_{n+1}+5f_n). \tag{6.41}$$

由(6.37)式求得 $c_4=\dfrac{3}{8}\neq 0$,所以(6.41)式是三阶方法,局部截断误差为

$$T_{n+3}=\frac{3}{8}h^4 y^{(4)}(x_n)+O(h^5).$$

若 $\beta_k \neq 0$,则可求得 $\beta_0=\dfrac{1}{24}, \beta_1=-\dfrac{5}{24}, \beta_2=\dfrac{19}{24}, \beta_3=\dfrac{3}{8}$,于是得 $k=3$ 的 Adams 隐式公式为

$$y_{n+3} = y_{n+2} + \frac{h}{24}(9f_{n+3} + 19f_{n+2} - 5f_{n+1} + f_n). \tag{6.42}$$

(6.42)式是四阶方法,其局部截断误差为

$$T_{n+3} = -\frac{19}{720}h^5 y^{(5)}(x_n) + o(h^6).$$

表 6-9 及表 6-10 分别列出了 $k=1,2,3,4$ 时的 Adams 显式公式和 Adams 隐式公式. 其中 k 为步数,p 为方法的阶数,c_{p+1} 为误差常数.

表 6-9

k	p	公式	c_{p+1}
1	1	$y_{n+1} = y_n + hf_n$	$\frac{1}{2}$
2	2	$y_{n+2} = y_{n+1} + \frac{h}{2}(3f_{n+1} - f_n)$	$\frac{5}{12}$
3	3	$y_{n+3} = y_{n+2} + \frac{h}{12}(23f_{n+2} - 16f_{n+1} + 5f_n)$	$\frac{3}{8}$
4	4	$y_{n+4} = y_{n+3} + \frac{h}{24}(55f_{n+3} - 59f_{n+2} + 37f_{n+1} - 9f_n)$	$\frac{251}{720}$

表 6-10

k	p	公式	c_{p+1}
1	2	$y_{n+1} = y_n + \frac{h}{2}(f_{n+1} + f_n)$	$-\frac{1}{12}$
2	3	$y_{n+2} = y_{n+1} + \frac{h}{12}(5f_{n+2} + 8f_{n+1} - f_n)$	$-\frac{1}{24}$
3	4	$y_{n+3} = y_{n+2} + \frac{h}{24}(9f_{n+3} + 19f_{n+2} - 5f_{n+1} + f_n)$	$-\frac{19}{720}$
4	5	$y_{n+4} = y_{n+3} + \frac{h}{720}(251f_{n+4} + 646f_{n+3} - 264f_{n+2} + 106f_{n+1} - 19f_n)$	$-\frac{3}{160}$

注:为表现出方法的阶数,以下记表 6-10 中的 y_{n+3} 为 y_{n+4}.

最常用的是四阶 Adams 显式公式

$$y_{n+4} = y_{n+3} + \frac{h}{24}(55f_{n+3} - 59f_{n+2} + 37f_{n+1} - 9f_n),$$

和四阶 Adams 隐式公式

$$y_{n+4} = y_{n+3} + \frac{h}{24}(9f_{n+4} + 19f_{n+3} - 5f_{n+2} + f_{n+1}).$$

算法 6.4(四阶 Adams 显式方法):

```
%  input x_i,y_i(i=1,2,3,4);h,n
%  output(x_i,y_i)i=5,6,…,n
1  for   j=1:4
```

```
        kⱼ=f(xᵢ,yᵢ);      % f(x,y)需预先定义,kⱼ=k(j)
    end
2 for   i=5:n
    2.1 yᵢ=yᵢ₋₁+h*(55*k₄-59*k₃+37*k₂-9*k₁)/24;   % yᵢ= y(i)
    2.2 xᵢ=xᵢ₋₁+h;       % xᵢ=x(i)
    2.3   if i<n
k₁=k₂;k₂=k₃;k₃=k₄;
k₄=f(xᵢ,yᵢ);
        end
    end
```

2. Adams 预测-校正方法

前面已经介绍的改进的 Euler 公式,是先用 Euler 公式做预测,再用梯形公式进行校正而得到的,避免了梯形公式的迭代并且提高了 Euler 公式的阶数. 对于隐式的线性多步法,计算时也要进行迭代,计算量较大. 为了避免迭代,这里也采用显式公式给出 y_{n+k} 的一个初始近似 $y_{n+k}^{(0)}$,称为预测(predictor),再用隐式公式计算 y_{n+k},称为校正(corrector). 一般情况下,预测公式与校正公式都取同阶的显式方法与隐式方法相匹配. 最常采用的是用四阶 Adams 显式公式进行预测,再用四阶 Adams 隐式公式做校正,得到以下格式:

$$\begin{cases} \bar{y}_{n+4}=y_{n+3}+\dfrac{h}{24}(55f_{n+3}-59f_{n+2}+37f_{n+1}-9f_n), \\ y_{n+4}=y_{n+3}+\dfrac{h}{24}(9f_{n+4}+19f_{n+3}-5f_{n+2}+f_{n+1}). \end{cases}$$

此公式称为四阶的 Adams 预测-校正公式. 为了编程时书写方便,四阶的 Adams 预测-校正公式常记为

$$\begin{cases} \bar{y}_{n+1}=y_n+\dfrac{h}{24}(55f_n-59f_{n-1}+37f_{n-2}-9f_{n-3}), \\ y_{n+1}=y_n+\dfrac{h}{24}[9f(x_{n+1},\bar{y}_{n+1})+19f_n-5f_{n-1}+f_{n-2}]. \end{cases} \quad (6.43)$$

因为(6.43)式是四阶公式,所以它的起步值除了给定的 y_0 以外,y_1,y_2,y_3 通常用经典的四阶 R-K 公式计算.

算法 6.5 (四阶 Adams 预测-校正公式):

```
% input xᵢ,yᵢ(i=1,2,3,4);h,n
% output (xᵢ,yᵢ)i=5,6,…,n
1 c=0;p=0
```

```
2 for   j=1:4
k_j=f(x_i,y_i); % f(x,y)需预先定义,k_j=k(j),
end
3 for   i=5:n
   3.1 p_1=y_{i-1}+h*(55*k_4-59*k_3+37*k_2-9*k_1)/24;% y_i=y(i)
   3.2 x_i=x_{i-1}+h;   % x_i=x(i)
   3.3 c_1=y_{i-1}+h*(9*f(x_i,p_1)+19* k_4-5*k_3+*k_2)/24
   3.4 y_i=c_1
   3.5 if i<n
k_1=k_2;k_2=k_3;k_3=k_4;k_4=f(x_i,y_i);
      end
   end
```

3. 市场动态均衡价格模型的题解

例6.8 若市场动态均衡价格模型记为

$$\frac{dy}{dx}=0.9(1.5-y),$$

假设一年中第一个月的为初始状态 $x=0$ 且 $y(0)=1$,试用四阶 Adams 预测-校正公式求一年中每个月的价格情况. 其中 $0 \leqslant x \leqslant 11, h=1$.

解 由四阶的 Adams 预测-校正公式(6.43)知,迭代的初始值 y_1, y_2, y_3 由经典的四阶 R-K 方法计算, $y_4, y_5, \cdots, y_{11}$ 由四阶的 Adams 预测-校正公式计算.

由公式(6.32),此问题的经典的四阶 R-K 公式的具体格式为

$$\begin{cases} x_n=x_0+nh, n=0,1,2,3, \\ k_1=f(x_n,y_n)=1.35-0.9y_n, \\ k_2=f(x_n+0.5h, y_n+0.5hk_1)=1.35-0.9(y_n+0.5k_1), \\ k_3=f(x_n+0.5h, y_n+0.5hk_2)=1.35-0.9(y_n+0.5k_2), \\ k_4=f(x_n+h, y_n+hk_3)=1.35-0.9(y_n+k_3), \\ y_{n+1}=y_n+\dfrac{h}{6}(k_1+2k_2+2k_3+k_4). \end{cases}$$

由(6.43)式知,此问题的四阶 Adams 预测-校正公式的具体格式为

$$\begin{cases} x_n = x_0 + nh, n = 4,5,\cdots,9, \\ k_1 = f(x_n, y_n) = 1.35 - 0.9y_n, \\ k_2 = f(x_{n-1}, y_{n-1}) = 1.35 - 0.9y_{n-1}, \\ k_3 = f(x_{n-2}, y_{n-2}) = 1.35 - 0.9y_{n-2}, \\ k_4 = f(x_{n-3}, y_{n-3}) = 1.35 - 0.9y_{n-3}, \\ \bar{y}_{n+1} = y_n + \dfrac{1}{24}(55k_1 - 59k_2 + 37k_3 - 9k_4), \\ k_0 = f(x_{n+1}, \bar{y}_{n+1}) = 1.35 - 0.9\bar{y}_{n+1}, \\ y_{n+1} = y_n + \dfrac{h}{24}(9k_0 + 19k_1 - 5k_2 + k_3). \end{cases}$$

具体的数值解见表 6-11.

表 6-11

月份 x_n	1	2	3	4	5	6
y_n	1.0000	1.2946	1.4156	1.4653	1.4933	1.5021
月份 x_n	7	8	9	10	11	12
y_n	1.4998	1.4997	1.5016	1.5009	1.4996	1.5000

6.4.4 线性多步法的稳定性分析

类似于线性单步法的稳定性讨论,可得线性多步法的稳定性. 将(6.40)式表示的线性多步法应用到方程 $y' = \lambda y$ 得到相应的齐次线性差分方程. 若其对应的特征方程的根满足 $|\lambda_i| < 1 (i = 1,2,\cdots,n)$,则线性多步法(6.40)是绝对稳定的.

如四阶 Adams 显式方法的绝对稳定性. 将四阶 Adams 显式方法应用于方程 $y' = \lambda y$ 得

$$y_{n+1} = y_n + \frac{\lambda h}{24}(55y_n - 59y_{n-1} + 37y_{n-2} - 9y_{n-3}),$$

其对应的特征方程为

$$r^4 - r^3 = \frac{\lambda h}{24}(55r^3 - 59r^2 + 37r - 9).$$

当其特征根 $|r_i(\lambda h)| < 1$ 时,四阶 Adams 显式方法是绝对稳定的.

6.4.5 软件介绍

在本节里,将通过数值例子和 Matlab 程序介绍本节提出的四阶 Adams 预测-校正公式的上机实现方法.

根据(6.43)式及算法 6.5 所表示的四阶 Adams 预测-校正公式,编写 Matlab 程序(函数名:Adamsyx.m)。

```
function [x,y]=Adamsyx(fun4,x0,y0,h,N)
%   fun4 为一阶微分方程的函数；
%   x0,y0 为初始条件；
%   h 为区间步长；
%   N 为区间的个数；
%   x 为 Xn 构成的向量；
%   y 为 Yn 构成的向量；
x=zeros(1,N+1);
y=zeros(1,N+1);
x(1)=x0;
y(1)=y0;
for n=1:N
    x(n+1)=x(n)+h;
  if n<4
    k1=h*feval(fun4,x(n),y(n));
    k2=h*feval(fun4,x(n)+1/2*h,y(n)+1/2*k1);
    k3=h*feval(fun4,x(n)+1/2*h,y(n)+1/2*k2);
    k4=h*feval(fun4,x(n)+ h,y(n)+ k3);
    y(n+1)=y(n)+1/6*(k1+2*k2+2*k3+k4);
  else
    k1=feval(fun4,x(n),y(n));
    k2=feval(fun4,x(n-1),y(n-1));
    k3=feval(fun4,x(n-2),y(n-2));
    k4=feval(fun4,x(n-3),y(n-3));
    ybar=y(n)+h/24*(55*k1-59*k2+37*k3- 9*k4);
    k0=feval(fun4,x(n+1),ybar);
    y(n+1)=y(n)+h/24*(9*k0+19*k1-5*k2+k3);
  end
end
```

例 6.9 试用四阶 Adams 预测-校正公式编写的 Matlab 程序上机实现市场动态均衡价格模型

6.4 线性多步法

$$\begin{cases}\dfrac{dy}{dx}=0.9(1.5-y), \\ y(0)=1\end{cases} \quad 0\leqslant x\leqslant 11$$

的题解,其中 $h=1$,即估计一年中 1—12 月份的价格情况.

解 先求精确解.输入程序:

```
>>y=dsolve('(DY)+0.9*Y-0.9*1.5=0','Y(0)=1','x')
```

运行后输出结果为精确解如下

y=3/2-1/2*exp(-9/10*x)

(1) 建立并保存名为 fun41.m 的 M 文件函数:

```
function f=fun41(x,y)
f= 0.9*(1.5-y);
```

(2) 建立并保存名为 Adamsyx.m 的 M 文件函数.

(3) 在 Matlab 工作窗口输入以下程序:

```
% y=dsolve('Dy=0.9*(1.5-y)','y(0)=1','x');
% y=3/2-1/2*exp(-9/10*x);
% y1 为四阶亚当斯预测-校正公式计算的数值解.
x= 0:1:11;
y= 3/2-1/2*exp(-9/10*x)
[x,y1]=Adamsyx(@ fun41,0,1,1,11)
plot(x,y1,'pb',x,y,'-r')
```

legend('四阶亚当斯预测-校正公式求 dy/dx=0.9*(1.5-y),y(0)=1 在 [0,11]上数值解','精确解 y=3/2-1/2*exp(-9/10*x)')

运行后计算结果如表 6-12 所示.

表 6-12

月份 x_n	1	2	3	4	5	6
x	0	1	2	3	4	5
y	1.0000	1.2967	1.4174	1.4664	1.4863	1.4944
y_1	1.0000	1.2946	1.4156	1.4653	1.4933	1.5021
月份 x_n	7	8	9	10	11	12
x	6	7	8	9	10	11
y	1.4977	1.4991	1.5016	1.5009	1.4996	1.5000
y_1	1.4998	1.4997	1.5016	1.5009	1.4996	1.5000

其数值解与精确解的图形如图 6-6 所示.

图 6-6

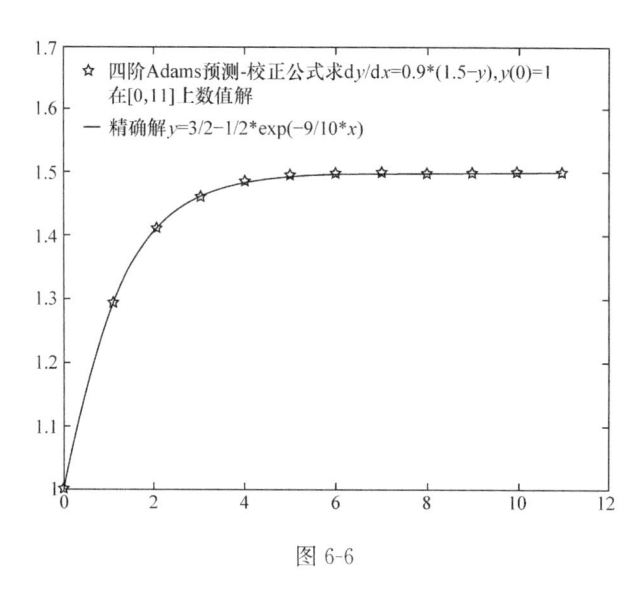

例 6.10 用四阶 Adams 预测-校正公式求初值问题：

$$\begin{cases} \dfrac{\mathrm{d}y}{\mathrm{d}x}=1-\dfrac{2xy}{1+x^2}, \\ y(0)=0 \end{cases} \quad (0 \leqslant x \leqslant 2)$$

的数值解（取 $h=0.2$），并作出此数值解和该微分方程的精确解 $y=\dfrac{x+\dfrac{1}{3}x^3}{1+x^2}$ 的图形。

解 （1）建立并保存名为 fun42.m 的 M 文件函数.

```
function f=funfcn42(x,y)
f=1-(2*x*y)/(1+x^2);
```

（2）建立并保存名为 Adamsyx.m 的 M 文件函数.
（3）在 Matlab 工作窗口输入以下程序：

```
% 精确解 y=dsolve('Dy=1-(2*x*y)/(1+x^2)','y(0)=0','x');
% y=(x+1/3*x^3)/(1+x^2);
% y1 为四阶 Adams 预测-校正公式计算的数值解；
x=0:0.2:2;
y=(x+1/3*x.^3)./(1+x.^2)
[x,y1]=Adamsyx(@ fun42,0,0,0.2,10)
plot(x,y1,'pb',x,y,'-r')
legend('四阶 Adams 预测-校正公式求 dy/dx=1-(2*x*y)/(1+x^2),
```

6.4 线性多步法

y(0)=0 在[0,2]上数值解','精确解 y=(x+1/3*x^3)/(1+x^2)')

运行后的计算结果如表 6-13 所示.

表 6-13

x	0	0.2000	0.4000	0.6000	0.8000	1.0000
y	0	0.1949	0.3632	0.4941	0.5919	0.6667
y_1	0	0.1949	0.3632	0.4941	0.5914	0.6659
x	1.2000	1.4000	1.6000	1.8000	2.0000	
y	0.7279	0.7820	0.8330	0.8830	0.9333	
y_1	0.7271	0.7814	0.8325	0.8827	0.9330	

其数值解与精确解的图形如图 6-7 所示.

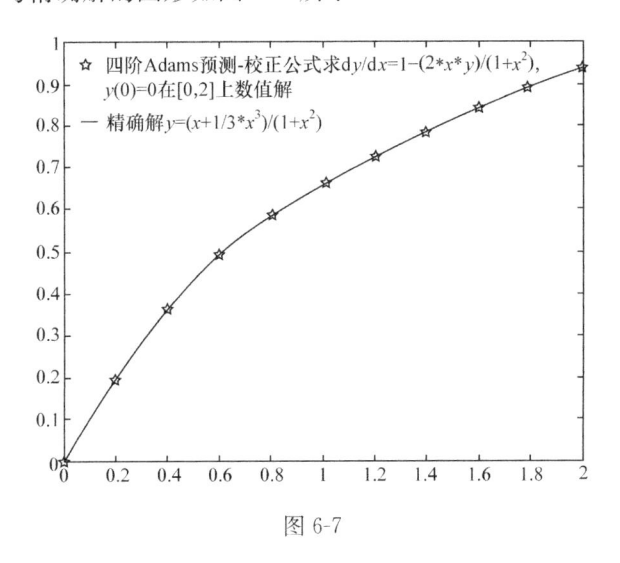

图 6-7

由本节中例 6.9 及例 6.10 的数据及数值解与精确解的图形可以看出,经典的四阶 R-K 公式和四阶 Adams 预测-校正公式的精度都较高,数值解几乎与精确解重合. 它们都是求常微分方程的初值问题最常用的数值解法.

附录 1　信息时代的数学技术

人类信息革命的两大标志是电子计算机的发明和人造卫星的上天.随着电子计算机的普及和广泛应用,它正不断改变着人们的工作方式、学习方式、生产方式和思维方式,使我们所处的时代逐渐具备了以下特征:(1)社会经济结构以服务性行业为主;(2)专业和技术阶层逐渐成为职业主体;(3)知识创新成为社会发展的主要动力;(4)人们更加关注社会未来的发展趋势;(5)高新技术特别是信息技术的发展.这标志着信息时代已经向我们走来.

什么是信息技术呢? 任何技术都可以认为是延伸与扩展人的某种功能的方式与方法,所以信息技术可以认为是扩展人的信息器官功能的技术.人的信息器官主要包括感觉器官、传导器官(神经网络)、思维器官和效应器官四大类型,其功能则主要是信息获取、信息传输、信息处理和信息控制,因而感测技术、通信技术、智能技术与控制技术通常被认为是最基本的信息技术(常称之为信息技术的四基元),其他信息技术可认为是这四种基本技术的高阶逻辑综合或分解衍生.

因此,信息技术可理解为有关信息获取、信息传输、信息处理与信息控制的技术.从而信息处理(图像处理、信息压缩、信息检测、信号分析等)、信息编码与信息安全、计算智能(人工智能、模式识别等)、自动控制等就构成了信息技术的主要内容.数学无疑为这些内容提供了最重要的基础和最核心的工具.

在 20 世纪,数学学科经历了前所未有的繁荣与发展,从学科领域到内容范畴都发生了根本的变化,其推动力当然源于数学的逻辑体系内部,但更重要的还是整个自然科学和工程技术发展的推动.一方面今天几乎没有一个数学分支是"没用"的,数学在其他学科的应用空前广泛;另一方面其他学科不断提出全新的问题,又成为数学发展的基本源泉.信息技术的要求更为数学发展提供了原动力.

曾任美国总统科学顾问的 E. E. David 指出:当今被如此称颂的高技术本质上是一种数学技术.高技术的出现把我们的社会推进到数学工程技术的时代.在这个时代里,数学与工程技术以新的方式相互作用着……. 数学与工程技术之间在更广阔的范围内和更深刻的程度上,直接地相互作用着,极大地推动着数学和工程科学的发展,也极大地推动着工程技术的发展.德国数学家 H. Neunzert 也指出:数学是关键技术的关键.

电子计算机这种高度智能化的工具为人类学习、工作和生活带来了巨大的方便,产生了巨大的效益.随着电子计算机的出现,数学已渗入各行各业,并且物化到各种先进设备之中,从卫星到核电站,从天气预报到家用电器,高技术的高精度、高速度、高自动、高安全、高质量、高效率等特点,无不是通过建立数学模型和运用数学方法,借助于电子计算机来实现的.有人称"电子计算机是机械的外壳,数学的灵魂"一点都不过分.

计算机是对20世纪科学、工程技术和人类社会生活影响最深刻的高新技术之一.然而,计算机对科学技术最深刻的影响,莫过于它使得科学计算并列于理论分析和实验研究,成为人类探索未知科学领域和进行大型工程设计的第三种方法和手段.

钱学森对数学技术曾给出了一个精辟的概括:这是数学技术,即怎样给出一个方法,能使科学的理论通过电子计算机解答具体的科学技术问题."

钱学森、钱伟长引导研究的系统工程;华罗庚大力推广的优选法和统筹法;王选发明的激光照排,其技术核心是汉字库的压缩变换,硬件与模型软件的有机结合;吴文俊的数学机械化,从证明的机械化到机器证明,几何的代数化是数学机械化的基本思想,几何自动作图与智能CAD让数学技术得以普及.所有这些都是数学技术的经典结果.

在《振兴美国数学——90年代的计划》中,列举了美国数学与高技术密切关联的一些方向:计算机图像、计算机制图、计算可视化、质量和生产率的统计方法、数理经济学、空间统计学、遥感、资源估计、环节监测、生理学、器官的计算模型、血液运动方程控制、通用纤维流体码与心脏3维纤维基模型、医学扫描技术、图像重建技术、断层照相术(ET)中的新数学、新算法等.

高科技的出现把现代社会推进到数学技术的新时代,数学技术在人类生活中发生了革命性的变化.数学学科实现了从科学到技术的转变,给工业化和信息化的社会带来了重大的效益,推动了经济的发展与社会的进步.21世纪的今天,数学已不仅仅是科学,数学正在从科学走向技术.

数学技术的重要组成部分是科学计算和数值分析.科学计算作为当今科学研究的三种基本手段之一,是数学将触角伸向其他学科的桥梁.它在创新性研究中具有突出的作用,因此它的发展受到广泛关注.有些发达国家甚至将科学计算作为衡量国家综合实力的一个重要方面.科学计算是一个新兴的、发展十分迅速的学科.

计算机与数学的有机结合形成了"科学计算"的研究方法,它的核心内容是以现代化的计算机及数学软件为工具,以数学模型为基础进行模拟研究.用电子计算机进行科学计算,解决实际经济问题,其基本过程如下:

经济问题 → 数学模型 → 数值计算方法 → 程序设计 → 计算机计算求出结果

根据数学模型提出的问题,建立求解问题的数值计算方法并进行方法的理论分析,直到编制出算法程序上机计算得到数值结果,以及对结果进行经济分析,这一过程就是本书介绍的主要对象和内容.

经济计算技术着重考虑面向计算机的、能解决实际经济问题的数值计算方法. 具体地说,首先要构造可求解各种经济问题的数值计算方法,分析方法的可靠性,即按此方法计算得到的解是否可靠,以确保计算解的有效性;其次,要分析方法的效率,分析比较求解同一问题的各种方法的计算量和存贮量,以便使用者根据各自的情况采用高效率的方法,节省人力、物力和时间.

经济计算技术中的数值计算具有以下特征:(1)计算结果是离散的,并且一定有误差,这是数值计算方法区别与解析法的主要特征;(2)注重计算的稳定性,控制误差的增长势头,保证计算过程稳定是数值计算方法的核心任务之一;(3)注重快捷的计算速度和高计算精度是数值计算的重要特征.

对于实际的经济问题,常常可以提出各种各样的数值计算方法. 如何评价这些方法的优劣呢? 一般说来,一个好的方法应具有如下特点:(1)结构简单,易于计算机实现;(2)有可靠的理论分析,理论上可保证方法的收敛性和数值稳定性;(3)计算效率高,时间效率高是指计算速度快,节省时间;空间效率高是指节省存储量;(4)结果符合经济问题实际. 经过数值实验检验,即一个算法除了理论上要满足上述四点外,还要通过数值试验来证明是行之有效的.

在学习经济计算技术时,我们要注意掌握数值分析的基本原理和思想,要注意方法处理的技巧及其与计算机的结合,要重视误差分析、收敛性及稳定性的基本理论. 此外,还要通过应用数值方法编程计算来提高使用各种数值方法解决经济问题的能力.

目前,经济问题的数值计算方法与计算机技术相结合已相当深入,计算机上使用的数值计算方法也浩如烟海. 在实际的经济研究中,所计算的问题往往是大型的、复杂的和综合的,但是有一些最基础、最常用的数值方法,它们不仅可以直接应用于实际计算,同时它们的方法及其分析的基础也适用于其他数值计算问题.

对于经济管理类各专业学生而言,首先需要了解的就是这些基础的数值方法以及它们的分析,其内容包括线性代数问题(方程组和特征值问题)及非线性方程的数值解法,函数的插值和逼近,数值积分以及常微分方程的数值解法等. 作为引论性的课程,这里涉及的算法都是很经典的. 学习这门课程的目的,不仅是算法的方法本身和算法分析的细节,而且要把握算法背后的思想和基本原理. 通过本课程的学习,获得经济计算的基本技术、数值分析的基本概念和思想,掌握适用于电子计算机的常用算法,建立选择算法的思想和意识,具备基本的经济分析和实际计算能力.

我们希望指出,经济计算技术这门课确实是一门数学课,但又与你已经学过的数学课(例如微积分和线性代数等基础课程)完全不同. 从基本的思想方法和思维方式,到课程的学习方法都要有重大变化,你已学过的数学课,他们的特点大都是抽象和严格的演绎,思维逻辑严密;而这门课,除了保持上述的特点之外,"归纳"成为不容忽视的思维方法,讨论的重要问题是"误差"——这个在数学上似乎根本就不应当存在的东西.以往的数学课,课后认真阅读教科书并做一定数量的习题十分重要;现在除了读书和做习题外,使用计算机进行计算似乎更为重要.

今后的计算机要向更加智能化的方向发展,其出路仍然是数学的算法和数学的机械化.科学计算并不是计算机本身的自然产物,而是数学与计算机有机结合的结果,是计算机仿真的基石.计算机仿真也是在经济与管理研究中被经常采用的方法,它也是以科学计算为手段进行的经济研究工作,目前日益受到重视.我们应当重视发挥这种研究手段的作用.

综上所述,我们不难获得以下结论:我们已经处在信息时代,信息时代的主要特征是信息技术的发展和普及,信息技术的本质和关键是数学技术,科学计算和数值分析是数学技术的基础.经济管理类各专业学生要掌握一定的经济计算技术,借以提高对经济问题和管理问题的理论分析能力和实际解决能力.

附录 2　计算技术的若干基本问题

经济运行中所提出的实际问题,一般只有很少一部分能用数学公式直接求出解析解,许多情况不存在解析解或难以求出解析解.因此,通常采用各种计算技术,经过对具体数值的各种运算求出实际问题的由具体数值表示的"数值解",而实际问题往往也只要用到这些数值解.上述求数值解的过程,称为数值计算,计算机为数值计算提供了有效工具.

了解计算机的人们都知道,计算机硬件本身其实只会算术运算和逻辑运算,它的神奇之处就在于快,快到无法想象的程度——每秒算术运算次数可高达百亿次.先进的超大规模计算机系统,每秒浮点运算次数的峰值可以高达万亿次以上！软件就是利用计算机高速的简单运算,去实现各种复杂的功能.软件的基础是"算法",构造算法的基本手段是"近似",研究算法的基本问题和原则往往是考虑近似对计算结果的影响.

以下就介绍数值计算的一些基本问题若干原则.

1. 数值计算的误差

1) 误差的来源与分类

绝大多数的数值计算结果都会有误差,这首先可能是经济问题的数学模型化本身产生的,也可能是计算疏忽导致的.我们把对一个经济问题进行数值计算时可能产生的误差分为如下四类：

第一类是输入数据的误差.这可能是经济统计数据的不可靠性引起的,例如数据的来源就有误差,在数值计算过程中我们不能控制这种误差,但是我们要分析它对计算结果的影响.

第二类是舍入误差.计算机的数字位数是有限的,所有运算的原始数据、中间结果和最后结果都会有"舍入".舍入产生的误差称为舍入误差.

第三类是截断误差.求某个经济问题的数值解时,用有限的过程代替无限的过程所产生的误差,用容易计算的表达式代替不易计算的表达式所产生的误差,都称为截断误差.例如

$$\sin x = x - \frac{x^3}{3!} + \frac{x^5}{5!} + \cdots.$$

当 $|x| \ll 1$ 时,我们用前 3 项作为 $\sin x$ 的近似值,其绝对误差的绝对值不超过

$\dfrac{|x|^7}{7!}$,这就是截断误差的估计.

又如,若用差商 $\dfrac{\Delta y}{\Delta x}$ 作为导数 $\dfrac{\mathrm{d}y}{\mathrm{d}x}$ 的近似值,产生的误差也是截断误差.

第四类是误差在计算过程中的传播. 一个计算过程可能包括多次运算. 我们考虑最简单的例子,假设要求两个数 x 与 y 的和,而实际的数据是 x 和 y 的近似值 $\bar{x}$ 与 $\bar{y}$. 其中 $x=\bar{x}+\varepsilon_x, y=\bar{y}+\varepsilon_y, \varepsilon_x$ 和 ε_y 分别是 $\bar{x}$ 和 $\bar{y}$ 的误差,求出的和是 $\bar{x}+\bar{y}$,则
$$(x+y)-(\bar{x}+\bar{y})=\varepsilon_x+\varepsilon_y.$$
可见作进一步加法运算,和的误差为原始数据误差的和.

2) 绝对误差、相对误差与有效数字

设 x 是精确值 x^* 的一个近似值,记 $e=x^*-x$,称 e 为近似值 x 的绝对误差,简称误差. 如果 ε 为 $|e|$ 的一个上界,即 $|e| \leqslant \varepsilon$,则称 ε 为近似值 x 的绝对误差限或绝对误差界. 简称误差限或误差界. 精确值 x^*,近似值 x 和误差限 ε 三者的关系是
$$x-\varepsilon \leqslant x^* \leqslant x+\varepsilon,$$
通常记为 $x^*=x \pm \varepsilon$.

例如,$x=1.414$ 作为无理数 $\sqrt{2}$ 的一个近似值,它的绝对误差是 $e=\sqrt{2}-1.414$,易知 $|e| \leqslant 0.00022$. 所以 $x=1.414$ 作为 $x^*=\sqrt{2}$ 的近似值,它的一个绝对误差限为 $\varepsilon=0.00022$.

用绝对误差来刻画近似值的精确程度是有局限的,因为它没有反映出它相对于精确值的大小或它占精确值的比例. 例如,两个量 x^* 和 y^* 与它们的近似值 x 和 y 分别为
$$x^*=10, \quad x=10 \pm 1,$$
$$y^*=1000, \quad y=1000 \pm 3,$$
则误差限 $\varepsilon_x=1, \varepsilon_y=3$.

虽然 ε_y 是 ε_x 的三倍,但在 1000 内差 3 显然比 10 内差 1 更精确些. 这说明一个近似值的精确程度除了与绝对误差有关外,还与精确值的大小有关. 记
$$e_r=\dfrac{e}{x^*}=\dfrac{x^*-x}{x^*},$$
称 e_r 为近似值 x 的相对误差. 由于 x^* 通常是未知的,实际使用时总是将 x 的相对误差取为 $|e_r|$ 的上界,即
$$\varepsilon_r=\dfrac{\varepsilon}{|x|},$$
称 ε_r 为近似值 x 的相对误差限或相对误差界. 显然有 $|e_r| \leqslant \varepsilon_r$.

例如,设 $x=2.18$ 是由精确值 x^* 经过四舍五入得到的近似值,根据四舍五入

原则,应有
$$x^* = x \pm 0.005,$$
所以
$$\varepsilon = 0.005, \quad \varepsilon_r = \frac{\varepsilon}{|x|} = \frac{0.005}{2.18} \approx 0.23\%.$$

凡是由精确值经过四舍五入得到的近似值,其绝对误差限等于该近似值末位数的半个单位.

设数 x 是数 x^* 的近似值. 如果 x 的绝对误差限是它的某一数位的半个单位,并且从 x 左起第一个非零数字到该数位共有 n 位,则称这 n 个数字为 x 的有效数字,也称用 x 近似 x^* 时具有 n 位有效数字.

例如,已知下列近似值的绝对误差限都是 0.005,
$$a = 3.14, \quad b = -0.0257, \quad c = 0.0031.$$
由于 0.005 是近似值小数点后第二个数位的半个单位,所以 a 有三位有效数字 3,1,4;b 有一位有效数字 2;c 没有有效数字.

数 x 总可以写成如下形式:
$$x = \pm 0.\alpha_1 \alpha_2 \cdots \alpha_k \times 10^m,$$
式中 m 是整数,$\alpha_i (i=1,2,\cdots,k)$ 是 0 到 9 中的一个数字,$\alpha_1 \neq 0$. 容易推得,x 作为 x^* 的近似具有 n 位($n \leqslant k$)有效数字,当且仅当
$$|x^* - x| \leqslant \frac{1}{2} \times 10^{m-n}.$$

由此可见,近似值的有效数字越多,它的绝对误差就越小,近似值的精确程度也就越高. 显然,近似值的有效数字位数越多,相对误差也就可以越小,反之也成立.

值得注意,按有效数字概念,数 1.14001 的两个近似值 1.14 和 1.1400 是有区别的,前者有三位有效数字,后者有五位有效数字,因而后者精确程度比前者更高. 精确值的有效数字可认为有无限多位.

2. 数值计算中的若干原则

在计算机上进行数值计算时由于计算机的字长有限,只能保留有限位有效数字,因而每一步计算都可能产生误差,比如计算的舍入误差. 在反复多次的计算过程中,将产生误差的传播和积累. 当误差积累过大时,会导致计算结果失真. 因此,为减少和控制舍入误差的影响,设计算法时应遵循如下一些原则.

1) 避免两个相近的数相减

在数值计算中,两个相近的数相减会使有效数字受到损失,有效数位减少. 例如,设 $x=5.143, y=5.138$,都是具有四位有效数字的近似值,但 $x-y=0.005$ 确

至多有一位有效数字.

事实上,如果 x^*, y^* 的近似值分别为 x, y,则 $z=x-y$ 是 $z^*=x^*-y^*$ 的近似值. 此时,相对误差满足估计

$$|e_r(z)| = \left|\frac{z^*-z}{z}\right| \leqslant \left|\frac{x}{x-y}\right| |e_r(x)| + \left|\frac{y}{x-y}\right| |e_r(y)|.$$

可见,当 x 与 y 非常接近时,$x-y$ 作为 x^*-y^* 的近似值其相对误差有可能很大.

在数值计算中,如果遇到两个相近的数相减运算,可考虑能否改变一下算法以避免两数相减. 例如,

当 x_1 与 x_2 接近时,可有 $\log x_1 - \log x_2 = \log \frac{x_1}{x_2}$;

当 x 接近零时,可有 $1 - \cos x = 2\sin^2 \frac{x}{2}$;

当 $x > 0$ 且很大时,可有 $\sqrt{x+1} - \sqrt{x} = \frac{1}{\sqrt{x+1} + \sqrt{x}}$.

如果找不到适当方法,可考虑在计算机上采用双倍字长计算,以增加有效数字,提高精度.

2) 防止大数"吃掉"小数

参加计算的数,有时数量级相差很大,如果不注意采取相应措施,在它们的加、减法运算中,绝对值很小的数往往被绝对值很大的数"吃掉",不能发挥其作用,造成计算结果失真. 例如,在八位十进制计算机上计算

$$A = 63281312 + 0.2 + 0.4 + 0.4.$$

此时,按照加法浮点运算的对阶规则应有

$A = 0.63281312 \times 10^8 + 0.000000002 \times 10^8 + 0.000000004 \times 10^8 + 0.000000004 \times 10^8$,

由于计算机只能存放八位十进制数,上式中后三个数在计算机上变成"机器零",计算结果为

$$A = 0.63281312 \times 10^8 = 63281312.0.$$

即相对小数 0.2 和 0.4 已被大数 63281312 吃掉,计算结果失真. 如果改变计算次序,先将三个小数相加得到数 1,再进行加法运算,就可避免上述现象. 此时

$$A = 63281312 + (0.2 + 0.4 + 0.4) = 63281312 + 1.0 = 63281313.0.$$

3) 绝对值太小的数不宜作除数

在计算过程中,用绝对值很小的数作除数会使商的数量级增加. 当商过大时,或者其数值超出计算机表示的范围引发"溢出"现象,或者作为一个大数它将吃掉参与运算的一些小数. 此外,小数作除数也可能放大商的绝对误差. 假设 x^* 和 y^* 的近似值分别是 x 与 y,则 $z^* = \frac{x^*}{y^*}$ 的近似值是 $z = \frac{x}{y}$. 此时,z 的绝对误差

$$|e(z)|=|z^*-z|=\left|\frac{(x^*-x)y+x(y-y^*)}{y^*y}\right|\approx\frac{|y||e(x)|+|x||e(y)|}{|y|^2}.$$

可见,当$|y|$很小时,z的绝对误差可能很大.

4) 注意简化计算程序,减少计算次数

同一个问题的计算,可以有不同的计算方法. 若方法选取得当使计算次数减少,则不仅可提高计算速度,也可减少误差积累. 例如,对给定的x,计算多项式$p_n(x)=a_n x^n+a_{n-1}x^{n-1}+\cdots+a_1 x+a_0$的值. 如果采用逐项计算然后相加的算法

$$\begin{cases}u_k=a_k x^k & (k=0,1,\cdots,n),\\ p_n(x)=u_0+u_1+\cdots+u_n,\end{cases}$$

所需的乘法次数为$1+2+\cdots+(n-1)+n=\dfrac{n(n+1)}{2}$,加法次数为$n$.

如果把$p_n(x)$改写为$p_n(x)=(\cdots((a_n x+a_{n-1})x+a_{n-2})x+\cdots)x+a_0$,采用如下算法

$$\begin{cases}w_n=a_n,\\ w_k=w_{k+1}x+a_k & (k=n-1,\cdots,1,0),\\ p_n(x)=w_0,\end{cases}$$

则只需n次乘法和n次加法运算.

5) 选用数值稳定性好的算法

一种数值算法,如果其计算舍入误差积累是可控制的,则称其为数值稳定的,反之称为数值不稳定的. 数值不稳定的算法没有实用价值. 考虑定积分运算

$$I_n=\int_0^1 x^n e^{x-1}dx \quad (n=0,1,\cdots),$$

利用分部积分法可得计算I_n的递推公式

$$I_n=1-nI_{n-1} \quad (n=1,2,\cdots), \tag{1}$$

注意$n=0$时,

$$I_0=\int_0^1 e^{x-1}dx=1-e^{-1}=0.63212055\cdots.$$

取I_0具有四位有效数字的近似值$I_0\approx 0.6321$,按(1)式递推计算,可得到I_n的计算值$I_0,I_1,\cdots,I_9$如下:

0.6321, 0.3679, 0.2642, 0.2074, 0.1704,
0.1480, 0.1120, 0.2160, −0.7280, 7.5520,

由计算结果可见,虽然初始值I_0的绝对误差不超过$\dfrac{1}{2}\times 10^{-4}$,但随着计算步数的增加($n$增大),$I_n$的计算值已严重偏离了$I_n$的精确值. 比如,对任何$n$都有$I_n>0$,但$I_8$的计算值已为负值. 发生这种现象的原因是,算法(1)是数值不稳定的,不能控制住误差的传播和积累. 事实上,设I_n^*是由精确的初始值$I_0^*=1-e^{-1}$按(1)式

精确计算得到的,即
$$I_0^* = 1-\mathrm{e}^{-1}, \quad I_n^* = 1-nI_{n-1}^* \quad (n=1,2\cdots). \tag{2}$$
由(1)式和(2)式可得
$$I_n - I_n^* = -n(I_{n-1} - I_{n-1}^*) = \cdots = (-1)^n n!(I_0 - I_0^*).$$
由此可见,初始近似微小的误差随着计算步数的增加将迅速放大,最终使计算结果失真.

如果将计算公式(1)改写为
$$I_{n-1} = \frac{1}{n}(1-I_n) \quad (n=k,k-1,\cdots,1), \tag{3}$$
由 I_n 的一个估计值开始倒推计算,仍按上述分析可得
$$I_k - I_k^* = (-1)^{n-k} \frac{k!}{n!}(I_n - I_n^*) \quad (k=n,n-1,\cdots,1,0).$$
这表明,随着计算步数的增加初始近似误差 $I_n - I_n^*$ 是可控制的,因而算法(3)是数值稳定的. 例如,当 $0 \leqslant x \leqslant 1$ 时,$\mathrm{e}^{-1} \leqslant \mathrm{e}^{x-1} \leqslant 1$,则的得到 I_9 的估计
$$\frac{\mathrm{e}^{-1}}{10} \leqslant I_9 = \int_0^1 x^9 \mathrm{e}^{x-1} \mathrm{d}x \leqslant \frac{1}{10}.$$
取近似值 $I_9 \approx \frac{1}{2}\left(\frac{\mathrm{e}^{-1}}{10} + \frac{1}{10}\right) = 0.0684$,按计算公式(3)倒推计算得到 $I_9, I_8, \cdots, I_0$ 的计算值为

0.0684, 0.1035, 0.1121, 0.1268, 0.1455,
0.1709, 0.2073, 0.2642, 0.3679, 0.6321.

此时 $I_0 = 0.6321$ 已精确到小数点后四位.

附录3 近代一些新的计算技术介绍

过去的20世纪,计算机的发展给人类带来革命性的变化.计算机硬件发展的速度无疑是惊人的,软件的发展更不能忽视.计算机软件的核心则是算法.20世纪一些新的算法已得到了学术界的公认,本附录作些介绍.

其中前3种算法分别对应本书第1章、第3章、第5章的内容,第4种算法是矩阵计算的分解方法,这在经济数学基础教程——《线性代数》中已提及,第5种算法是线性规划的单纯形算法,这在经济数学应用教程——《经济运筹方法》中已介绍.第6～10种算法仅作最简单的介绍.以上算法的详情可参见文献[20]及其中介绍的原始文献.

1. 线性代数方程组的 Krylov 子空间迭代法

线性方程组的求解,是数值计算方法研究永恒的课题.随着计算机的发展,科学计算的地位日益突出.很多科学与工程问题的模型都是偏微分方程,而能够解析求解的问题是很有限的.对微分方程的数值计算,最终通常会归结为线性方程组的求解,而且数值模拟的规模不断增加,早期从一维和二维简化的问题,到真正三维问题的计算,所需要求解的线性方程组位数持续增加.

求解线性方程组的方法主要区分为直接法和迭代法两大类,这是本书第一章讨论的.直接法适合求解中、小规模的问题,大规模的问题则只能依靠迭代法.事实上"大规模"这一概念本身也是随着计算机和算法的不断发展而不断变化的,而且越是大的矩阵通常越是稀疏(即非零元素的个数远远少于零元素的个数).尽管随着超级计算机的高速发展,可以用直接法求解的线性方程组阶数也在持续增长,但从根本上讲,求解大规模稀疏线性方程组,真正有效的算法还是迭代法.

Matlab 用于求解线性方程组的基本算法是直接法. Matlab 运算符"\"分为针对满矩阵和稀疏矩阵两种情况,其中核心的方法是列主元的 Gauss 消去法.

然而 Gauss 消去法主元选择的讨论持续了多年. 20世纪60年代就有例子表明列主元的 Gauss 消去法可能是不稳定的,数学理论分析的结果建议使用全主元方法.关于这方面的讨论一直持续到现在,然而列主元的 Gauss 消去法在实际计算中非常成功,科学与工程计算(如各种数学软件)中大量使用的都是列主元,很少使用全主元方法.这个问题全面的分析至今仍然悬而未决.

迭代法的研究可以追溯到19世纪初.但由于早期的迭代法稳定性较差,所以20世纪60年代之前线性方程组的数值方法,主流是 Gauss 消去方法为代表的直接方法,特别是针对稀疏问题的直接方法研究,直到 20 世纪 80 年代仍然十分活跃.

问题规模的持续增加,直接方法对大规模的问题,终究无法满足要求. David Young 和 Richard Varga 提出 SOR 方法并进行的大量数值计算,SOR 方法的成功,是迭代法在历史上首次成为求解线性方程组实用的数值方法.

Krylov 子空间方法的研究,始于 20 世纪 50 年代初,特别是 M. R. Hestenes 和 E. Stiefel 提出了对称正定矩阵的共轭梯度方法.然而由于它在理论上是有限步终止的,故仅仅被视为是直接法,而计算机上又没有表现出任何优势,所以在其后的 20 年没有受到重视. 1972 年共轭梯度法被首次作为迭代法研究,很有新意.特别是预处理概念的提出和有效实施,使得共轭梯度法真正焕发了活力.

针对一般非对称问题的 Krylov 子空间方法,到 20 世纪八九十年代有了实质性进展,它们是求解大规模线性方程组的有效方法.

2. 计算矩阵特征值的 QR 算法

本书第 3 章讨论了矩阵特征值与特征向量问题.计算中小规模矩阵特征值问题最常用和最有效的方法还有 QR 方法.

例如软件 Matlab 提供的内部函数"eig"使用的就是该方法.取 $A_0=A$,则算法的第 k 步:首先将 A_k 作 QR 分解 $A_k=Q_kR_k$,将分解得到的矩阵 Q_k 和 R_k 颠倒次序后相乘得到新的矩阵 $A_{k+1}=R_kQ_k$,算法生成的是一个矩阵序列$\{A_k\}$,它们相互是正交相似的,所以该矩阵序列中所有的矩阵有相同的特征值.如果矩阵 A 的特征值按模是互不相同的,则可以证明该矩阵序列"本质收敛"到上三角的矩阵:$\{A_k\}$ 下三角部分的元素收敛到零,对角线上的元素有极限,矩阵 Q_k 的乘积收敛到矩阵 A 的特征向量.如果矩阵 A 还是对称的,则该矩阵序列收敛到对角矩阵.进一步的分析发现,带有位移的 QR 方法收敛的速度会更快.

QR 方法是 1961 年由 J. G. F. Francis,V. N. Kublanovskaya 两人独立发现的.事实上 QR 算法生成矩阵序列$\{A_k\}$,很难看出其必然性,它是在所谓的 LR 算法的基础上发展起来的.用 QR 分解取代 LR 分解的过程,最重要的考虑是算法的稳定性.而 QR 分解无疑是 QR 算法的基础.

QR 方法在特征值计算问题的发展上具有里程碑意义. 1955 年时人们还觉得特征值的计算是十分困扰的问题,到 1965 年它的计算——基于 QR 方法的程序已经完全成熟.直到今天 QR 方法仍然是特征值计算的有效方法之一.

3. 计算积分的 Monte-Carlo 方法

本书第 5 章讨论了积分与微分的数值计算技术,关于积分的数值计算技术主要介绍了 Newton-Cotes 求积技术、复化求积技术、Romberg 求积技术.

还有一种有效的求积技术称为 Monte-Carlo 方法. Monte-Carlo 方法几乎与计算机同时诞生,最初的想法是"计算机之父"John von Neumann、"原子弹之父"Stan Ulam 和 Nick Metropolis 为解决中子运输问题而提出的. 当时他们同在美国的 Los Alamos 国家实验室参与原子弹的研究工作.

考虑一般 n 维欧式空间 $\mathbf{R}^n$ 上的函数 $G(x), x \in \mathbf{R}^n$, 它的积分

$$I(G) = \int_\Omega G(x) p(x) \mathrm{d}x,$$

其中 $\Omega \subset \mathbf{R}^n$, $p(x) \geqslant 0$ 可以被视为一个分布函数,它满足

$$\int_\Omega p(x) \mathrm{d}x = 1.$$

这类问题在统计物理中是广泛存在的,上述积分的实际意义是函数 $G(x)$ 在区间 $\Omega \subset \mathbf{R}^n$ 上的平均. 在空间维数大于 1 时按本书前面几节所介绍的求积技术是很难处理的,Monte-Carlo 方法的基本思想如下:

设 $x_1, x_2, \cdots, x_M$ 是分布函数 $p(x)$ 的一组样点,只要积分 $I(G)$ 是有限的,且样点 $x_1, x_2, \cdots, x_M$ 是独立选取的,则 $G(x)$ 在上述样点上的算术平均值

$$G_M = \frac{1}{M} \sum_{k=1}^M G(x_k)$$

就可以作为 $I(G)$ 的近似. 用 G_M 近似计算 $I(G)$ 的方法称 Monte-Carlo 方法.

直到今天,Monte-Carlo 方法仍然使用十分广泛. 该方法的进一步发展是所谓的 MCMC,即 Markov Chain Monte-Carlo 方法. 与经典的方法相比,MCMC 在理论上有更加深刻的结果.

4. 矩阵计算的分解方法

矩阵分解就是将一般的矩阵分解为特殊矩阵(例如三角矩阵、正交矩阵)的乘积,这使得特殊矩阵在数值计算中十分重要.

20 世纪 50 年代初算法的发展很快,但算法内在性质的研究很少. 当时 Householder 对代数方程组算法分类的一系列研究工作具有重大意义. 他从矩阵分解的角度分析,发现当时很多算法都是相同或者等价的,这为该学科的发展打下了基础.

Householder 早年在美国西北大学和 Cornell 大学学习数学,后来在几所大学讲授并研究泛函分析. 20 世纪 30 年代中期他的研究兴趣转向应用领域,特别是生物数学,取得了重要的研究成果. 1946 年他进入美国 Oak Ridge 国家实验室数学部,研究兴趣转向数值计算. 由于计算机的兴起,该学科显然非常重要. 当时大量的研究课题迫切要求更有效地求解线性代数方程组和矩阵特征值问题. 事实上,他深厚的数学基础和丰富的研究经历是他成功的关键.

此外 Householder 还是系统使用"范数"作为数值方法分析理论工具的先驱者,进一步的学习你会发现算法性质的讨论离不开范数.

5. 线性规划的单纯形算法

所谓"线性"是指目标函数和约束条件都是线性的,它一般形式的数学描述可以写成:求 $u \in U$,使
$$J(u) = \min_{v \in U} J(v),$$
其中
$$U = \{v \in \mathbf{R}_+^n \mid Av \leqslant b\},$$
$$J(v) = \sum_{j=1}^n c_j v_j = \boldsymbol{c}^\mathrm{T} v = (\boldsymbol{c}, v).$$
这里的 $\boldsymbol{c} = (c_1, c_2, \cdots, c_n)^\mathrm{T} \in \mathbf{R}^n$ 是已知的向量,函数 $J(v)$ 称为目标函数,$\boldsymbol{A}$ 是 $m \times n$ 的矩阵,它给出优化问题的约束条件,集合 U 称为可行集.

可以证明集合 U 的任意内点均不能使 $J(v)$ 取到极小,故 $J(v)$ 的极小点只能取在 U 的边界上. 这是单纯形算法的基础,它的基本思想是通过选择 U 的更有希望的顶点去寻找最优解.

单纯形算法的思想是从 U 的顶点出发,构造一个集合 U 的顶点的序列 $u^1, u^2, \cdots, u^k, \cdots$,使目标函数在这些点上是下降的.

单纯形算法是 Dantzig 于 20 世纪 40 年代创立的,1946 年 6 月他来到华盛顿,受聘成为美国国防部的数学顾问,从事计划编制的自动化工作. 1947 年他在解决美国空军训练安排和后勤补给调度问题中,提出了举世闻名的单纯形算法.

单纯形算法用途之广泛,至今没有任何一个其他算法可以与之匹敌. 线性规划及其他单纯形方法的发明,使得在科学和技术应用中有重要意义的网络优化、排序问题和供应链管理等问题得以更好解决,也使得数学理论可以借助计算机发挥更大的作用.

6. Fortran 优化编译器

Fortran 的发明,是计算机程序语言发展史上最伟大的事件,是计算机高级语言的起点. 它使得计算机的使用者,不再需要通过机器语言操作计算机的工作. 今天大家所熟悉的 Fortran77、Fortran90 和 Fortran95 都是其进一步发展,对 C、C++乃至 JAVA 或者 Matlab 都有深刻的影响.

7. 快速排序算法

排序问题无疑是计算机科学中核心的研究课题之一,至今最著名的方法仍然是"Quicksort",该算法属于随机算法,对于随机的数据,该算法是最有效的.

近 40 年来排序问题的研究一直十分活跃. 无论是算法理论分析还是新算法的研究, Quicksort 都发挥着重要作用.

8. 快速 Fourier 变换

快速 Fourier 变换的思想由来已久, 特别从数学原理上可以追溯到 Gauss 的工作. 但作为计算方法, Cooley 和 Tukey 的工作被公认为是创始性的. 在此之前快速 Fourier 变换的思想并没有真正引起人们的重视.

目前, 快速 Fourier 变换应用极其广泛. 人们熟悉的应用包括, 音频信号处理、医学成像、图像处理、模型识别以及偏微分方程的数值计算等. 可以毫不夸张地说, 如果没有快速 Fourier 变换, 今天的所谓信息时代是无法想象的.

9. 整数关系算法

考虑(实的或者复的)向量 $\boldsymbol{X}=(x_1,x_2,\cdots,x_n)$, 如果存在不全为零的整数 a_i, 使得 $a_1x_1+a_2x_2+\cdots+a_nx_n=0$ 则称该向量具有整数关系. 如何判断一个向量是否具有整数关系, 以及在整数关系存在时如何给出整数 a_i, 在数学和物理学中都有广泛应用. 古典算法给出 $n=2$ 时的解, 而对于一般的情况直到 1977 才由 H. R. P. Ferguson 和 R. W. Forcade 所给出.

10. 快速多极算法

宏观的天体演化问题, 宇宙中的天体被视为粒子, 相互之间受到万有引力的作用而运动和演化; 而微观上的纳米材料的物性研究或生物细胞机理问题, 粒子之间库仑力的作用决定了系统的演变和状态. 宏观的和微观的问题表面上差别巨大, 但在数学上它们都是所谓的多体问题. 显然该问题的计算具有重要的科学意义.

假设系统中粒子的个数为 N, 多体问题的计算需要 $O(N^2)$ 的计算量. 困难在于粒子的数目 N 无法接近实际问题需要. 具有重要意义的工作是 A. W. Appel, 他将计算复杂度从 $O(N^2)$ 降低到 $O(N\log(N))$. 而快速多极方法(L. Greengard, V. Rokhlin)再进一步将计算量从 $O(N\log(N))$ 降到 $O(N)$, 算法的复杂度达到最优阶.

参 考 文 献

[1] BURDEN R L,FAIRES J D. 数值分析. 冯烟利,朱海燕,译. 7 版. 北京:高等教育出版社,2005.
[2] 何汉林,梅家斌. 数值分析. 北京:科学出版社,2007.
[3] 何晓群. 现代统计分析方法与应用. 北京:中国人民大学出版社,2001.
[4] 李庆扬,王能超,易大义. 数值分析. 北京:清华大学出版社,2001.
[5] 刘春凤,米翠兰,何亚丽,等. 实用数值分析教程. 北京:冶金工业出版社,2006.
[6] 吕同富,康兆敏,方秀男. 数值计算方法. 北京:清华大学出版社,2008.
[7] 肖筱南,赵来军,党林立. 数值计算方法与上机实习指导. 北京:北京大学出版社,2008.
[8] 谢赤,钟钻. 插值法在零息收益曲线构造中的实证研究. 数理经济技术经济研究,2002,4:92-94.
[9] 袁东锦. 计算方法——数值分析. 南京:南京师范大学出版社,2004.
[10] 张可村,赵英良. 数值计算的算法与分析. 北京:科学出版社,2003.
[11] 张韵华,奚梅成,陈效群. 数值计算方法与算法. 2 版. 北京:科学出版社,2006.
[12] 薛毅. 数值分析与实验. 北京:北京工业大学出版社,2004.
[13] 齐治昌. 数值分析及其应用. 湖南:国防科技大学出版社,1996.
[14] 杜廷松. 数值分析及实验. 北京:科学出版社,2005.
[15] 张晓丹. 应用计算方法教程. 北京:机械工业出版社,2008.
[16] 沈剑华. 数值计算基础. 上海:同济大学出版社,2004.
[17] 江世昌. Matlab 语言与数学实验. 北京:科学出版社,2007.
[18] 李庆扬,王能超,易大义. 数值分析. 4 版. 北京:清华大学出版社,2006.
[19] 谢兆鸿,范正森,王远. 数学建模技术. 北京:中国水利水电出版社,2003.
[20] 戴朝寿,孙世良. 数学建模简明教程. 北京:高等教育出版社,2007.
[21] 任玉杰. 数值分析及其 MATLAB 实现. 北京:高等教育出版社,2004.
[22] 张光澄. 实用数值分析. 四川:四川大学出版社,2004.
[23] 张铁,阎家斌. 数值分析. 2 版. 北京:冶金工业出版社,2007.
[24] 韩旭里,万中. 数值分析与实验. 北京:科学出版社,2006.
[25] MATHEWS J H,FINK K D. Numerical methods using matlab third edition. Beijing:Higher Education Press,2001.
[26] TANG T,XU J C. Adaptive computations theory and algorithms. Beijing:Science Press,2007.
[27] 林成森. 数值计算方法:上册. 北京:科学出版社,1998.
[28] 徐利治. 现代数学手册:计算机数学卷. 武汉:华中科技大学出版社,2001.
[29] 白峰杉. 数值计算引论. 北京:高等教育出版社,2004.
[30] 封建湖. 数值分析原理. 北京:科学出版社,2001.
[31] 沈剑华. 数值计算基础. 2 版. 上海:同济大学出版社,2004.
[32] 胡家赣. 线性方程组的迭代解法. 北京:科学出版社,1991.
[33] 关治,陆金甫. 数值方法. 北京:清华大学出版社,2006.